ちくま学芸文庫

国文法ちかみち

小西甚一

筑摩書房

はしがき

「ぼくは文法がすきだ」という人にとって、この本は、一〇〇パーセント有用ではないかもしれない。「ぼくは頭が良いから、文法ぐらい、何とかこなせるつもりです」という人にも、この本は、それほどピンと来ないであろう。なぜなら、「文法だけはぜったい虫がすかない」「どう頑ばっても、文法の成績が最低なんです」という人たちのために、この本は書かれたからである。

それなら、この本をよめば、とたんに文法がすきになれるか、というと、そうは問屋がおろしてくれると限らない。すきとか、きらいとかは、その人の生まれつきによることであって、文法の奴め、ぜったい虫がすかないという人でも、この本さえよめば、きっとぱりぱりの文法ファンにしてみせるとまでは、お約束しない。きらいなものは、きらいでよろしい。しかし、いくらきらいでも、とにかくわたくしの指導するとおりに勉強してさえゆけば、文法がすきだという人と同じ程度の成績をあげることは、保証してよいつもりである。また、おれは秀才でないと確信している人でも、大学の入試に必要なぐらいの文法は、ちゃんと身につけることができるにちがいない。たとえ満点はとれなくても……。

というのは、わたくし自身が、あまり文法をすかないし、頭もそれほど良くなかったからである。したがって、文法にはさんざん苦しんだ。いまでは、国文学専攻の大学生諸君を相手にしても、何とか文句をいうところまで漕ぎつけているけれど、それまでの苦労といったら、秀才型の頭を持ちあわせる人たちの想像もできないほどであったろう。だから、文法に悩まされている諸君に対しては、おそらく誰よりも同情と理解をもっているつもりで、それがわたくしにこの本を書かせた主な理由である。

それほど文法に弱かったわたくしが、とにかく人前で文法の話を持ち出せるようになったのは、佐伯梅友先生のおかげである。わたくしは、昭和二十一年から六年間、先生と同じ研究室にいさせていただいた。ところが、佐伯先生は、世にかくれもない文法の虫であって、頭のなかにはいつも「何が何を修飾する」とか「この文節はどの文節を受けるか」といったようなことばかり、ぎっしり詰まっている。ふだんの話題も、文法に関係しないことは、めったに顔を出さない。研究室の雑務にくたびれてしまって、話をするのも厄介だといったようなときでも、文法のことになると、とたんに先生の眼が輝き出す。そうして、別人のように生きいきとした話が、あとからあとから出てくる。そんな先生と、文法ぎらいのわたくしとが幾年も仲よく同室していたのは、まことに皮肉といえば皮肉だが、結果としては、わたくしにたいへん幸せをもたらしたようである。この本のなかで佐伯先生のことがよく出てくるのは、そういった理由からである。

しかし、それだけであったら、わざわざ文法の本を自分で書いてみようという気にまではなれなかったかもしれない。洛陽社の阿部邦義君に「文法の本を書いてくれませんか」と頼まれたのは、何年前のことか、わたくしも憶えていないし、阿部君も同様だろう。つまり、気が進まなかったわけで、うやむやのうちに数年をすごしてしまった。ところが、昭和三十二年から一年半ほどアメリカに行っているうち、ふとこの本が書きたくなった。それは、アメリカの語学教育を眼のあたりながめていたら、実に感心させられることが多くて、こんなふうに教えれば、文法に悩まされている故国の学生諸君がずいぶん助かるのでないかと思ったからである。アメリカ式の教育については、わたくしも、かなり意見がある。けっして良い点ばかりではない。しかし「きまった内容を効果的に教えこむ技術」という点では、ほんとうに進歩している。こんな方法を応用してみたら、わたくしのような苦労をしなくてもよいのではなかろうか。そう思ったので、帰国してすぐペンをとり、かなり悪戦苦闘のあげく、この本ができたのである。

だから、この本では、これまでの常識とかなり違った方法がとられている。しかし、それは勉強の「方法」についてのことであり、説かれている文法そのものは、なるべく穏当な学説に従ったつもりである。ところで、その方法は、アメリカ流の訓練主義でつらぬかれているから、実は、あまり楽な勉強を期待してもらうと、すこし当てがはずれるかもしれない。が、考えてもみたまえ。文法ぎらいで頭もたいして上質でないお方が、努力ぬきですらすら文法をマスターできるなんて、そんな虫のよい話があったら、それこそ大嘘にきまっている。文法ぎらいで、頭も上質でない人だって、わたくしの言うとおりに努力すれば、かならずちゃんとした成績がとれるということだけしか、わたくしは保証しない。「むだな努力をさせない」、それが結局わたくしのねらいなのであり、また「ちかみち」ということの正しい意味でもある。

もっとも、この本に「むだ」がすこしもないわけではない。全体として、この本に書いてあることは、大学院の国文学科を志望する人に充分な程度の内容をもっている。高校生諸君にとって、それは大きな「むだ」であろう。また、説明の途中で、文法に関係の無さそうなエピソードや道草めいた講釈がよく顔を出す。これも、頭の固い人たちにとっては、少なからぬ「むだ」かもしれない。しかし、また、その「むだ」を上手に利用しながら、必要なことをうまく頭におさめてゆく技術も、同時に、ちゃんと織りこんであるし、逆に、労力ばかり多くて実効の少ない部面はあっさり切り捨てる要領も、ときどき提供しておいた。つまり、効果的な「力の抜きかた」を前提としての必要な「むだ」なのであり、そこにも正しい「ちかみち」への計算がしてあるつもり。どうか安心して、貴重な努力を有効に生かしてくれたまえ。

著者しるす

目次

国文法ちかみち

はじめに

わたくしのこの本をよもうとする人は、きっと文法を勉強するつもりにちがいない。「わかりきったことを言うな」と腹を立てる人もあるだろうが、まあ、ひとつ聞いてくれたまえ。わたくしがいま持ち出したいのは、いったい「文法の勉強」とはどんなことかという問題である。「何だ、いよいよわかりきった話じゃないか。文法のいろんなきまりを憶えることさ」と言う人があるなら——、よろしい、次の題目を見ていただきたい。わたくしが言いたいのは、

（一）文法を忘れたまえ

ということなのである。

すこしは驚きましたかね。これは逆説という手で、思いがけない話をドカンとぶちつけ、アッと緊張した反動を利用して本筋へグイとひっぱりこむのがねらいである。しかし、それにしても、文法を忘れたまえという忠告は、出たらめではない。よく考えてみたまえ。忘れるためには、まず憶えていなくてはならない。知らないことを忘れるわけにはゆかな

いはずだから。

　だが「どうせ忘れるなら、骨を折るのは損だ。ちょいちょいと手軽な憶えかたをしておこう」と言う人がいられるなら、それはわたくしの考えを適切に理解していないお方である。わたくしは「どうせ忘れるなら、うんと骨を折って、ちゃんと憶えて、それから後で忘れたまえ。そういう忘れかたならたいへん有益だけれど、怪しげな憶えかたをして忘れるのなら、むしろ憶えない方が賢明だよ。時間が無駄だから」と申しあげたい。

　むかし、坂田藤十郎というえらい役者がいた。彼は「自分のセリフはもちろん、相手の分まで、完全に憶えたまえ。しかし、舞台に出る前、いちど忘れなさい。そうして、その役の人物になりきって、心の底からセリフを言うと、ほんとうに生き生きした演技になる。憶えたとおりセリフを吐き出すのでは、観客を自分の芸にひきこむことはできない」という意味の教えを残している。わたくしが「忘れたまえ」というのは、その意味である。文法をほんとうに生かすためには、いちど文法を忘れることが必要なのである。文法にとらわれていては、文法を自由自在に生かすことはできない。

　それでは、文法を生かすとは、どういうことか。この説明をする前に、ひとつお尋ねしたい。「諸君は何のために文法を勉強するのですかね」。たいていの人は、はっきり答えられないのではなかろうか。「入試に出るから、しかたなしにやるんです」とお答えになる人もあるだろう。正直でよろしい。しかし、なかには「古文を解釈するのに、基礎として必要だから」という答も出てくるだろう。結構！　りっぱな答である。ところで、そのりっぱな答をした人に、もういちど「それでは君が習っている文法は、どれだけ古文の解釈に役だちましたかね」と質問してみよう。「文法を習ったおかげで、古文がりっぱに解釈できるようになりました」と答える人は、何人いるだろうか。

たとえば、文法のなかでいちばん多くの部分をしめているかのように見える品詞分解という作業がある。『〇〇の文法』と銘打った本（〇〇の所には古典の名が入る）を見ると、たいてい品詞分解のしかたが書いてある。しかし、品詞分解をすることによって、その古典が正しく解釈できると思うなら、それはひとつの迷信である（二二三頁参照）。品詞分解に限らず、文法の術語を憶えてそれに実際の文章をあてはめる作業がいくら上手になっても、解釈がよくできるとは限らない。柔道が強いからといって、りっぱな角力《すもう》とりになるとは限らないようなものである。解釈には解釈の技術がある。その技術に文法が参加しないわけではない。しかし、文法を解釈のなかに生かそうと思うなら、文法にとらわれてはいけない。どうしても、いちど文法を忘れる必要がある。

いったい、文法というものは、あとから考えた理窟である。文法があって、そのあとでことばが出来たのではない。文法のブの字も習わない幼稚園の子どもだって、ちゃんと日本語を話している。あれほどすばらしい文章を書いた紫式部や清少納言は、品詞分解のしかたを教わっていたろうか。しかも、実際のことばというものは、おそろしく複雑微妙であり、ときには非合理でさえあって、なかなか文法で割り切れるものでない。割り切れない証拠に、文法にはいろんな学説があって、文法学者の数と同数の文法学説が存在するといわれているほどである。だから、あまり文法にとらわれると、生きたことばのはたらきを正しく受けとることができない。教室以外ではぜったい通用しない不自然なみにくい日本語?でなされる通釈（現代語訳とよぶに価しないもの）なんかは、もともと割り切れないものを強引に割り切ろうとする無理から生まれた悲しい不具者なのである。学校で「国語」を勉強する目的が**正しく美しい日本語**の習得に在るのだとすれば、文法を忘れることがどんなに大切か、おわかりだろう。

　しかし、文法を勉強するのは、何も解釈に利用することだけが目的でなく、いろいろな「ことばのきまり」を発見し、秩序だて、理論的に日本語をとらえてゆこうとする学問、いわば言語科学のひとつだから、文法をまなぶこと自身に価値があるわけで、あっさり忘れてもらってはこまる——という反対論も出てくるにちがいない。なるほど、たしかにそのとおりで、文法を解釈に利用するのは、お酒を料理の味つけに使うようなものかもしれない。だが、話を高校程度の人たちが勉強する文法に限っていうなら、やはり解釈に役だつような文法が本すじになるべきだろう。高校生諸君は、実にいそがしい。数学も、社会も、理科も……、勉強することが山のようにある。そうして、高校三年間ぜんぜん眠らないとしても、二万六千二百八十時間しかない。その貴重な時間を相当多く割いてまで、こまかな文法理論を憶えこむことが、ぜひ必要だろうか。とかく学者というものは、自分の専門だけが世のなかでいちばん重要だと考えやすい。「これぐらいのことは常識として……」など言いたがる。しかし、学者の頭で「常識」と思うものは、かならずしも世間の「常識」ではない。将来、国語学者にでもなろうという人なら、準体助詞とか反照代名詞とか対象語とか不定称指示語とか文末決定性とか陳述作用とかいう類の術語を使った本格的な理論づけを頭に入れておくことも、あるいは無用でないかもしれない。が、いま日本に高校生は何十万人いるだろう。それがみな国語学者になるわけではない。これからの日本に必要なのは、すぐれた科学者であり技術家であり経営者であり……いちいち数えておれないほどの種類にわたる人材である。文法学者なんか、片隅にほんのすこし席をしめさせてもらえば、たくさんだと思う。だから、高校生としては、何もみなが「言語科学としての文法」をまなぶにもおよぶまい。これは、わたくしが言い出した意見でなく、佐伯梅友博士のお話にもとづいて、わたくし流に考えなおした主張である。

(二) 文法をどうまなぶか

そうすると、文法の勉強は、解釈に役だつようなことに主眼をおき、術語なんかにあまり頭を使わないのが結構だということになる。この本をおよみになるとわかることだが、わたくしはなるべく少ない術語で間に合わせるような工夫をしている。もちろん、術語をまったく使わないで文法を説明することはできないから、巻末の索引に出てくる程度の術語はやむをえないことにした。しかし、どこまでも術語にとらわれない趣旨から、定義はたいてい省いてある。「こういう性質の事がらをこう名づける」と理窟づめに定義をくだし、それを暗記させるのは、解釈のための文法にあまり必要とも思われないからである。そのかわり、具体的に実例で理解していただくような説明のしかたを試みた。だから、諸君も、重要なのは「文法的な眼」で実際の文章を理解することなのであり、「文法的な眼」でとらえる訓練さえできたら、術語なんかどうでもよろしいと考えてくだされば幸いである。

そんなわけで、文法を説明してゆく順序も、ふつう教科書に見られるような形をとらなかった。理論的にいうと、まず「文」とは何であるかを定義し、その「文」から「文節」を導き出し、さらに「文節」から「単語」を導き出し、品詞わけから助動詞や助詞の用法におよぶというようなのが、適切であるにちがいない。そうでないと、ひとつひとつの定義が合理的にあたえられにくいからである。だが、わたくしは、そういった筋みちをわざと無視している。なぜかといえば、さきほどからやかましく述べているとおり、術語や定義にあまりこだわらないという立場が根本だけれど、そのほかに、諸君の「憶えやすさ」を考えたからである。

いくら「忘れたまえ」といっても、忘れるためには、まず憶えなくてはならない。しかも、ほかに勉強することの多い高校生諸君としては、なるべくすらすら頭に入るような憶えかたが望ましいはず。だから、わたくしは、まず**形式**を主とした話から始めて、だんだん**意味**の方へ移ってゆくような工夫をしてみた。この本をよむぐらいの人には、いまさら「文とは何であるか」を説明する必要もなかろうから、教科書どおりの順序でなくても、あまり文句は出ないと思うが、あとの方にゆくと、たとえば「打消」という項に、助動詞を使った打消も助詞を使った打消も出てくる（三六七頁）。第〇章助動詞、第〇章助詞とはっきり分け、助動詞は助動詞の章で、助詞は助詞の章で説明してもらわないと何だか落ちつかないという諸君もおいでになるかもしれない。しかし、大切なのは、助動詞とか助詞とかいう品詞わけではなく、打消にはどんな「言いかた」があるかということなのである。英語の here is（are）にあたるフランス語は voici だが、フランス文法で voici は前置詞である。このばあい、代名詞と動詞が前置詞にまとめられるというようなことを憶えるよりも、英語で“Here is a book.”と言うところをフランス語では“Voici un livre.”と言うのだと憶えることの方が、はるかに大切である。

それから、この本における説明の順序は、わたくしがアメリカでスタンフォード大学のR・H・ブラワー教授およびカリフォルニア大学のE・R・マイナー教授と共同研究していたとき発見した Association and progression という原理を応用してみた。この原理そのものは、文法とは何の関係もないのだが、いろんな方面に応用がきくので、なるべく頭に入りやすいような工夫のひとつとして、試みたわけ。Association and progression という原理がどんなものであるかをお話しする必要はないと思うが、その結果、ところどころ、文法に直接関係のないような事がらや、むだ話みたいなことが出てくるのは、あらかじめおことわりしておこう。直接必要なことだけを経済的に憶えこもうという考えだと、よけいなものはいっさい切り捨てた方がよいと思われるかもしれない。しかし、実は、そうでない。むだに見えることがあってこそ、直接必要な知識がいちばん効果的にとらえられるのであって、直接必要なことだけを述べたのでは、直接必要なことがうまく頭に入りにくい。しかも、直接必要といったって、何が「直接」なのか。国文法を勉強するつもりでいたら、いつの間にか国語学一般や英文法の知識まで増えてしまったところで、別に「損をした」と考えるにはおよぶまい。気を大きく持って、要するに「学力」がつけば良いんだと腹をすえることである。

(三) この本をどうよむか

そうすると、これからこの本をよむのに、どんな用意がいるかは、だいたいおわかりと思うが、もうすこし具体的に申しあげたいことがある。

(1) この本は、ある分量でひと区切りになるような述べかたがしてあるから、その区切りをうまく利用すること。

ところどころ項をあらためたり、行をあけたりして、あまり目立たないように区切りがしてある。そこで休むのが、次の勉強を能率的に進めるのに効果がある。しかし、勉強の予定とか、その人の程度とか、環境とかによって、どれだけを一回によむかは違ってくるだろう。しばらくよむうち、自分のペースがわかってくるだろうから、いつまでによみ終るという目標のもとに、そのペースを乱さずに、平均したよみかたで進むよう、自分を訓練してほしい。

(2) よみながら、自分でノートあるいは要点メモを作ること。本文のなかには、ちゃんと要点が示してあるし、特に憶えてもらいたいことには、注意をひくような印がつけてある。しかし、それは一般的にいっての要点であって、その人にとっては、また別に注意しなくてはならない所が出てくるだろう。そんな所は、本に赤線をひくとか、自分だけの索引を作るとか、要点の総まとめを作るとかの工夫が必要である。

(3) わたくしがこの本で何を言おうとしているかという意図に重点をおき、あまりことばの端ばしにとらわれないようにすること。

最初から「文法を忘れたまえ」などいう逆説がとび出して、すくなからずわたくし流の言いかたにとらわれる心配があるけれど、これはあくまで諸君の注意を効果的に利用するのが目的なのだから、言いあらわしそのものにあまり神経質にならないでいただきたい。最後に、いちばん問題になることだが、

(4) 自分の習った説と違っても、あまり気にしないこと。

というお頼みをしておきたい。ラジオで文法的解釈の話なんかすると、とたんに「わたくしは学校でこう習いましたが、どちらがほんとうでしょうか」というような問いあわせが、返事不可能の分量をもって押しよせる。お手あげである。そもそも国文法というものは、解析や力学なんかと違って、まだ確定的な学説がないのを特色とする。学問そのものが動いているのである。ぐらぐら動いている。ぐらぐらするからGrammarなのだと御承知ねがいたい。端ばしだけでなく、品詞のわけかたからして、違いがある。たとえば「左の文章から形容動詞をぬき出して示せ」などいう問題が出たばあい、時枝誠記《ときえだもとき》博士の教科書で習った人は、ポカンとしているよりほかないだろう。時枝文法では、形容動詞という品詞がないからである。まして、終止形につく「なり」が伝聞推定であるか詠歎であるかといったような細かい点になれば、学者によって説が違うのであって、学界ぜんたいで誰もが認めている説というものは、まだ無いようである。だから、わたくしは、いまいちばん広く認められている文法学説によってお話を進めるわけだが、それと違った説で習った人の全部を納得させるような説明も、ある程度までは心がけるであろう。しかし、それを徹底的に試みると、とてもこの程度の本では書き切れないし、なるべく頭に入りやすいような書きかたと矛盾する。それで、あまり細かな学説の差などは無視するよりほかないだろうと思う。いまの文法研究の段階からいって、やむをえないわけだが、違った説でお習いになった諸君も、わたくしの述べるような説がひろくおこなわれているのだと理解してくださることは、けっして無用でないだろう。

これだけの前おきをして、いよいよ本すじに入ることにしよう。

まとめ

1 「国語」の勉強は、正しく美しい日本語を身につけるのが目的。日本語をゆがめるような方向に文法が悪用されてはならない。

2 文法の術語や定義にあまりとらわれるな。「文法的な眼」を解釈のなかに生かす方が、はるかに大切である。

3 文法はあとから考えた理窟だから、割り切れないところが残るのは当然。学説のちがいをあまり気にするな。

4 理論体系と勉強の順序とは、かならずしも一致するにはおよばない。体系よりも、実際の「言いかた」として頭に入れることが必要。

5 国文法の勉強は、国文法だけ勉強するのでは、充分に効果的ではない。ものごとを孤立的に考えるな。

第一部　文法そのもの

一　活用のしかた

(一) 活用以前のこと

文法のお話をするのに、まず用言の活用ということから入ってゆこうと思うが、その前に、ひとつウォーミングアップをしておきたい。このウォーミングアップがしっかりできていれば、あと、たいへん楽に進めること、うけあい。さて、かくも効験あらたかなウォーミングアップとは、どんなものだろうか。次の例題をごらんねがいたい。

例題 一

歴史的仮名づかいのための五十音図を書け。　(一分十五秒以内)

「何だ、五十音図ぐらい！」と思う諸君が多いかもしれない。たしかに「五十音図ぐらい……」である。しかし、まあ、ものは試しで、いちど鉛筆をとって、実際に書いてみたまえ。正解は、次のとおりである。

答

ア	イ	ウ	エ	オ
カ	キ	ク	ケ	コ
サ	シ	ス	セ	ソ
タ	チ	ツ	テ	ト
ナ	ニ	ヌ	ネ	ノ
ハ	ヒ	フ	ヘ	ホ
マ	ミ	ム	メ	モ
ヤ	イ	ユ	エ	ヨ
ラ	リ	ル	レ	ロ
ワ	ヰ	ウ	ヱ	ヲ

あ	い	う	え	お
か	き	く	け	こ
さ	し	す	せ	そ
た	ち	つ	て	と
な	に	ぬ	ね	の
は	ひ	ふ	へ	ほ
ま	み	む	め	も
や	い	ゆ	え	よ
ら	り	る	れ	ろ
わ	ゐ	う	ゑ	を

平仮名でも、片仮名でも、どちらか一方でよろしい。きちんとした字で、一分十五秒以内に書きあげ、しかも右の正解とすこしも違わない五十音図が書けていたら、りっぱなものである。理想的には、四十秒か四十五秒で書けるとよいのだが、高校生程度なら、まあ一分十五秒以内というのが、適当なところであろう。

さて、もし一分十五秒以内に書けない人があるなら、何度でもくりかえして練習したまえ。「何だ、五十音図ぐらい」という考えをあっさり追放して……。また、たとえ一箇所でも誤りがあったら、ぜったい誤りのない五十音図が書けるまで、何度でも練習したまえ。

もし「ひとつぐらいの誤りなら」と考える人があるとしたら、それはたいへんな心得ちがいである。一〇〇パーセント完全でなければ、零点なのだと理解していただきたい。

a　一分十五秒以内

b　ノー・ミス

この二つの条件がそろわないかぎり、**ぜったい先をよまないこと**。abのどちらかが満足でないうち、先へ進む人があるなら、その人が「やはり文法はよくできない」とこぼすことになっても、わたくしはけっして責任をおわない。

さて、例題に「歴史的仮名づかいのための……」とことわってあるのは、戦後、現代仮名づかいというものがおこなわれるようになったからで、戦前なら、単に「五十音図を書け」ですんだわけ。現代仮名づかいのばあいは、ワ行の「ゐ」と「ゑ」を使わないから、いちおうワ行を

わ　い　う　え　を

と修正すればよいわけだが、それだけでは、用言の活用を考えるとき、法則を立てにくいことがおこる（四四頁参照）。活用の法則を立てるためには、

わ　い　う　え　お

と修正した方が合理的である。しかし、現代仮名づかいでは、たとえば「本をください」「花をかざる」などのoにワ行の「を」が使われることになっているので、やはり「を」

も残しておく必要がある。もし両方を立てるなら、現代仮名づかいのばあいのワ行は、

わ　い　う　え　お（を）

とでもするのが良いだろう。何だか割り切れないような感じかもしれないけれど、そもそも現代仮名づかい自身があまり合理的でないところをもっているのだから、やむを得ない。

ところで、同じoをどうして「お」と書いたり「を」と書いたりするのか、めんどうくさい――とお考えの諸君はありませんか。もしおありなら、ちょっと次のローマ字がき五十音図を見ていただこう。

wa	ra	ya	ma	ha	na	ta	sa	ka	a
wi	ri	i	mi	hi	ni	ti	si	ki	i
u	ru	yu	mu	hu	nu	tu	su	ku	u
we	re	e	me	he	ne	te	se	ke	e
wo	ro	yo	mo	ho	no	to	so	ko	o

これは、歴史的仮名づかいのための五十音図を、**日本式**とよばれる綴りかたで書きあらわしたものである。実用的には、**標準式**の方がずっと便利だけれど、五十音図の構成を示すには、日本式の方がよくわかる。さて、これで見ると、五十音図は、縦に同じ子音、横に同じ母音をならべるという「原則」によって作られていることが、はっきりするだろう。もっとも、この「原則」は要するに原則であって、例外が無いわけではない。同じsを使っていても、サのsにあたる音とシのsにあたる音とは違うし、タのtにあたる音とチのtにあたる音も違っている。日本式ローマ字の非難される点はそこだが、それはいま問題にしない。いまは、五十音図がすくなくとも「縦に同子音、横に同母音」という原則にもとづこうとしているという事実がわかればよろしい。

しかし、この原則に対する例外は、実は、サ行とタ行だけではない。まずア行は「縦に同子音」といえない。母音だけの行だからである。もっとも、ア行だけは特別あつかいにしてよいのだけれど、ヤ行とワ行を見たまえ。

ya	i	yu	e	yo
wa	wi	u	we	wo

子音をもたない字があるではないか。もっとも、ヤ行の「い」とワ行の「う」は、それぞれyiあるいはwuとなっても、発音はiあるいはuとほとんど変りがないから、あまり問題はないとしても、ヤ行の「え」がeになっているのはどうだろうか。「縦に同子音」なら、

当然yeとなるはず。そうしてyeとeでは発音が違ってくる。ためしに英語のyellow, yes, yetなどをellow, es, etと発音してごらんなさい。イギリス人やアメリカ人は変な顔をするにちがいない。どうしてyeと書きあらわさないのか。この疑問に対しては、わたくしの持ち出しているのが「歴史的仮名づかいのための」という修飾づきの五十音図であることを、もういちど思い出していただきたい。

わたくしたちが「歴史的仮名づかい」といっているものは、だいたい十一世紀から十二世紀ごろの書きかたにもとづく。紫式部や清少納言のころと、大ざっぱに考えておいてもよろしい。八世紀つまり万葉集の時代には、もっと違った仮名づかいがおこなわれていた。それについては、あとでまた述べることにして(五〇一頁参照)、いまは、歴史的仮名づかいのための五十音図が十一世紀あたりのものだということだけ頭においてくだされば結構。ところで、その十一世紀ごろには、yeとeとの区別が無かったのである。だから、ア行の「え」とワ行の「ゑ」、ア行の「お」とワ行の「を」は、それぞれ別の仮名が使われているのに、ヤ行の「え」はア行と同じ「え」になっているわけ。しかし、十世紀ごろまでは、eとyeの使いわけが残っていた。eとyeの区別が無くなったのは、だいたい天暦年間(九四七―九五六)よりもすこし後ぐらいだろうと思われる。もっとも、使いわけが無くなったといっても、ア行のeが無くなってヤ行のyeだけになったのか、ヤ行のyeが無くなってア行のeだけになったのか、はっきりしないのだけれど、現代の標準音ではア行のeだけになっているので、いちおうヤ行の「え」もeと書きあらわしておいたのである。

そうすると、ワ行の「ゐ」「ゑ」「を」も、現代の標準音ではieoと発音されるのだから、ア行と同じ「い」「え」「お」を使ってもよいのではないか——とお考えの諸君があるなら、くどいようだけれど、いま問題にしているのは「歴史的仮名づかいのための」すなわち十一世紀から十二世紀ごろの五十音図なのだということを、もういちど強調しておこう。そうして、この時代には、ア行のiとワ行のwi、ア行のeとワ行のwe、ア行のoとワ行のwoは、それぞれ発音し別けられていたのだということをつけ加えておこう。紫式部も清少納言も、itawi（板井）とかwemaki（絵巻）とかwonoko（男）とか発音していたはずである。後の時代になると、ワ行のwi we woが無くなり、ア行のi e oだけになってしまったけれど、古典語といえば十一世紀ごろの文章が標準と認められていたので、古典語の文法も、その時代の書きあらわしかたにもとづいて組織された。したがって、古典語の文法を勉強するためには、十一世紀ごろの五十音図を憶える必要があるわけ。憶えるといっても、急所は**ア行**と**ヤ行**と**ワ行**の関係だけである。すこし骨をおれば、それほどめんどうでもない。そうして、現代仮名づかいの文法にも、ちゃんと応用がきく。だから、何はさておき、はじめに紹介した五十音図をしっかり頭に入れていただきたいのである。

ところで、いま「十一世紀ごろの五十音図」と言ったが、これは、厳密には「十一世紀ごろ存在したと推定される五十音図」とでも言いなおすべきであろう。五十音図は、九世紀にはおそらくまだ作られていなかったろうが、十一世紀にはすでに存在したと思われる。しかし、十一世紀ごろの原物《げんぶつ》は、伝わっていない。いま有るのは、十二世紀ごろ、あるいはそれより後のものである。十二世紀ごろの五十音図は、ア行とワ行が、

ア イ ウ エ オ
ワ ヰ ウ ヱ ヲ

となっていて、これが理論的に正しい形である。ところが、十三世紀になると、

ア イ ウ エ ヲ
ワ ヰ ウ ヱ ヲ

と、両方とも「ヲ」になった五十音図があらわれ、やがて

ア イ ウ エ ヲ
ワ ヰ ウ ヱ オ

と、「オ」「ヲ」の逆になった五十音図もおこなわれるようになった。契沖《けいちゅう》・荷田春満《かだのあずままろ》・賀《か》茂真淵《ものまぶち》というような大学者たちでも、みなこれが正しい形だと思いこんでいたらしい。こういった形の五十音図に疑いをいだいて、「オ」と「ヲ」の所属はもっと合理的でなくてはならないと考え、もとの形にもどしたのが、本居宣長であった。宣長は、いろいろ研究の結果、ア行に「オ」、ワ行に「ヲ」のあるのが正しい五十音図だと推定した。たいした学力だと思う。いまでは十二世紀の五十音図もいくつか発見されて、宣長の説が正しいこ

とはどの学者も認めているのだから、そういった古い写本がまだ世に出ないころ、理論的に正しい形を割り出したのだから、えらいものである。

十一世紀あるいはそれに近いころ五十音図が作られたということは、初耳の人にとってはおどろくべき古さであろうが、その古い時代、何のために五十音図が作られたのであろうか、これについては、学者たちがいろいろな説を出している。大矢透《とおる》博士は、サンスクリット（古代インド語）のアルファベットにならって仮名をならべたものであるとし、橋本進吉博士と山田孝雄《よしお》博士は、漢字の発音を分解的に説明する反切《はんせつ》という方法のため作られたものだと考えられた。わたくしは、また別の考えをもつ。すなわち、サンスクリットにおける子音と母音の結びつきかたを説明するため、六世紀ごろシナで作られた音韻図にならって作られたものであろうというのである。いま、わたくしたちは、ローマ字を知っているから、カはkとaの結びついたものであり、キはkとiの結びついたものであることを理解するぐらい、何でもないと思いやすい。しかし、漢字と仮名しかもたなかったわたくしたちの祖先は、ギリシァ語・ラテン語・イタリー語・フランス語そのほかのヨーロッパ語と同じ系統に属する古代インド語が子音と母音を切りはなしたり結びつけたりすることに対して、どう説明してよいか、たいへん苦労したらしい。祖先といっても、実は、古代インド語を勉強していた坊さんたちのことなのだが、その人たちは、はじめシナで作られた漢字の音韻図（縦には同子音で横には同母音）を使って、カとキのちがいは母音（a

とi）のちがいであり、子音（k）は共通する――といったような理窟を説明した。こうした漢字の音韻図を日本の学者たちにはじめて紹介した功労者が、すなわち弘法大師（空海）である。ところで、サンスクリットのアルファベットも、同じ子音をもつ行と、同じ母音をもつ段との組みあわせから成り立っているが、サンスクリットは、子音も母音も数が多くて、アルファベット表がたいへん複雑である。そこで、その構成原理をわかりやすく説明するため、さきに示したような形の漢字音韻図を利用したのである。平安時代初期すなわち九世紀ごろのサンスクリット学者は、このような音韻図を使っていたが、仮名がひろく用いられるようになったころ、漢字のかわりに仮名で**縦に同子音・横に同母音**という組み立てを示す図が工夫された。それが五十音図である。

以上がわたくしの学説である。これは、まだ完全に正しいとは断言しきれないのだけれど、いまのところ、こう考えるよりほかない。完全に正しいとは断言しきれないようなことを、どうしてながながと書いたかというと、五十音図のように簡単なものでも、それができるまでには、多くの学者が苦労しており、その成り立ちを調べるためにだって、本居宣長このかた、たくさんの研究がつみかさねられていることを、よく理解してほしかったからである。それにくらべたら、五十音図をおぼえるぐらい、何でもない。さあ、先人たちの苦心を考えながら、もういちど五十音図を書いてみたまえ。

まとめ

1 五十音図は、縦に同子音、横に同母音（原則）。
2 五十音図の急所は、ア行・ヤ行・ワ行の関係。
3 古典語の文法は、十一世紀ごろの五十音図にもとづく。

(二) 動詞の活用

まず紙と鉛筆を用意していただきたい。そうして、もういちど次の問題に答えていただきたい。「わかってるよ。もう大丈夫なんだ」など言ってはいけない。ぜひ、もういちど書いてみること。そのあとでなければ、けっして次へ進んではならない。

復習 一

歴史的仮名づかいのための五十音図のア行とヤ行とワ行を書け。（二十秒以内）

完全にできましたか。完全にできた人だけ、次の例題に進んでよろしい。すこしでも誤りがあったら、それは、全然できなかったのと同じである。そういう人は、何度でもこの三行を書いてみる必要がある。そうして、次の例題は、明日にまわすがよろしい。

例題 二

次の文章の中から動詞をとり出し、その活用表を作れ。

老いたる武者一騎、かの橋詰《はしづめ》に居ながら、寄手《よせて》をさんざんに射たりけり。

（三分半以内）

「ばかに簡単な問題じゃないか」とお感じの諸君は、ばかに簡単であるかどうか、とにかく鉛筆をとりあげて、書いてみたまえ。話はそれからである。正解は、

答

	未然形	連用形	終止形	連体形	已然形	命令形
老	い	い	ゆ	ゆる	ゆれ	いよ
居	ゐ	ゐ	ゐる	ゐる	ゐれ	ゐよ
射	い	い	いる	いる	いれ	いよ

だが、決められた時間のうちに、すこしも誤りなく書けたかどうか。もし、ひとつでも誤りがあるなら、次の説明を、よくよく味わう必要があるのだと観念したまえ。

この問題の要点は、まず**古典語と現代語の差**である。例題二が古典語であることはすぐわかるけれど、古典語のばあい、活用が現代語とちがってくること、どこにその差があるかということまで知りぬいている人は、全国高校生のうち何パーセントだろうか。たとえ

ば、

老	い	い	いる	いる	いれ	いよ
居	い	い	いる	いる	いれ	いよ

のように書いた人はないだろうか。「そんなヘマはやらないよ」とおっしゃるなら、たいへん結構。しかし、右のような答がなぜ誤りであるかを、はっきり説明できますか。「とにかく、正しくないんだ」ではこまる。そこが勉強というもの。

「居る」の方は、もし紙に書かず、口で答えるのであったなら、これで誤っていない。OKである。まちがいになったのは、書いたからなのである。つまり、**古典語は歴史的仮名づかい**ということになっているから、ア行の「い」ではいけない。ワ行の「ゐ」でなくてはならない。これは、同じ発音をどの仮名で書きあらわすかという問題だから、狭義の文法(二五三頁参照)でとりあつかうことでなく、もともと表記法の領分なのだが、領分あらそいはとにかく、誤りは誤りである。「古典語の居るはワ行」ということを、この機会に、しっかり頭に入れてしまいたまえ。ついでに、そもそも平仮名「ゐ」は「為」を草書にくずした形から出ていることも憶えておきたまえ。何かの役にたつかもしれない。

これに対して、「老いる」の方は、まったく文法的な誤りである。現代語の「老いる」

は、すべてア行の「い」が活用形のもとになっており、それに「る」「れ」などがつく。つまり、活用の主な部分は、母音iで統一されている。ところが、古典語「老ゆ」の終止・連体・已然は、それぞれ「ゆ」「ゆる」「ゆれ」とyuが活用の主な部分になっている。すなわち、母音iとuとにわたっている。このように、活用の主な部分が五十音図の段ふたつにわたるものを二段活用とよび、ひとつの段だけのを一段活用ということは、御承知のとおり。ただし、一段活用も二段活用も、右にあげてきたような種類のほかに、

	未然形	連用形	終止形	連体形	已然形	命令形
蹴	け	け	ける	ける	けれ	けよ
得	え	え	う	うる	うれ	えよ

といった形のがある。これらは、活用の主な部分が母音eだけのものと、母音eおよびuにわたるものとになるけれど、形式としてはさきの一段活用・二段活用と同型で、

一段	射	i	i	iru	iru	ire	iyo
	蹴	(k)e	(k)e	(k)eru	(k)eru	(k)ere	(k)eyo

二段						
老	i	i	(y) u	(y) uru	(y) ure	iyo
得	e	e	u	uru	ure	eyo

となる。つまり、差は母音iとeが入れかわっている点だけにすぎない。五十音図の段では母音uが中央に在り、iはそれより上、eはそれより下に在るから、iの類を上一段活用・上二段活用、eの類を下一段活用・下二段活用とよぶ。

ところで、この二段活用は、現代語だと、次のようになる。

	未然形	連用形	終止形	連体形	仮定形	命令形	志向形
老	い	い	いる	いる	いれ	いろ いよ	い
得	え	え	える	える	えれ	えろ えよ	え

活用の主な部分は母音iあるいはeだけになり、母音uはけっして現われない。すなわち、もと二段活用だったものが、一段活用にかわってしまったのである。そうして、これは「老いる」「得る」だけでなく、すべての二段活用がそうなのである。

古典語	現代語
上二段	上一段
下二段	下一段

ついでに、

文法的な変化は、特定の語だけにおこるものでなく、同類の語はいっしょに同じ変化をおこす。

という原則があることも、もし入る余地があるなら、頭の隅に入れておいて損はなかろう。

上一段活用は、現代語でも、活用の主な部分が母音iであることにかわりはない。やはり上一段活用である。

	未然形	連用形	終止形	連体形	仮定形	命令形	志向形
射	い	い	いる	いる	いれ	いろ いよ	い

しかし、同じ一段活用でも、下一段の「蹴る」は、現代語になると、

	未然形	連用形	終止形	連体形	仮定形	命令形	志向形

蹴	ら	り(っ)	る	る	れ	れ	ろ

と活用する。これは、母音がa i u e oと五つあらわれるから、五段活用とよばれるもの。下一段だけ五段活用にかわったのは、上一段という友だちに対して不人情なようだけれど、もともと古典語のなかでも下一段は「蹴る」ひとつだけで、特別なものと考えられる。五段活用に変ったのも、ひとり者の気軽さとして、特例に認めてやっていただきたい。この変化を、さきの二段活用とあわせて示すなら、左のようなぐあい。それから、こうした活用の変化がいつごろおこったかも、おもしろい問題だけれど、あまりごたついては頭に入りにくいと思うので、あとであらためてお話しするつもり（二八三頁）。

古典語	現代語
上二段	上一段
上一段	上一段
下二段	下一段
下一段	五段

さて、前に五十音図、特にア行・ヤ行・ワ行を何度も紙に書いたのは、無駄だったとお

感じだろうか。無駄でなかったとお感じの諸君は、御苦労ながら、ぜひもういちど書いてみたまえ。あまり役に立たなかったとお感じの諸君は、そのかわり、次の練習問題をやってみたまえ。

練習 一

次の文章の中から動詞をとり出し、その活用表を作れ。

人に恥ぢたる気色《けしき》もなく、日ごろ用ゐたりし古足袋《ふるたび》ひとつ、使の者に与へけり。

（三分以内）

正解は次のとおりである。

答

	未然形	連用形	終止形	連体形	已然形	命令形
恥	ぢ	ぢ	づ	づる	づれ	ぢよ
用	ゐ	ゐ	ゐる	ゐる	ゐれ	ゐよ
与	へ	へ	ふ	ふる	ふれ	へよ

もし完全にできたのでなければ、やはり御苦労ながらもういちど五十音図を書いていただきたい。

まさか次のような答を書いた人は無かったろう——と期待したい。

恥	ぢ	ぢ	ず	ずる	ずれ	ぢよ
用	ゐ	ゐ	いる	いる	いれ	ひよ
与	へ	へ	う	うる	うれ	えよ

もしこんな失敗をやらかしたら、まさに大目玉ものである。なぜ大目玉か。いうまでもなく、「動詞の活用における主な部分は、五十音図の同じ行に属する」という法則を無視しているからである。問題文のなかで「恥ぢ」「用ゐ」「与へ」と示されている以上、それぞれの活用形も、ダ行・ワ行・ハ行でおしとおさなくてはいけない。だから、五十音図をしっかり憶えなさいと言うのである。

「先生、でも、次のような例はどうでしょうか」というわけで、

	未然形	連用形	終止形	連体形	仮定形	命令形	志向形
思	わ	い（っ）	う	う	え	え	お
従	わ	い（っ）	う	う	え	え	お

などの反対材料を持ち出す人があるかもしれない。その人は、なかなか出来の良い頭をおもちだと申しあげてよろしい。なるほど、この活用表は正しい。それなのに、活用の主な部分はワ行とア行にわたっている。しかし、御注意ねがいたいのは、右の反対材料が現代語だということである。なるほど、ワ行は

わ　ゐ　う　ゑ　を

であった。が、それは何度も言ったように「歴史的仮名づかいのための五十音図」だからであって、もし「現代仮名づかいのための五十音図」なら、

わ　い　う　え　お（を）

となるところ（二七頁参照）。これなら、活用は同じ行のなかでおこなわれるという原則にはずれない。ワ行のoに「お」と「を」の両方をあてるのは、何だか割り切れない感じがするかもしれないけれど、同じ命令形に「射ろ」と「射よ」があるようなものだと考えれば、まあ辛抱できるだろう。現代仮名づかいを承認する以上、これぐらいの矛盾には眼をつぶっておくよりほかかない。

次に、「用ゐる」とワ行上一段に活用させたのは変だという疑問をおもちの諸君があるかもしれない。なるほど、

用	ひ	ひ	ふ	ふる	ふれ	ひよ

とハ行上二段に活用した例は、むかしからたくさん有るし、いまでもそう書いている作家が少なくない。しかし、古典語の文法は、十一世紀ごろの用例にもとづいて組みたてられているのであって、その時代の確かな用例からいうと、ワ行上一段が正しいのである。なぜハ行上二段がひろくおこなわれるようになったかというと、どうも本居宣長にその責任があるらしい。宣長ほどの大学者がハ行上二段と認めてしまったものだから、あとの人たちは「右へならえ」をしたのだろう。だが、ワ行上一段が正しいことは、大槻文彦博士が有名な『大言海』という辞書のなかでくわしく証明していられて、疑う余地がない。五十音図で偉大な功績をうちたてた宣長も、「用ゐる」の活用では、ちょっとよろめいた。しかし、どんなえらい学者でも、ぜったい誤りをおかさないというわけにはゆかないものである。まして、わたくしなどは……だが、それはさておき、ハ行上二段の「用ふ」も、そうとうひろく世のなかに流布してしまったから、いまさら誤りだとも決めつけられない。そこで、たいていの辞書は、「用ゐる」と「用ふ」の両方をあげている。とすれば、宣長先生はやはり偉大だということになりそうである。もっとも、諸君としては、どちらが正しいかを議論するにおよばない。上一段の「用ゐる」と上二段の「用ふ」とがあることさえ知っていればよろしい。そうすれば、問題文にあらわれている活用の主な部分がワ行であるかハ行であるかを見つけて、どちらかの活用を答えることができる。すこし脳がお弱くて、ぼくにはとても「用ゐる」が上一段で「用ふ」が上二段だなんて記憶できないというお方があるなら——よろしい、憶えるにおよばない。「用ゐる」か「用ふ」かを考えなくてはならないような問題は、どれぐらいの確率で出されるか。たぶん大したこともあるまい。まかりまちがって、不幸にもぶつかってしまったところで、あまりたくさんの点数がふっ飛ぶわけではない。国語学や国文学の専門学者になろうという志望者のほかは、何が何でもぜったい記憶しろなど申しあげることを遠慮しよう。しかし、

問題文に「用ゐたりし」とあるから、ほかの活用形も、主な部分はワ行の仮名にちがいない！

という見当のつけかた、法則でいえば「動詞の活用における主な部分は、五十音図の同じ行に属する」ということは、ぜひ憶えておきたまえ。この法則ひとつで、ずいぶん多くの点数を生み出すことができるはずだから。

「先生、おかしいと思いますね。もしそうなら、次のような問題は如何ですか」

練習 二

次の文章の中から動詞をとり出し、その活用表を作れ。

きっとお正月には兄《にい》ちゃんといらっしゃいね。

（二分以内）

こんな反撃をするような人が、もし高校生のなかにいるなら、彼は将来えらい文法学者になる素質がある。なるほど、正解は、

答

	未然形	連用形	終止形	連体形	仮定形	命令形	志向形
いらっしゃ	ら	り（い）	る	る	れ	い	ろ

である。ラ行のなかに「い」がまじっているのは、あきらかに反則である。「どうしてくれますか」。

しかたがない。カブトをぬごう。こんな例外も、時には出てくる。もっと正直に言うなら、現代語の「なさる」「くださる」「おっしゃる」も、同じなかまなのである。が、前にも言ったように、文法は法律でない。たとえ反則であろうとも、現にそういう言いかたが認められているなら、文法学者がそれを追放する権利はない。これは、ヨーロッパやアメリカの新しい言語学でいわれる考えかたである。「わたしが小学生のとき、先生は、わたしたちのことばを古い文法どおり直そうとして、たいへん厳しく教えましたよ。しかし、家に帰ると、だれもそんな言いかたをしない。先生の厳格きわまるしつけも、ついに、わたしたちのことばを変える力はありませんでしたね」とは、わたしの友だちであるアメリカ人教授の話。

もっとも、時代映画や講談の放送などで、ときどき「下邸へござらっしゃれ」とか「ひとつ酒を飲まっしゃれ」とかいう言いかたにぶつかることがおありだろう。これなら命令形については「れ」になって、すこしも反則でない。しかしまた、武士なんかが「あいや、待たっしゃい」とか「お腹召さっしゃい」とか言っている場面も出てくるはず。これは命令形が「い」である。また「早う歩かっしゃれい」とか「さような事、忘れさっしゃれい」とか言う例もある。たぶん、こういった言いかたの命令形は、

れ→れい→い

と変ったのでないかと想像するが、確かな論証は本職の文法学者にお願いしよう。必要なのは、おそらくこの命令形は「れ」がもとの形であり、それなら反則にならないということである。連用形についても、同様のことがいえる。この事実を推し進めると、さきの法則は

> 古典語では、動詞の活用における主な部分は、五十音図の同じ行に属する。 (1)

ということになって、これには反則も例外もない。保証つきである。安心して活用したまえ。現代語の方だって、例外はごく少ないのだから、この法則を知っているのは、ずいぶん強みになるだろう。

もうひとつ前進しよう。

例題 三

次の文章の中から動詞をとり出し、その活用表を作れ。

（イ）大将どの、かの扇にてさんざんに打ちたまへば、花は残らず散りにけり。

（ロ）咲いた桜になぜ駒つなぐ。駒が勇めば花が散る。

（七分以内）

口で答えるなら、七分も要らないが、書くとすれば、それぐらいは経つだろう。正解は、

答（イ）

	未然形	連用形	終止形	連体形	已然形	命令形
打	た	ち	つ	つ	て	て
残	ら	り	る	る	れ	れ
散	ら	り	る	る	れ	れ

（ロ）

	未然形	連用形	終止形	連体形	仮定形	命令形	志向形
咲	か	き（い）	く	く	け	け	こ
つな	が	ぎ（い）	ぐ	ぐ	げ	げ	ご
勇	ま	み（ん）	む	む	め	め	も
散	ら	り（っ）	る	る	れ	れ	ろ

である。（イ）はあきらかに古典語だから、問題はないけれど、（ロ）はちょっと迷うかもしれない。しかし、「咲いた」「なぜ」あたりが現代語の感じだから、右のようにあつかう

のが適当である。ところで、「先生。(ロ)の活用表は変ですね。わたしたちは、そんなふうに習っていません」こんな抗議が出そうである。なるほど、無理もない。そういう人は、たぶん次のように習っているだろう。

	未然形	連用形	終止形	連体形	仮定形	命令形
咲	か こ	き	く	く	け	け

もちろんこれでも結構である。そうして、こういう欄の作りかたをする学者は、五段活用とよばず、四段活用といっていることが多い。「志向形」という耳なれないかもしれない活用形を持ち出したのは、佐伯梅友博士の説によったのだが(「推量形」という人もある)、この方が五十音図と活用形の関係をうまく示しているように思われる。つまり、母音だけでいうと、この種類の活用は、aiueoの五つにわたっている。だから、五十音図の順序どおり、

(語幹)	a	i	u	u	e	e	o

と並べた方が、理窟に合っている。しかし、これはどうせ形だけのことだから、どの学説に従うべしと強制するわけにはゆかない。

ところで、aiueoの五つにわたるので、この種類の活用を五段活用とよぶが、（イ）の方は、

（語幹）	a	i	u	u	e	e

だから、oが出てこないわけで、四段活用といわれる。これを、
現代語（口語）は五段活用、古典語（文語）は四段活用と教えられたり、おぼえたりしている人は、ちょっと訂正していただきたい。すなわち、**現代仮名づかい**では五段活用、**歴史的仮名づかい**では四段活用なのである。現代語だって、戦前はほとんどすべて歴史的仮名づかいで書かれていたし、小説家などにはいまでもそれを守っている人がある。そういった作品に、たとえば、
ぼくは青い鳥を買はうと思ふ。
という個所があり、その中の動詞を活用させてごらんと言われたなら、

	未然形	連用形	終止形	連体形	已然形	命令形
買	は	ひ	ふ	ふ	へ	へ
思	は	ひ	ふ	ふ	へ	へ

となる。また、反対に、古典語だって「書かうと存ずる」はカコオと発音するわけだから、発音としては活用にオの段が入っており、

	未然形	連用形	終止形	連体形	仮定形	命令形	志向形
書	ka	ki	ku	ku	ke	ke	ko

というローマ字がきの活用表を作っても、いちがいに「だめだ」とは言えない。つまり、五段活用も四段活用も、本来は同じことなのであって、仮名づかいの差から生まれた区別にすぎない——というよりも、戦後、現代仮名づかいが制定された結果、それに合わせて五段活用というものが考え出されたのである。歴史的仮名づかいのばあいだって、母音oの志向形は、発音として存在した。それが、書くときはア段の仮名つまり「か」「さ」「た」などであらわされるため、未然形と同じ形になってしまい、区別されなかっただけの話である。

このことは、いちばん簡単なパターンであらわすなら、

五段活用＝四段活用（仮名づかいの差）(2)

とでもなるであろうが、このパターンには、まだほかに大切な意味あいが含まれている。それは、活用形の名称にあまりとらわれるなということである。つまり、古典語でいう未然形には、未然だけでなく志向という使いかたも含まれているのである。いや、そのほかにも、たとえば「買はず」「取らる」のように否定・受身などになる言いかたが含まれている。未然形とは、その志向とか否定とか受身とかいろいろあるなかで、代表的なものを採りあげた名称にすぎない。アメリカで封筒とか雑誌とかコップとか紐とか玩具とかを買いにゆくのは、ふつうドラッグ・ストアである。Drug-storeというから薬屋さんだろうと思うと、ちょっと見当ちがい。なかには、スタンドがあって、コーヒーやアイスクリームやパイなんかを提供するドラッグ・ストアもある。Drugとは、要するに、その店にある商品のひとつの種類であり、それで全体を代表させているだけなのである。

「先生。それなら何も終止形と連体形を分ける必要はないでしょう。仮定形と命令形だって、どうせ同じ形なんだから、どちらかに含めてしまって、終止形のなかには連体の用法を含み、命令形のなかには仮定の用法を含むということにすれば、ずっと簡

単ですよ」

痛い所をついて来ましたね。すぐお答えしてもよいけれど、まあ、ひといき入れてからにしよう。これは、急所をつかれたとき、教師がいつも試みる慣用手段である。その前に、次の練習をやっておいてもらおう。

練習 三

次の文章の中から動詞をとり出し、その活用表を作れ。

恨まれちゃったね。古今集から「来《く》」とか「為《す》」とか、厄介な活用ばかり出題して来たんでね。落ちた連中は、あとの試験を投げそうだな。（十分以内）

すこし意地のわるい練習問題だけれど、たいていの諸君は、

答

	未然形	連用形	終止形	連体形	仮定形	命令形	志向形
恨	ま	み（ん）	む	む	め	め	も
落	ち	ち	ちる	ちる	ちれ	ちろ ちよ	ち
投	げ	げ	げる	げる	げれ	げろ げよ	げ

というところまではノー・ミスで出来たはず（三分半以内ぐらい）。これで見ると、「落ちる」「投げる」は、未然形と志向形が同じだから、別に志向形を設けなくてもよいようだ

が、隣りの「恨む」が未然形とちがった志向形をもつので、おつきあいに志向形という欄を作ったのである。終止形と連体形、仮定形と命令形のばあいも、同様に考えてよろしい。

さて、残りの答えは、

	未然形	連用形	終止形	連体形	已然形	命令形
(来)	こ	き	く	くる	くれ	こよ
(為)	せ	し	す	する	すれ	せよ

	未然形	連用形	終止形	連体形	仮定形	命令形	志向形
出題	さ し せ	し	する	する	すれ	しろ せよ	し
(来)	こ	き	くる	くる	くれ	こい	こ

である。これで見ると、古典語の「来《く》」と「為《す》」は、すべての活用形がちがった形をもっている。こんな種類の活用があるため、四段活用にせよ、二段活用にせよ、一段活用にせよ、おつきあいに六つの活用形を設けているのである。どの種類の活用でも終止形と連体形が同じだったら、文法学者はけっして連体形などいう欄をこしらえなかったろう。おわかりですか。

ところで、古典語の「来《く》」と「為《す》」は、これまで調べてきた四段活用や二段活用や一段活用にくらべ、形が何だか変っている。全部の活用形がそれぞれ別の形をもっているのは、何といっても著るしい特色である。それで、これを変格活用という。「来《く》」をカ行変格活用（カ変）、「為《す》」をサ行変格活用（サ変）ということは、御承知のとおり。サ行変格活用は、ほかに「おはす」と「……す（ず）」がある。「……す（ず）」とは、ほかの語に「す（ず）」がついて、ひとつの動詞になるもの。漢語につく例が多い。たとえば、

かへりみす　ものす　後見《うしろみ》す　御幸《みゆき》す　対面す　奏す　枕す　御覧ず
念《ねん》ず　怨《ゑん》ず　案ず　感ず　軽《かろ》んず　生《しやう》ず　行《ぎやう》ず

など。「……ず」は、もともと「……す」であるはずなのだが、その上に来る音（たいていn）の関係で、濁音になったもの。こういった現象を**連濁**《れんだく》とよぶ。現代語でも、

味方する　欲《ほっ》する　全《まっと》うする　新たにする　愛する　運動する
甘んずる　先んずる　損ずる　論ずる

など、「……す（ず）る」の例が多い。さきの「出題する」は、このなかま。西洋のことばを動詞に使うときは、たいていサ行変格活用になる。

ストップする　キャッチする　リードする　キッスする　タッチする

ときどき五段活用になる例、たとえば「ダブる」「サボる」などもあるが、何といってもサ変がだんぜん多い。

変格活用には、ほかにナ行変格活用（ナ変）とラ行変格活用（ラ変）があることも、すでに御存知のとおり。

	未然形	連用形	終止形	連体形	已然形	命令形
死	な	に	ぬ	ぬる	ぬれ	ね
有	ら	り	り	る	れ	れ

現代語にはナ変もラ変もない。みな五段活用になってしまったからである。もっとも、「ラ変」の「有り」は、完全な五段活用になったとはいえないかもしれない。わたしたちは「有らない」とも「有らぬ」とも言わない。つまり、未然形がないのである。「あらぬ濡れ衣《ぎぬ》を着せられたK幹事長は……」などいう表現も無いわけではないが、それは古典語の言いかたが現代語のなかに化石みたいな形で残ったにすぎず、ほんとうの現代語ではない。だから、

　K幹事長に汚職の事実は有らぬ。

と言うことはできない。また、命令形も、確かに有るとはいえない。なるほど、

　若人に光栄あれ。

といった表現も、ときどき新聞なんかに出てくる。しかし、これも古典語のなごりと考え

られ、特定の言いあらわしのときしか用いられない。「どうか収穫あれかしと祈っております」など、古典語の助詞である「かし」が付いたりする点から見ても、どうも純粋の現代語とは認めにくい。したがって、活用表は、

	未然形	連用形	終止形	連体形	仮定形	命令形	志向形
有		り（っ）	る	る	れ		ろ

と、未然形・命令形を空欄にしておくのが適当ではあるまいか。もっとも、志向形を設けない説だと、

	未然形	連用形	終止形	連体形	仮定形	命令形
有	ろ	り（っ）	る	る	れ	

となるわけだが、どちらにしても、普通の五段活用と同じではない。ただ、これは、活用形の或《あ》るものが欠けているというだけであって、欠けていない活用形は、五段活用にちゃんと当てはまるから、種類という点では、やはり五段活用に入れておくのがよいであろう。

何だかぐらぐらして頼りない説明のようだが、これが正直な話なのである。文法という

ものは、どうせ末端はぐらぐらしているのが普通である。そのぐらぐらの見本として、以上のような話を持ち出したわけ。くどいようだが、志向形（推量形）をぜひ設けなくてはならないかどうかについて、あまり神経質になるには及ばない。志向形を未然形に含める教科書で習った人は、そのように憶えておけばよろしい。大切なのは、それぞれの活用形がどういう意味あいで設けられているかを理解することである。そうして、いちおう理解できたら、思い切りよく忘れてしまいたまえ。いちど理解してしまえば、忘れたって、必要なときには何とかなるものだ。あまり忘れまい忘れまいと後生大事にしていると、次の勉強がうまく頭に入って来ない。

「次の勉強」とは何か。まあ、ひとつ例題を解いてからにしよう。

例題 四

次の文章の中から動詞をとり出し、その活用表を作れ。

（イ）頼《たの》うだおかたが、かやうに思《おぼ》いたる上は、去《い》んだがましぢゃ。〈御主人ガコンナフウニオ考エニナッテイルカラニハ、失礼シタ方ガ良インダ。〉

（ロ）法律学者の書いた随筆を買ったが、いや堅いこと堅いこと、まるきり砂利《じゃり》でも嚙んだような感じだった。

（八分以内）

「うわあ、先生、意地がわるいや。音便《おんびん》形ばかりお出しになりましたね」
「見破られたかね。音便形なんて気のきいた術語を知っているようじゃ、たぶん正解は疑いなしかな」

答（イ）

	未然形	連用形	終止形	連体形	已然形	命令形
頼	ま	み（ん・う）	む	む	め	め
思	さ	し（い）	す	す	せ	せ
去	な	に（ん）	ぬ	ぬる	ぬれ	ね

（ロ）

	未然形	連用形	終止形	連体形	仮定形	命令形	志向形
書	か	き（い）	く	く	け	け	こ
買	わ	い（っ）	う	う	え	え	お
噛	ま	み（ん）	む	む	め	め	も

音便形などいう術語は出さなかったけれど、音便形そのものは、これまでに何度か顔を出している（四一頁・四三頁・四七頁・四九頁・五四頁）。つまり、活用表のなかで、カッコに包まれた（い）（っ）（ん）などがそれなのである。

ところで、それらの例をよく見くらべていただきたい。何か気のついたことはありませんか。

「みな連用形に出ていますね」

そのとおり。もうそのほかに無いだろうか。

「わかりません。まだあるんですか」

ありますとも。これまで音便形の出ていた動詞をいちいち活用させてみたまえ。「蹴る」「思う」「従う」……。何か共通点がありはしないだろうか。四九頁あたりにヒントがありそう。

「わかりました、先生。みな五段活用ですね」

御苦労さま。まさにそのとおり。

> 現代語の活用における音便現象は、五段活用の連用形に生じる。　(3)

しかし、音便形は、何も現代語に限ったわけでなく、平安時代このかた、いくらも使われている。それなのに、わたくしは、古典語のばあい、活用表のなかに音便形を示さなかった。なぜだろうか。もちろん、理由がある。

そもそも**音便**というのは、発音の続きぐあいがなめらかでないとき、もっと続きやすい音に変わる現象のことで、いろんなばあいにおこる。古典語の例でいうと、「ツキタチ（月立）」が「ツイタチ」に、「キサキノミヤ（后宮）」が「キサイノミヤ」に、「セヒト

（兄）」が「セウト」に、「タタミガミ（畳紙）」が「タタウガミ」になるようなのがそれである。活用に関係したばあいでは、四段・ナ行変格・ラ行変格の連用形に助詞「て」・助動詞「たり」「たまふ」などが付くときにおこる。しかし、それらのばあい、いつも音便現象がおこるわけではない。「書いて」「泣いたまふ」「死んだる」「有っては」という例はもちろん多いけれど、また「書きて」「泣きたまふ」「死にたる」「有りては」などの言いかたもおこなわれている。つまり、音便現象のおこりかたが不定なのである。だから、これを連用形のなかでおこるひとつの現象にすぎないと考えて、活用表には出さなかった。しかし、現代語のばあいは、連用形にかならず音便があらわれる。「書きます」は確かに連用形だが、助詞「て」が付くときは、けっして「書きてください」と言わない。ぜったい「書いてください」である。だから、どうしても活用表にあらわした方がよいわけ。学者によっては、

	未然形	連用形	終止形	連体形	仮定形	命令形	志向形	音便形
書	か	き	く	く	け	け	こ	い

ともうひとつ欄を設ける人もあるが、さきにも出てきたとおり（四九頁）、現代語の音便形は（い）（っ）（ん）となっているので、もしその欄を加えると、「書く」と「買う」と

「噛む」は、それぞれちがった活用形をひとつ含むことになり、同じ五段活用という名でよぶのが、何だか変になる。古典語のばあい、終止形ひとつちがうだけで四段活用とラ変とが区別され、連用形ひとつちがうだけで下二段とサ変が区別されているのだから。それに、同じ五段活用でも、サ行は音便現象がない。「消す」「落《おと》す」「転《ころ》がす」「流す」などの連用形は、音便（い）（っ）（ん）のどれにもならない。このあつかいにもこまる。そうして、わざわざ欄を設けても、あまり使い途も無さそうなので、わたくしは連用形のなかに同居させておいた。例によって、文法のグラグラぶりを紹介したようなことになってしまったが、あまり力こぶを入れておよみにならなくてもよろしい。「現代語の活用における音便は、五段活用の連用形に生じる」ということさえ頭に残れば結構。といってまた、あまり軽く見ないでくださいよ。

練習 四

現代語の活用における音便形は、なぜ五段活用だけにあらわれるか。簡単に説明せよ。

（六分以内）

というのが出たら、すらすら説明できますかね。もしできない人があったら、ヒントは四〇—四一頁にあるから、よく考えていただきたい。正解は、

答 古典語の活用形における音便形は、四段・ナ変・ラ変にあらわれたが、ナ変とラ変は、現

代語では五段活用になってしまったからである。
である。「なあんだ」ということになるだろうが、まあ御愛嬌までに。
なお、古典語にあったのが現代語で消えて無くなったという例は、音便形そのものにもある。古典語における音便は、

イ音便（カ行・ガ行・サ行の四段活用で連用形が「い」となる）

池めいてくぼまり水づける所（土佐日記）

ウ音便（ハ行・バ行・マ行の四段活用で連用形が「う」となる）

いとかく思うたまへましかば（源氏物語「桐壺」）

撥《はつ》音便（バ行・マ行の四段活用とナ変で連用形がnとなる。「ん」「む」と表記する）

手を切る切る摘んだる菜を（土佐日記）

促《そく》音便（タ行・ハ行・ラ行の四段活用とラ変で連用形がつめた音になる。「つ」と表記する）

仏神三宝に御祈誓あって（平家物語「一門都落」）

と四種類ある。そのなかのウ音便が無くなったのである。もっとも、これは、いわゆる標準語での話で、関西のことばなら、いくらでも使っている。

ミソ買うて来てや。
そないに使うたら、あきまへんで。

それだけ関西ことばの方が古典語に近いわけ。まあ、そんな事は、どうでもよろしい。促

音便とか撥音便とか、憶えにくそうな術語も、ことによれば、無理に憶えるには及ばないだろう。だが、**連用形に音便あり**ぐらいのことは、頭のどこかに入れておいてほしい。たいして場所もとらないだろうから。どれ、ひと休みしましょうか。

もっとも、ひと休みする前に、次の練習だけはやっておいてください。

練習 五

古典語および現代語には、それぞれ何種類の活用があるか。なるべく見やすい形で示せ。（四分以内）

これができないようでは、ちょっとこまる。いくら「文法はぐらぐらするからグラマーだ」といっても、こういった所は動くものでない。正解は次のとおり。

答

古典語	現代語
四段（アイウエ式）	五段（アイウエオ式）
上二段（イ・ウ・ウル式）	
下二段（エ・ウ・ウル式）	
上一段（イ・イル式）	上一段（イ・イル式）
下一段（エ・エル式）	下一段（エ・エル式）

カ行変格	サ行変格	ナ行変格	ラ行変格
カ行変格	サ行変格		

カッコの中は、正解のほかである。余白があるので、ちょっと憶えやすそうなニック・ネイムを御参考までにあげておいた。佐伯博士が考え出されたのを拝借したわけだけれど、何と気のきいた愛称ではありませんか。

ところで、「おや、現代語の活用は少ないんだな」と思う人はあまり無いかもしれないけれど、「古典語の活用はいやに複雑だぜ」と厭な顔をする諸君は多いだろう。しかし、よくしたもので、数は古典語の方が多いけれど、活用そのものは規則的で、わりあい憶えやすい。これに対して、現代語の方は、同じ未然形のなかに「される」「しない」「せぬ」と三つも同居しているようなばあいがあって、ごたごたする。平均すれば、同じようなものだろう。

さて、その次に「はてな、上二段と下二段はどうしたのかしら」と不審にお思いのかたはありませんか。もしおありなら、三九頁をもういちど見ていただきたい。「それじゃ、ナ変とラ変はどこへ行ったんですか」とおっしゃる人は、どうか五七頁の第六行を御覧ねがいたい。ついでに六三—六四頁も——。なに"To forget is human."であって、もの忘れするのは、生きている証拠である。くよくよするに及ばない。そのため、さきほどの表をすこし書きなおして、

(古典語)	(現代語)
(1) 四段・(2) ラ変 (3) ナ変・(4) 下一段	(1) 五段
(5) 上二段・(6) 上一段	(2) 上一段
(7) 下二段	(3) 下一段
(8) カ変	(4) カ変
(9) サ変	(5) サ変

という形にまとめてみたから、もういちど前の説明とつきあわせてみるがよろしい。それでも何だか頭に入りにくいという人がおありなら、

(1) 書く・(2) 有り (3) 死ぬ・(4) 蹴る	(1) 書く・有る・死ぬ・蹴る
(5) 落つ・(6) 見る	(2) 落ちる・見る
(7) 流る	(3) 流れる
(8) 来《く》	(4) 来る

(9) 為《す》(対面す)――――――(5) 為《す》る(対面する)

と絶対値を代入してあげるから、口のなかでいちいち活用させてみるがよろしい。たぶん「なるほど」とうなずいてくださるはずである。しかしまた、

「先生。先生は知ってらっしゃるから、そんなふうに実例をおあげになりますけれど、わたしたちは活用をいちいち憶えているわけでありませんから、実際のばあい、こまりますわね」

という反対意見めいた相談が、その次に出るかもしれない。どんなものだろうか。

これは買いかぶりというものである。わたくしだって、いちいち活用を憶えているわけではない。しかし、憶えていなくても、あまり苦にしない。というわけは、それを何とか考え出せる方法があるからだけれど、別にアラビアン・ナイトばりの魔法でも何でもない。わたくしが三十年ほど前に中学校で教わった古めかしい「見わけかた」にすぎない。たぶん諸君もすでに御存知であろう。

〔古典語のばあい〕

(1) まず変格活用を暗記してしまう。

カ変――「来《く》」一語

サ変――「為《す》」とその複合語(「枕す」「怨ず」など)

ナ変――「死ぬ」「去《い》ぬ」の二語

ラ変――「あり」「をり」「はべり」「いますかり」の四語

(2) 次に一段活用を暗記する。

下一段――「蹴る」一語

上一段――「着る」「見る」「顧みる」「試みる」「惟《おもん》みる」「鑑《かんが》みる」「夢みる」「煮《に》る」「似る」「射る」「鋳《い》る」「干《ひ》る」「居《ゐ》る」「率《ひき》ゐる」「用ゐる」の十五語

(「君《きみ》に言《い》ひ居《ゐ》る」と憶えておくがよろしい。つまり、キ・ミ・ニ・イ・ヒ・ヰのそれぞれにルのついた形が上一段活用である)

(3) 残りの動詞には、助動詞「ず」をつけてみて、

(イ) ア段の音につけば――四　段(例「書かず」)

(ロ) イ段の音につけば――上二段(例「起きず」)

(ハ) エ段の音につけば――下二段(例「受けず」)

〔現代語のばあい〕

(1) やはり変格活用を暗記する。

カ変――「来《く》る」一語

サ変――「する」とその複合語(「感心する」「吟ずる」など)

(2) 残りの動詞には、助動詞「ない」をつけてみて、

（イ）ア段の音につけば――五　段（例「取らない」）
（ロ）イ段の音につけば――上一段（例「尽きない」）
（ハ）エ段の音につけば――下一段（例「枯れない」）

（ロ）だけでは「理解しない」と「過ぎない」が同じことになるけれど、これは終止形で区別する。

(a) 終止形がu＋ru型なら―サ　変（例「理解する」）
(b) 終止形がi＋ru型なら―上一段（例「過ぎる」）

さあ、これでもう大丈夫！　ひとつ腕だめしをしてみよう。それから、お休みなさい。

練習 六

次の文章のなかの□に適当な文字を入れよ。

(1) 古典語四段活用の動詞のうち「借る」「足《た》る」「飽《あ》く」は、現代語では□活用となる。
(2) 古典語四段活用の動詞のうち「震《ふる》ふ」「鍛《きた》ふ」は、現代語では□活用となる。
(3) 古典語上二段活用の動詞のうち「恨む」は、現代語では□活用となる。
(4) 古典語下二段活用の動詞のうち「漂泊《さすら》ふ」は、四段に活用することもあるが、現代語ではつねに□活用となる。
(5) 古典語のサ行変格活用の動詞は、現代語でもサ変に活用するのが原則だけれど、

（イ）「愛す」「訳す」のように、ばあいによって□活用になるもの、（ロ）「論じる」「甘んじる」のように□活用になるものがある。　（五分以内）

腕だめしの結果はどうでした。なに、自信がないって……。そんなはずはない。どんなふうに考えたのか、言ってごらん。ふんふん、なるほど。

(1)「借りない」「足りない」だから、上一段くさい。
(2)「震えない」「鍛えない」だから、下一段らしい。
(3)「恨まない」だから、五段みたいだ。
(4)「漂泊わない」だから、これも五段だろう。
(5)（イ）「愛さない」「訳さない」だから、やはり五段かな。
（ロ）「論じない」「甘んじない」だから、上一段のようだ。

なあんだ。りっぱなものじゃないか。「くさい」「みたいだ」などいう自信のない言いまわしは、この際「さよなら」をすべきだね。もちろん、答案としては、いちいち理由まで述べるに及ばない。


「先生。正解はよくわかりましたが、何だか変ですよ」

「何が変なんだい」

「だって、この前、古典語の四段は現代語でも五段、古典語の上二段は現代語では上一段といったような法則を勉強したばかりでしょう。いまの問題だと、だいぶん違ってますよ」

そのとおり。確かにそのとおり。いつも嘘ばかり教えているみたいで、体裁がわるいけれど、わざわざ嘘を教えたわけではない。これが、いつもわたくしのいう「文法は円周率なり」である。例外の出ない文法などというものは、おそらく世界じゅうに無いであろう。なるべく例外の少なくなるような理論の立てかたをするのが文法学者の腕というものだけれど、例外が完全に消えうせることは、けっして無いと信じる。原則を原則としてとらえ、例外を例外としてはっきりさせるのが、文法を勉強するうえの大切な心がまえなのである。

「よくわかりました。ところで先生、こんな問題にぶつかったんですがね。これまで教えていただいたことだけでは、どうも解けそうもないんですが」

「何だい、気の弱い、解けそうもないなんて……ははあ」

例題 五

次の歌や文章のなかで、傍線をつけた動詞は、何活用の何形か。

(1) 月見ればちぢにものこそ悲しけれ我が身ひとつの秋にはあらねど
(2) 年のうちに春は来にけりひと年《とせ》を去年《こぞ》とやいはむ今年《ことし》とやいはむ
(3) 泳ぎを知っていると、危ないところを助かることが多いね。

(4) すっかりめかしちゃって、どこかへ行くらしいぜ。（九分以内）

なるほど。「何形か」まで問われては、ちょっとまごつくかもしれない。活用形の見わけかたとして、諸君は、たぶん次のような表を教わっているのではないかと思う。

	古典語	現代語
未然形	(1) 単独で文節を作らない。 (2) 助動詞「しむ」「む」「じ」「ず」「まし」「まほし」（全活用）・「る」「す」「せたまふ」（四段とナ変とラ変）・「らる」「さす」「させたまふ」（一段と二段とカ変とサ変）・「り」（サ変）がつく。 (3) 接続助詞「ば（仮定）」「で（打消）」・終助詞「そ」「なむ」「ばや」がつく。	(1) 同上 (2) 助動詞「ない」「ぬ」（全活用）・「せる」「れる」（五段）・「よう」「まい」「させる」「られる」（五段以外）がつく。 (3) 終助詞「ばこそ」がつく。

形	連用形
(1) 単独で文節となり得る。 (2) 普通に文を言い切る。 (3) 助動詞「らむ」「らし」「べし」「めり」「まじ」「なり（伝聞）」が	(1) 単独で文節となり得る。 (2) 言いさしの形になる（中止法）。 (3) ほかの用言や体言と結びついて複合語を作る。 (4) 単独で名詞に変る。 (5) 助動詞「つ」「ぬ」「たり（完了）」「き」「けり」「けむ」「たし」「たまふ」「たてまつる」「きこゆ」「はべり」がつく。 (6) 接続助詞「て」「つつ」「ながら」・副助詞「は」「も」・終助詞「そ」がつく。
(1) 同上。 (2) 同上。 (3) 助動詞「そうだ（伝聞）」「そうです（伝聞）」「のだ」「のです」	(1) 同上。 (2) 同上。 (3) 同上。 (4) 同上。 (5) 助動詞「ます」「たい」「たがる」「そうだ（様子）」「そうです（様子）」「た（だ）」がつく。 (6) 接続助詞「たって（だって）」「て（で）」「ても（でも）」「たり（だり）」がつく。

終止	連体形
つく〔いずれもラ変以外〕。 (4) 接続助詞「と」「とも」・副助詞「や」・終助詞「かし」「や」「な（強調）」がつく。ラ変以外は終助詞「な（禁止）」がつく。	(1) 単独で文節になり得る。 (2) 単独で連体修飾語となる。 (3) 体言と同じあつかいになる。 (4) 助動詞「ごとし」「なり（断定）」がつく〔ラ変以外〕。ラ変は、ほかの活用なら終止形につくはずの助動詞が、この形につく。 (5) 格助詞「が」「の」「を」「に」「に
「だろう」「でしょう」「らしい」〔全活用〕・「まい」〔五段〕がつく。 (4) 接続助詞「が」「けれど」「けれども」「から」「し」「なり」「やら」・終助詞「か」「な」「なあ」「ね」「ねえ」「さ」「ぞ」「ぜ」「よ」「わ」「こと！」「とも！」がつく。	(1) 同上。 (2) 同上。 (3) 格助詞「の」がついて体言と同じあつかいになる。 (4) 助動詞「ようだ（様子）」「ようです（様子）」「のだ」「のです」「だろう」「でしょう」「らしい」がつく。 (5) 格助詞「の」「に」・接続助詞「の

	已然形	令形
て」「と」「より」・接続助詞「が」「に」「を」「ものの」「ものから」・副助詞「ぞ」「なむ」「や」「か」「こそ」「のみ」「ばかり」・終助詞「かな」「か」「よ」がつく〔全活用〕。終助詞「な（禁止）」がつく〔ラ変〕。	(1)「こそ」の係りを受けるとき、言い切りとなって、単独に文節となり得る。 (2) 接続助詞「ど」「ども」「ば（既定）」がつく。 (3) 助動詞「り」がつく〔四段〕。	(1) 単独で文節となり得る。 (2) 命令の気持で言い切る。 (3) 終助詞「かし」がつく。
	仮定形	
で」「のに」「どころか」「くせに」「なり」「やら」・終助詞「さ」「の？」がつく。	(1) 単独では文節とならない。 (2) 接続助詞「ば（仮定）」がつく。	(1) 同上。 (2) 同上。 (3) 終助詞「よ」がつく。

命	(4) 已然形の(3)に同じ。
志向形	(1) 単独では文節とならない。 (2) 推量や意思をあらわす。 (3) 助動詞「う」〔五段〕・「よう」〔五段以外〕だけがつく。

何と、たいした表ではありませんか。これだけの事がらを憶えていれば、活用形の見わけぐらい、もちろん大丈夫！　しかし、どうだろう。これからねじ鉢巻でこの表を暗記しようという元気のある人は、はたして幾人いるだろうか。大学で国語学でもやろうという篤志家なら、いまのうちに憶えておいた方が、おトクです。記憶力は何といってもハイ・ティーンが最高だから。けれども、おれは機械工学をやるんだとか、あたしは医学部志望ですとかいう人にまで、ぜひ暗記したまえとは言いにくい。そこで、もっと能率的な考えかたをお教えしよう。

答 (1)「見れ」は「君《きみ》に言《い》ひ居《ゐ》る」（六九頁）によって上一段。一段活用のパターン（三八頁）によれば、「見れ」は已然形であるほかない。「あら」は五七頁で憶えたとおり。別に考える余地はない。

(2)「来」は五五頁で憶えた。「こ」か「き」か迷うかもしれないが、「こにけり」とは言えない。「きにけり」なら、もちろん連用形。「いは」は「は」がア段だから、文句なしに未然形。

(3)「知っ」は音便形だから、五段の連用形（六〇頁）。

(4)「めかし」は「めかさない」と言えるから、五段（七〇頁）。したがってイ段は連用形。

何と、簡単ではありませんか。これまでに憶えた知識を出動させるだけで、ちゃんと解決できる。なに、ちゃんとでもありませんって？　いや、わかっている。「助かる」と「行く」の答が出ていないというのだろう。「助かる」は「助からない」とア段に「ない」がつくから、五段活用。「行く」も「行かない」だから、五段活用。これでOKだろう。

「ずるいや、先生。わからないのは、活用形なんですよ」

「来たね。これまで話に出なかったけれど、終止形と連体形を見わけるには、だいたい下に体言がついているかどうかで間に合う。さきに出した表の連体形(2)がそれだ。その程度のことは知っているだろう」

「わかりますよ。だけど、もひとつの「行く」はどうですか」

「どうでも良いよ」

「え？」

「どうでも構わないと言うんだよ。終止形でも連体形でも正解さ」

「そんな無茶な話はないでしょう」

無茶でも何でもない。助動詞「らしい」が終止形につくとか連体形につくとかいう証拠は、どこにも無いのである。現代語の動詞は、どの活用でも、終止形と連体形が同じだから、決め手がないわけ。終止形と連体形のちがう活用がひとつでもあれば、それをもとにして、その活用で終止形についていればほかも終止形、その活用で連体形についていればほかも連体形と決められるのだが、すべて同じなのだから、手のつけようがない。現代語の用言で終止形と連体形がちがうのは、形容動詞だけであるが、ごあいにく、形容動詞につくときは、特別のつきかたをする。つまり、語幹に直接ついてしまう。「静からしい」「大丈夫らしい」などのように。もっとも、

合格したのは、A君らしい。

といったぐあいに、体言につくこともあるから、わたくしとしては、何だか連体形につくような気もするのだけれど、そんなことぐらいでは決め手にならない。結論は——どうでもよろしい。「どうでもよろしい」というのが結論なのである。これまで、終止形につくと憶えてきた人は、そのとおり憶えておきたまえ。連体形でも結構。「終止形あるいは連体形」「終止形と連体形の両方」、やはりOK。要するに、高校程度の人がこんなことに頭を使っているのは、あまり賢明でない。もっとほかに頭を使わなくてはならないことが、たくさんあるはずだから。

「先生。でも、いまちょっと頭が暇ですからお尋ねしますがね。古典語の「らし」は終止形につくでしょう。だから、現代語では終止形か連体形かわからなくても、祖先が終止形についたのなら、やはり終止形と考えたらどうですか」

「えらい！　君は。文法に関する限りだがね。とにかく、君の考えかたは、まったく文法的な筋みちの立てかたに合っているよ。だけれど、まあ聞きたまえ」

古典語の「らし」は、ラ変は別として、たしかに終止形につくきまりであった。「あしひきの山ほととぎす里なれてたそがれ時に名のりすらしも」（拾遺集・巻十六）という例がそれを示している。ところが、この「らし」という助動詞は、八世紀ごろからすでに流行しなくなりかけていたのが、いわゆる平安時代に入ってますます不景気となり、十二世紀ごろには消滅したようである。十世紀・十一世紀ごろに使われたのも、歌のなかに古雅なことばという資格で登場したにすぎず、散文には顔を出さない。それが、江戸時代に入って、また現われた。このばあいは、

　いそがはしく走り来るらし。

のように、連体形についている。どうして再生したのかというと、形容詞を作る接尾語の「らしい」が、類推で動詞にもつくようになったものだといわれている。つまり、体言の「男」「子ども」「学者」などに接尾語「らしい」がつくと、形容詞「男らしい」「子どもらしい」「学者らしい」などになるわけだが、それを助動詞にも使ったもの（一四三頁参照）。

このように、古典語の「らし」と現代語の「らしい」との間には、いちど断絶があり、脇すじから再生してきたものなので、かならずしも古典語の「らし」で現代語の「らしい」を割り切るわけにゆかない。さきの表で、「らしい」をはじめ、終止形と連体形との両欄に出ている助動詞や助詞があるのは、こんなふうに決め手がないからである。おわかりですか。

ついでながら、「男らしい」の「らしい」が助動詞の「らしい」とちがうことを説明しておこう。

(a) A君は、男らしい。
(b) 合格したのは、A君らしい。

(a)は接尾語の例、(b)は助動詞の例である。見わけかたは、それぞれ「らしい」の上に「である」を入れてみて、意味が変ってくれば接尾語、変らなければ助動詞である。すなわち、もし「A君は、男であるらしい」なら、"Mr. A is likely to be a man."の意味になり、男だか女だかわからなかったのが（彼はシスター・ボーイであったのかもしれない）、男だと考えられるにいたったということなのである。もとの"Mr. A is manlike."という意味ではなくなるわけ。ところが、(b)は「合格したのはA君であるらしい」と言っても、意味は変らない。もとのとおり"He who has passed the exam is supposed to be Mr. A."（直訳すれば）である。パターン化して、

（である）らしい｛接尾語――変化／助動詞――不変｝（4）

としておけば、また何か役に立つことがあるかもしれない。

ずいぶん長ばなしになって、退屈したかもしれないけれど、例の活用形の用法をまとめた表さえいちおう保留すれば、たいした分量ではない。あの表をいちどに憶えるなどいう芸当は、たとえ国文学科志望の人だって、見あわせた方がよろしい。神経衰弱になるといけないから。なに、これからさきの話を頭に入れてゆけば、あの表の要点ぐらい、自然に憶えられる。心配したまうな。さて、こんな問題がある。

例題 六

次の文章のなかで、傍線をつけた動詞は、何活用の何形か。

(1) 心を砕きしかひにや、御子どちいとうつくしう育ちたまへり。
(2) 山里ふかく埋もれたれど、よに乱れぬ御心なりけり。
(3) 家が建つにしたがって、この辺も変ってきたね。

(4) 頭を冷したまえ。まだ大きな問題が残されているんだから。（八分以内）

正解にたどりつくまでの道すじは、例題（五）とあまりちがわない。

答 (1)「砕かず」と言えるから、四段。「砕き」とイ段だから、連用形。「育たず」だから、四段。同様に連用形。「たまふ」は、ほかの活用につけてみると、「来《き》たまふ」「枕したまふ」など、連用形につくから、そのばあいも連用形。

(2)「埋もれず」と言えるから、下二段。「乱れぬ」は「ず」の連体形である「ぬ」がついているのだから、一石二鳥、下二段の未然形。

(3)「建たない」と言えるから、五段。「建つに」は「建つのに」と同じで、それは「静かなのに」と連体形につくから、このばあいも連体形。「変っ」は「変らない」で、五段。音便形だから、連用形。

(4)「冷さない」で、五段。イ段だから、連用形。「残さない」で、五段。ア段だから、未然形。

すらすらと片づく。何形か迷ったとき、下の語をほかの活用につけてみるのは、わたくしの提唱する名案である。下二段のばあい、未然形と連用形は同形だけれど、たとえば「育ちたまへり」なら、下の「たまへり」を横すべりさせ、未然形と連用形のちがう活用の語につけてみるがよろしい。四段（五段）でも結構だが、終止形と連体形の見わけには役だたない。こんなときは、**すべての活用形がちがう活用**に限る。つまり、カ変とサ変である。

（5）〔何形かは横すべり〕

（?形）　（?形）
↑　↑
カ変　**サ変**

といったようなパターンで憶えておきたまえ。もちろん、七三頁から七七頁にわたる例のすごい表を暗記していれば、問題はない。しかし、そんな努力はもったいないし、それよりも「法則を利用して判断をしやすくする」ことが、文法的な考えかたなのである。

「先生。よくわかりましたが、ちょっと変ですね。なるほど「砕かず」とも言うけれど、よく「砕けず」と出てきますよ。「育たず」だって、やはり「育てず」とも言いますが、どうなんですか」

そんなふうに「いろいろの語につけてみる」というのが、また、文法の根本なので、まったく良いところを突いた質問ですなとお褒めしてよろしい。「砕けず」「育てず」とあれば、もちろん下二段である。しかし、それは、四段が誤りだということではなく、四段と下二段との両方に活用されるわけなのである。なぜふたつも活用があるのか。結論をさきに言おう。**他動詞**と**自動詞**とによって、活用がちがうのである。

Transitive verb と Intransitive verb とのちがいは、英文法でよく御存知のはず。復習してみようか。

You see better. You look better.

何だと思いますか。わたくしがアメリカで見かけた眼鏡の広告文句である。「この眼鏡をおかけになると、よく見ることができるし、あなたの様子もよく見えます」という意味だが、この see と look は、どちらが Transitive verb で、どちらが Intransitive verb だろうか。英文法では、

(a) 他動詞は目的語（Object）をとるが、自動詞はけっして目的語をとらない。

(b) 受身（Passive voice）に言いかえると、他動詞は、もとの目的語が主語（Subject）になり、もとの主語が目的語になる。自動詞は、そういうことがない。

というように説明されるのが普通である。つまり"You see everything better."と目的語を補なうことによって、意味のはっきりした文になるし、"Everything is seen better by you."と目的語を補なうことによって、意味のはっきりした文になるし、"Everything is seen better by you."と言いかえることができる（文法的には）。ところが"You look better."の方は、そういうわけにゆかない。日本語では、こんな現象がないから、他動詞と自動詞を分ける必要はないという学者もある。しかし、活用がちがってくることは無視できないのであって、古典語でいえば、

〔他動詞〕

a 集む（下二段）・b 乱す（四段）
c 続く（下二段）・d 破る（四段）
e 生む（四段）・f 起こす（四段）

〔自動詞〕

a 集まる（四段）・b 乱る（下二段）
c 続く（四段）・d 破る（下二段）
e 生まる（下二段）・f 起く（上二段）

のように、もとになる意味は同じでありながら、ほかにはたらきかけるか、あるいはそれ自身だけのはたらきであるかによって、活用のちがってくるものがある。現代語でも、

〔他動詞〕

a 建てる（下一段）・b 変える（下一段）
c 冷やす（五段）・d あげる（下一段）
e 落とす（五段）・f 亡ぼす（五段）

〔自動詞〕

a 建つ（五段）・b 変わる（五段）
c 冷える（下一段）・d あがる（五段）
e 落ちる（上一段）・f 亡びる（上一段）

など。もっとも、活用の変らない動詞もある。たとえば、増《ま》す（五段）・吹く（五段）・そそぐ（五段）・語る（五段）・聞く（五段）など。また、活用の種類は同じだけれど、行のちがってくるものもある。たとえば、

〔他動詞〕

a 直す（サ行五段）・b 残す（サ行五段）

〔自動詞〕

a 直る（ラ行五段）・b 残る（ラ行五段）

c 飛ばす（サ行五段）・d 埋める（マ行下一段）――c 飛ぶ（バ行五段）・d 埋もれる（ラ行下一段）

など。要するに、いろいろだけれど、活用の変ってくるものが少なくない以上、他動詞・自動詞という名まえを使った方が、説明に便利だろう。ぜひ他動詞と自動詞を区別しなければ文法として筋がとおらない――とまで主張するつもりはない。しかし、便利なことは、なるべく実行した方が賢明だろう。

「よくわかりました。が、ですね、先生。「残さない」がサ行五段で他動詞、それから「残らない」がラ行五段で自動詞だということは確かですけれど、そのほかに「残せない」という言いかたがありますよ。これは他動詞なんですか、自動詞なんですか」

「例によって、良いところを突いてきたね。まあ他動詞さ。しかし、他動詞のなかでも**可能動詞**といわれるやつでね。何かできるという意味あいを含む種類の形さ」

「書く」に対して「書ける」、「直す」に対して「直せる」、「飛ぶ」に対して「飛べる」、「帰る」に対して「帰れる」、「行く」に対して「行ける」といったぐあい。ところで、この可能動詞は、いわゆる標準語においては、五段活用の動詞に限られていたのだが、昭和の初めごろから、上一段・下一段・カ変にまでひろがってきた。「そんなふうにも見れる」「明日の討論には出れる」「来（こ）れるなら来てちょうだい」など。文法家たちは、だいたい好い顔をしない。誤用だ、俗語だ、方言だ……など批評する。しかし、文法家のちからぐらい、知れたものである。ことばの移りかわってゆくのを止めるちからは、だれにも有りはしない（四七頁参照）。そのうち、文法学者の方で、彼らの本を書きなおすことになるであろう。

ながらく御辛抱ねがった動詞の活用も、やっと終点にたどりついた。しかし、もうこれで八合めは過ぎたのである。いままでの話をじっくり腹におさめてくだされば、あとの形容詞や形容動詞は、もはやお茶の子である。そこで、お茶の子をサイサイにする前に、いちおうこれまでの勉強から、注意を要するところだけ書きぬいてみよう。次にあげるのは、こんな要領でという見本にすぎない。本ものは、ぜひ自分で作りたまえ。頭のなかで考えたり、本に赤線をひいたりするのでは、あまり効果がない。ぜひとも鉛筆をとりあげて、自分の手で書き出してみたまえ。

まとめ

1　動詞の活用は、次の型にわかれる。

一段｛イ・イル（上）／エ・エル（下）　**二段**｛イ・ウ・ウル（上）／エ・ウ・ウル（下）

四（五）段――ア・イ・ウ・エ（・オ）

変格（カ行・サ行・ナ行・ラ行）

2 活用のちがいは、

(a) 古典語と現代語の差（六七頁）

(b) 歴史的仮名づかいと現代仮名づかいの差（五一頁）

によっておこる。

3 古典語動詞では、活用の主な部分が、五十音図の同行（四八頁）。

4 現代語の音便現象は五段活用の連用形（六一頁）。

5 二段は一段化、ナ変とラ変は五段に（六七頁）。

6 上一段は「君《きみ》に言《い》ひ居《ゐ》る」（六九頁）。

7 接尾語の「らしい」と助動詞の「らしい」は「である」を入れてみよ（八一頁）。

8 何形につくかは、カ変・サ変・形容動詞につけてみよ（八四頁）。

(三) 形容詞の活用

やはり紙と鉛筆を用意していただきたい。まずウォーミングアップとゆこう。

復習 二

次にあげる諸項のうち、正しいものを示せ。

(1) 現代語動詞の活用の種類は、古典語のそれよりも多い。
(2) 現代語動詞の活用の種類は、古典語のそれよりも少ない。
(3) 現代語動詞の活用の種類は、古典語のそれと同数である。
(イ) 現代語動詞は、終止形と連体形が同じ形である。
(ロ) 現代語動詞は、終止形と連体形とが同じ形ではない。
(ハ) 現代語動詞は、終止形と連体形が同形のもあるし、ちがうのもある。 (三分以内)

正解は(2)と(イ)である。まさか、できなかった人はないと思うが、もしひとつでも誤っていたら、次に進んではいけない。前半については六五頁、後半については五五頁のあたりをよくよく読みかえしてくれたまえ。「ああ、あれだったのか」というわけで、さっさと次に進んではいけない。そのあたりの事がらを、自分でもういちど紙の上にまとめてみたまえ。そうして、この失敗の記録を、ずっと保存したまえ。**失敗記録の保存**、これは、あとになってみると、我ながらびっくりするほどの偉力を示すはずである。小西先生にだまされるのは承知だという覚悟で、ぜひ実行してほしい。わたくしは、けっして諸君をだまさないのだけれど。

例題 七

次の文章の中から、形容詞をえらび出せ。

をばなる人の田舎《ゐなか》より上《のぼ》りたるところにわたいたれば、「いとうつくしう生《お》ひなりにけり」など、あはれがりめづらしがりて、帰るに、「何をか奉らむ。まめまめしき物はまさなかりなむ。ゆかしくしたまふなる物を奉らむ」とて、源氏の五十余巻《まき》、櫃《ひつ》に入りながら得て帰る心地の嬉しさぞいみじきや。（三分以内）

「何だい、こんなもの。やさしすぎるよ」と言うなかれ。これでも、ちゃんと愛媛大学の入試に出た問題なのである。正解は次のとおり。

答 うつくしう・まめまめしき・まさなかり・いみじき。

「先生。「ゆかしく」は形容詞じゃないのですか。どうも変だな」

この「ゆかしく」を形容詞としている学者もある。現に、わたくしの持っている本のなかで、そう解説したのがある。しかし、なるほど「ゆかしく」だけ取り出せば形容詞だけれど、それに「す」のついたものは、ひとつのサ変動詞と認めるべきだと思う。なぜなら、「ゆかしくしたまふ」の「たまふ」が「し」だけについているとは考えにくいのであって、敬意が「ゆかしく」まで届かないというのは、どうも変である。「ゆかしくす」ぜんたいに「たまふ」がついたものと見たい。形容詞の連用形に「す」がついてサ変動詞になる例

は、音便のばあいを含め、

重し・軽し・空《むな》し・親《した》し・疎《うと》し・愛《かな》し・高し・低し・堅し——重くす・軽くす・空しくす・親しくす・疎くす・愛しうす・高うす・低うす・堅うす

など、いくらもある。「めづらしがり」も同様の成り立ちで、形容詞の「めづらし」に接尾語の「がる」がついたものだけれど、ひとつの動詞（四段）にあつかう。さて、念のため、問題文の通釈を出しておこう。

おばさんにあたる人が田舎から上京してきている所へ（親がわたしを）行かせたので、「たいそうかあいらしくおなりだね」など、かあいがり、めずらしがって、帰るときに、「何をあげましょうか。実用的なものじゃ、しょうがないでしょうね。見たがっておいでだというものをあげましょう」というわけで、源氏物語の五十巻あまりを、櫃に入ったまま、もらって帰る気持のうれしさといったら、たいへんなものだ。

更級日記の文章をすこし短かくしたもの。

ところで、「まさなかり」を形容詞としたのは、大部分の諸君にとって当然だろうけれど、問題がないわけではない。わたくしの中学生時代には、こうした「……かり」の活用は形容動詞に入っていた——というよりも、形容動詞は「……かり」の活用ひとつだったのである。それが、どうして形容詞に配置がえされたのか。形容詞の活用は、古典語なら、

御承知のとおり、

	未然形	連用形	終止形	連体形	已然形	命令形
堅	く から	く かり	し	き かる	けれ	かれ
寂	しく しから	しく しかり	し	しき しかる	しけれ	しかれ

となっている。形容詞本来の活用である「く・く・し・き・けれ」「しく・しく・し・しき・しけれ」のシ系統には命令形がなく、もうひとつの「から・かり・かる・かれ」「しから・しかり・しかる・しかれ」のカリ系統には終止形・已然形がない。両方が相補なって、ちゃんとしたはたらきを完成させているわけ。「から・しから」系統の活用は、もともと「く・しく」系統の活用に助動詞をつけて文節を作ることができない不便さに対する補ないとして、連用形「く」「しく」にラ変動詞「あり」が結びついて出来たものである。ためしに、「堅くず」「寂しけむ」「堅きらむ」「寂しべし」など言ってみたまえ。実に変だろう。「堅からず」「寂しかりけむ」「堅かるらむ」「寂しかるらむ」など言えば、いつもお目にかかる形である。そこで、「く・しく」系統の方が本来の活用だと考えられるのと、用言の活用形のなかでいちばん基本的だとされる終止形が「から・しから」系統には無い

ので、「から・しから」系統を「く・しく」系統の補助活用だと認め、むかしは形容動詞だった「から・しから」系統の活用を「く・しく」系統に合併し、いま普通におこなわれている形容詞の活用が成り立ったのである。文法学者のふりかざす法則は、要するに、いちばんうまくツジツマの合うような説明のしかたなのだから、もっと合理的な説明が案出されれば、いくらでも変ってゆく。つまりグラグラする。お父さんが奇蹟的に中学時代の文法を憶えていて、

「おい君。「まさなかり」は形容動詞のはずだよ」

と忠告してくれても、あまり気にする必要はない。と同時に、

「だめだな、お父さんは、そんなの、アナクロニズム文法だよ」

など大いばりするにも及ばない。何年後あるいは何十年後かには、君のいま習っている文法教科書も、どうなるか、知れたものでないのだから。そうして、いまの話が頭の隅っこに心ぼそくも消え残る程度で結構だからとにかく残ってさえいてくれるならば、昭和三十二年度の入試で三重大学の出題者が、わざわざ

前記の「形容詞」には、たとえば「多く」と「あり」とが熟合して生じた「多かり」のような形をも含むこととする。

という注を加えている気持も、余裕をもって理解してあげることができるにちがいない。

これからのお話に入るまえ、ちょっと例題（七）を見なおしていただきたい。「うつくしう」を副詞と答えた人はおいでになりませんか。「生ふ」という動詞を修飾しているのだから、副詞と考えるのが当然でないか——と反問する人はおいでになりませんか。そういった人がもしいなければ、たいへん幸せである。

英文法だと“An adverb modifies a verb, an adjective or another adverb.”と定義されているから、さきの「うつくしう」は、なるほど副詞にあたりそうである。しかし、ぜひ頭（のこんどは真中）に入れておいてほしいことは、日本語で動詞・形容詞・形容動詞と称するのが、**活用形式の差**にすぎないという点である。英語で形容詞（Adjective）といえば、beautiful girl とか blue sky とかいうときの beautiful や blue がそれである。それらは、walk とか wash とかいったことば、つまり動詞とは、使いかたがたいへんちがう。すなわち、beautiful や blue を述語に使うときは、

The girl is beautiful.
Her skirt is blue.

のように、どうしても is といった類の動詞が加わらなければならない。ところが、日本語では、

少女《をとめ》うつくし。
裳《も》青し。

というように、それ自身で述語になることができる。また、英語では、walk とか wash とかの動詞がそれだけで連体修飾になることはできない。もし walk dictionary とか wash machine とか言えば、たいへんまちがった英語になることは、御承知のとおり。ところが、日本語では、動詞それ自身で「歩く人」とか「洗濯する日」とかのように体言を修飾することができる。英文法でいう Verb とか Adjective とかを動詞あるいは形容詞と訳するが、それと国文法でいう動詞・形容詞とは、けっして混同されてはならない。英文法でいう Verb のなかには、国文法でいう動詞・形容詞・形容動詞が、一切合財ふくまれているのである。だから、西洋人に「有り」は Verb で「無し」は Adjective だなど説明したら、たいへんなことになる。「有り」と「無し」とは、意味の上では同じことの表裏にすぎない。違うのは、活用形式だけのことである。あるいは、いっそのこと、動詞・形容詞・形容動詞という名まえをお蔵にして、

用言第一類——終止形がウ段の音で終るもの
用言第二類——終止形がリで終るもの
用言第三類——終止形がナリ・タリで終るもの
用言第四類——終止形がシで終るもの

とでもよんだ方が、さっぱりしているかもしれない。第一類が従来の動詞（ラ変以外）、第二類がラ変と「多かり」（五七頁参照）、第三類が形容動詞、第四類が形容詞にあたるわけ。

もっとも、これは、文法がどんなにグラグラするかをお見せするため、わたくしがちょっとおこしてみた人工地震にすぎない。どうせ微震だから、あまり気にするまでもないことをおことわりしておく。

例題 八

次の文章の中から形容詞をとり出し、その活用表を作れ。

(イ)「あな、うたて。腑《ふ》がひなの冠者《くわじや》ばらやな。など同じ枕に討死《うちじに》せざりけむ」〈ウーン、情ナイ。ダラシナイ奴ラダナ。何ダッテイッショニ討死シナカッタンダロウ。〉

(ロ)「おーう寒《さむ》。冷えるね」
「あら、おじちゃん。よかったらテレビでも見ていらっしゃいな」
「おもしろそうな番組があるのかい」
「さあ、おもしろさではどうだか知らないけれど、あたしはお料理の時間がすきよ」

(九分以内)

答（イ）

	未然形	連用形	終止形	連体形	已然形	命令形
うたて	く から	く かり	し	き かる	けれ	かれ
腑がひな	く から	く かり	し	き かる	けれ	かれ
同じ	じく じから	じく じかり	じ	じ じかる	じけれ	じかれ

（ロ）

	未然形	連用形	終止形	連体形	仮定形	命令形	志向形
寒		く かっ	い	い	けれ		かろ
よ		く かっ	い	い	けれ		かろ

「先生。「寒（さむ）」はこのばあい言い切りになっているのだから、終止形と考えてはどうですか」

こういった疑問は、よく出るのだけれど、こんなとき、わたくしがいつも言うのは、

活用形逆かならずしも真ならず　(6)

という川柳?·である。なるほど、終止形の用法としていちばん代表的なのは「言い切る」

はたらきだけれども、逆に「言い切る」のがいつも終止形だとは限らない。動詞のばあいでも、

み吉野の山の白雪ふみ分けて入りにし人のおとづれもせぬ。（古今・巻六）

のように、連体形で言い切ることがあるのだから。終止形とか連体形とかいうのは、文字どおり活用の「かたち」なのである。「かたち」に対する名まえなのである。形容詞でいえば、活用の語尾が「し」（あるいは「じ」あるいは「い」）で終っている形を終止形と名づけたにすぎない。あまり「終止」という名にこだわらない方がよろしい。それほど文法では**形式第一**なのだと理解していただきたい。ところで、問題の「寒（さむ）」だが、終止形でも何でもなく、形容詞の語幹を言い切りに使ったものである。現代語でいうと、たとえば「あ痛《いた》！」「あら、暖《あつ》たかね！」「おう怖《こわ》！」などが同類で、（イ）の「うたて」は古典語での同類。「あな」「あ」「おう」などの感動詞といっしょに使われていることからわかるように、感動文に出てくる用法である。


「先生。「おもしろそうな」の「おもしろ」は形容詞と考えられませんか」

「君にも似あわないね。「おもしろそうな」を活用させてごらん」

おもしろそうだった・おもしろそうで・おもしろそうに・おもしろそうだ・おもしろそうならば・おもしろそうだろう

まとめると、次のようなぐあい。

	未然形	連用形	終止形	連体形	仮定形	命令形	志向形
おもしろそう		で だっ に	だ	な	なら		だろ

「なあんだ、形容動詞じゃありませんか」。そのとおり。出身は形容詞であっても、現在のはたらきが形容動詞なら、形容動詞にあつかう。それが文法である。「おもしろさ」も同様。形容詞「おもしろい」の語幹に接尾語「さ」がついて名詞になったもので、あつかいは形容詞でなく名詞である。前の「ゆかしくしたまふ」（九一頁）を思い出してくれたまえ。

「先生。「腑がひなの」は、活用形でいうと何ですか。ちょっと見たことのない形ですが」

「冗談じゃない。この「腑がひな」も形容詞の語幹で、それに格助詞の「の」がついて、体言「冠者ばら」を連体修飾しているのさ。といった次第で、**形容詞の語幹**には、次のような用法があることになるね」

古典語	現代語
(1) 感動の気持で言い切る。	(1) 同上。
(2) 接尾語「さ」「み」「ら」などがつ	(2) 接尾語「さ」「み」「づく」「け」

いて名詞になることがある。	「げ」「まぎれ」などがついて名詞になることがある。
(3) 接尾語「げ」および「なり」がついて形容動詞になることがある。	(3) 助動詞「そうだ（様子）」「そうです（様子）」がついて形容動詞になる。
(4) 接尾語「がる」がついて自動詞になることがある。	(4) 同上。（例「痛がる」「おもしろがる」）
(5) ほかの用言や体言と結びついて複合語を作る。	(5) 同上。（例「近よる」「遅桜」）
(6) ふたつかさねて副詞に使う。	(6) 同上。（例「ながなが」）
(7) 格助詞「の」がついて連体修飾となる。	(7) 同上。（ただし文語調のとき）

ついでに、形容詞の活用形の用法をあげておこう。

	未然形		用　形
	く（しく）	から（しから）	く（しく）
古典語	（接続助詞「ば」がついて仮定の条件をあらわす。）	(1) 助動詞「ず」「じ」「む」「まし」「まほし」「しむ」がつく。 (2) 接続助詞「で（打消）」がつく。	(1) 用言について連用修飾語となる（連用法）。 (2) 言いさしの形となる（中止法）。 (3) 接続助詞「て」「して」「と」「とも」・副助詞「は」「も」「ぞ」「こそ」がつく。
現代語			く（しく） (1) 同上（連用法）。 (2) 同上（中止法）。 (3) 接続助詞「て」「ても」「とも」「たって」・副助詞「は」「も」「さえ」がつく。

	連		終止形
(4) 助動詞「はべり」がつく。	かり（しかり）	助動詞「き」「けり」「けむ」「つ」「ぬべし」がつく。	(1) 普通に言い切る。 (2) 終助詞「や」「な（強調）」がつく。 ※【「しかり」の形はほとんど用例がない。】
	かっ（しかっ）	(1) 助動詞「た」がつく。 (2) 接続助詞「たり」がつく。	(1) 同上。 (2) 接続助詞「と」「けれど」「けれども」「し」「が」「から」「ながら」・副助詞「やら」・終助詞「か？」「な！」「なあ」「ぞ」「とも！」「さ」「ぜ」「もの」「ね」「ねえ」「や」「こと！」「よ」「わ」「かしら」がつく。 (3) 助動詞「そうだ（伝聞）」「そうです（伝聞）」「だろう」「でしょ

	連体形	
	き（しき）	かる）
	(1)単独で連体修飾語となる。 (2)体言のあつかいになる。 (3)格助詞「が」「を」「に」「と」「より」・接続助詞「が」「に」「を」「ものの」「ものから」・副助詞「ぞ」「なむ」「か」「こそ」「のみ」「ばかり」・終助詞「かな」「を」「や」「よ」がつく。 (4)「ぞ」「なむ」「や」「か」の係りを受けて言い切る。	(1)助動詞「らむ」「らし」「めり」「べし」「まじ」「なり（断
う」「らしい」がつく。	(1)同上。 (2)格助詞「の」がついて体言と同じあつかいになる。 (3)接続助詞「ので」「のに」「どころか」「ものの」「ものを」・副助詞「ばかり」「だけ」「ほど」「ぐらい」・終助詞「の！」「の？」がつく。 (4)助動詞「ようだ（様子）」「ようです（様子）」「のだ」「のです」がつく。	

	已然形	命令形	
かる（し定）」がつく。 (2) まれに連体修飾となる。	(1) 接続助詞「ど」「ども」「ば」がついて、既定の条件をあらわす。 (2)「こそ」の係りを受けて言い切る。	命令の気持で言い切る。 ※【用例はあまり多くない。】	
	仮定形		志向形
	接続助詞「ば」がついて、仮定の条件をあらわす。		助動詞「う」がつく。

動詞のばあいと同様、いますぐこの表を暗記しろなどという無茶は、けっして申しあげない。話のついでに出したのだから、安心して、ながめる程度にしておきたまえ。そのかわり、あとでちょいちょい参照してもらうことにはなるだろうが。

「さて、次へゆくかな」

「先生。ちょっと。この前のところで質問があるんです。「同じ」を連体形としてOKでしたが、考えてみますと、何だか「同じき」でなくてはいけないような気がするんです。だって、同類の形容詞はみな「美しき」とか「恥かしき」とかのように「しき」で連体形になるわけですから、それとの関係からいって、どうも「同じき」が正しいと思うんです」

「大学なみの質問だな。まあ高校程度ではそこまで問題にしなくてもよかろうが、疑問を残しておくと文法がだんだんばからしくなるから、いちおう説明しておくかね」

例外の無い文法なんかは存在しない（七二頁）。「同じ」も、厄介なことに、例外のひとつなのである。

十四日、暁より雨ふれば、同じ所にとまれり。（土佐日記）

同じ枝《え》をわきて木《こ》の葉の移ろふは西こそ秋の初めなりけれ（古今・巻五）

同じ程、それより下臈《げらふ》の更衣《かうい》たちは、まして安からず。（源氏「桐壺」）

こういった例から見ると、どうしても「同じ」という連体形を認めないわけにゆかない。

しかし、同じ源氏物語のなかでも、

故前坊《こぜんばう》の同じき御兄弟《おんはらから》といふなかにも、いみじう思ひかはし聞えさせたまひ。（「葵」）

また同じきさまにからき事のみあれば。（「榊」）

同じき法師といふなかにも、生計《たづき》なく、この世を離れたる聖《ひじり》にものしたまひ。
（「蓬生」）

などあるから、これも連体形と認めないわけにゆかない。用例から見ると、平安時代では「同じ」という連体形の方がずっと多く、「同じき」は少ない。おそらく「同じ」が本来の連体形で、「同じき」の方はほかの形容詞からの類推で生まれたものではあるまいか。その辺は、わたくしもよく調べたわけでないから、断言はいたしかねるが、連体形として両方とも使われていたことは事実だから、どちらも正しいと認めておくべきだろう。もし形容詞「同じ」の活用を示せと要求されたら、どちらか憶えている方をひとつ答えておけば、高校程度としては正解にあつかってもらえると思う。

練習 七

次の文章の中から形容詞をとり出し、活用表を作れ。

また、絵所に上手《じやうず》多かれど、墨がきに選ばれて、つぎつぎに、さらに劣り優《まさ》る差別《けぢめ》、ふとしも見えわかれず。
（五分以内）

答

	未然形	連用形	終止形	連体形	已然形	命令形
多	から	く かり	し かり	かる	かれ	かれ

「先生。これにはカブトをぬぎましたよ。変な活用ですね」

「どこが変だか言ってごらん」

「カリ系統の終止形・已然形は無いことになっているでしょう（九三頁）。それが有って、かわりにシ系統の未然形と連体形と已然形が無いんですからね」

そのとおり。右の文章は、御存知かもしれないが、源氏物語の帚木《ははきぎ》から採ったもので、中古文の代表であるこの物語に「多かれど」という已然形が出てくる以上は、誤用だというわけにもゆかない（已然形であることは、接続助詞「ど」がついていることでわかる）。しかも、已然形の「多かれ」は、源氏物語ぜんたいで三十六回も使われている。終止形も、

これにつけても、憎みたまふ人びと多かり。（「桐壺」）

おのがじし心をやりて、人をば貶《おと》しめ、かたはらいたきこと多かり。（「帚木」）


など、総計九十三回。だから、終止形「多かり」も認めてよいはず。ほかにも、

「いかで今はなほ、もの忘れしなむ、思ひ出もなし、罪も深かり」など、明けたてばうちながめて、水鳥どもの思ふことなげに遊びあへるを見る。（紫式部日記）

という例がある。そうすると、さきの活用表を修正して、カリ系統に終止形と已然形を追加しなくてはいけないだろうか。ところが、カリ系統の終止形は、「多かり」を別にすると、右の「深かり」だけ、たった一例である。已然形は、中古文では「多かれ」のほか見あたらない。そうすれば、いちおう「多かり」だけは特例とし、「深かり」も例外として

おくのが、学校文法としては穏当だろうと思う。

なお、おもしろいことに、この「多かり」に限って、終止形「し」が中古文のなかにはほとんど見つからない。源氏物語はもとより、ほかの作品にも、めったに顔を出さない。眼を皿のようにして探しまわったあげく、和文系統では宇津保物語のなかで「多しやと聞えたまへれど」(蔵開上)と一例、漢文訓読系統では紫式部日記のなかに出てくる「徐福文成誑誕多し」と一例、合計二例をやっと見つけた。たった二例でも、とにかく有ることは有るのだから、終止形は認めるべきだろう。シ系統の未然形・連体形・已然形は、まだ用例を見つけていない。わたくしの調査はまだ完全でないから、将来もし用例が出てきたらさっそくカブトをぬぐけれど、いまのところでは、無いと言っておく方が良心的らしい。すくなくとも、用例の九十九パーセント以上は連用形の「多く」だけだと言ってよろしかろう。こんな点から考えて、形容詞のなかでも「多し」は特別なものとしておくのが適当であると思う。わたくしの同僚である文法学者馬淵和夫君は、「多かり」一語だけをカリ活用の形容動詞と認めている。平安時代だけの文法を考えるときは、馬淵君の説がいちばん合理的だけれど、徒然草の時代になると、この随筆のなかだけでも、

悪には疎く、善には近づくことのみぞ多き。(五八段)

いやしげなるもの。ゐたるあたりに調度の多き、硯に筆の多き、持仏堂に仏の多き、前栽《せんざい》に石・草木の多き、家のうちに子孫の多き、人にあひてことばの多き。(七二段)

財《たから》多ければ、身を守るに貧《まど》し。　（三八段）

咲きぬべき程の梢《こずえ》、散り萎《しを》れたる庭などこそ、見所多けれ。　（一三七段）

のように、連体形「多き」と已然形「多けれ」が出てくるし、終止形「多し」も、わたくしの数えかたに誤りなければ、十四例ある。つまり、シ系統の勢力が増してきたわけ。そうして、高校で勉強する「古典語」は、あまり厳密な時代区分など考えるにもおよばないだろうから、出典を示さずに「多し」の活用を問われたばあい、いや、平安時代の和文から採ったことの明示されているばあいだって、

	未然形	連用形	終止形	連体形	已然形	命令形
多	から	く かり	し かり	き かる	けれ かれ	かれ

と答えてさしつかえない。良心的な大学教師なら、高校生にむかって「多し」のような特別のものを出題することはないと信じているけれど……。

「先生。未然形に「く」と答えてはいけませんか」

「構わないさ、高校生なら。それで減点するようなことは、高校生に対するかぎり、非常識だと思うね。だけどね、形容詞の未然形「く」「しく」は、「多し」だけにかぎらず、一般に存在しないという学説もあるんだよ」

形容詞のシ系統活用は、未然形と連用形が同じだから、もしどちらかに特別な用法がなければ、ひとつにまとめてもよいはずである。未然形を特に設けるのは、

わが庵《いほ》は三輪《みわ》の山もと恋しくば訪《とぶ》らひ来ませ杉立てる門《かど》　（古今・巻十八）

のように、接続助詞「ば」が「しく」（あるいは「く」）につくからである。順接仮定の接続助詞「ば」が未然形につくことは、忘れてならない重要事項（四一一―四一二頁参照）。ところが、形容詞のばあい、実は、接続助詞「ば」が用いられることは無かったらしい。平安時代の発音をわりあい忠実に伝えている謡曲では、かならず「恋しくは（wa）」「高くは（wa）」のように発音し、ぜったいに「ば」とは言わない。そうすると、平安時代から室町時代まで、順接仮定の条件をあらわす「く」（あるいは「しく」）につくのは、副助詞の「は」であったと考えられる。万葉時代も同様だったらしい。さきの古今集の歌などは、当然「恋しくは（wa）」とよみ改められなくてはならない。接続助詞「ば」がつかないとすれば、未然形「く」「しく」を設ける必要も消滅する。接続助詞「ば」が使いたければ、カリ系統の方で「恋しからば」と言えばよいわけ。それが「恋しくば」のようになってしまったのは、おそらく、江戸時代あたり、ほかの動詞や形容動詞からの類推によるものであろう。だから、古典語の文法としては、未然形「く」「しく」を認めないのがほんとうだろうけれど、たとえまちがって生まれたにもせよ、とにかく生まれてしまい、ひろく行なわれるようになった言いかたを抹殺しようとするのは、文法学者のとるべき態度でない。

もともとはワ行上一段であっても、いったん「用ふ」という活用がひろまってしまった以上、それも無視しないのと（四五頁）、同じ意味あいである。だから、未然形「く」「しく」に接続助詞「ば」がつくことを認めても（一〇二頁）、さしつかえないであろう。

何だか入りくんだ話になったけれど、文法の生きた姿を見ていただくための内幕ばなし。この辺は、何が何でも憶えてしまえなど申しません。ただし、形容詞の項を終る前に、

連用形の「く」──→「う」　**ウ音便**
連体形の「き」──→「い」　**イ音便**

(7)

というパターンだけは憶えておいてくれたまえ。古典語では、

美しくおはす→美しうおはす
多きかな→多いかな

のように両方ともあるが、現代語では、

お寒くございます→お寒うございます

のようにウ音便しかない。そうして活用語尾「く」の上の音がイ段に属するばあい、

お恥かしく存じます→お恥かしゅう存じます

という特殊な形になる。これで形容詞はお終い。御苦労さま。

まとめ

1 形容詞は、終止形が「し」あるいは「い」で終るもの。ほかの活用をすれば、形容詞でない。
2 カリ系統はシ系統の補助活用。
3 終止形でなくても終止する（逆はかならずしも真ならず）。
4 「同じ」と「多かり」は例外。
5 音便はウ音便（連用形）とイ音便（連体形）。

（四） 形容動詞の活用

例題 九

次の文章の中から形容動詞をえらび出し、その活用表を作れ。

（イ） 波ゆるやかにうち寄せ、松風蕭蕭《せうせう》たる夜、おもしろさやるかたなく、直ちに宿を立ち出でつ。
（ロ） 楽にぶん投げるだろうと予想していたんだが、三根山の寄り身がなかなか猛烈でね、さすがの若乃花もたじたじさ。 （八分以内）

答　（イ）

	未然形	連用形	終止形	連体形	已然形	命令形
ゆるやか	なら	なり に	なり	なる	なれ	なれ
蕭蕭	たら	たり と	たり	たる	たれ	たれ

（ロ）

	未然形	連用形	終止形	連体形	仮定形	命令形	志向形
楽 猛烈 たじたじ		で だっ に	だ	な	なら		だろ

「先生。「直ちに」を形容動詞とするか副詞とするかで、だいぶん考えこんでしまったので、八分ではできませんでしたよ」

「八分以内というのは、この問題のできる人にとっての時間でね。できない人は、三十分かけたって、やはりできないさ。八分以内でやれるコツはだね……」

形容動詞であるかどうか見わけるために、次のようなテストをやってみたまえ。

(1)　語幹を主語にしてみる。
　a　成り立たない――形容動詞
　b　成り立つなら――他の品詞

(2) 副詞「いと」「たいへん」をつけてみる。
a 成り立つなら——形容動詞
b 成り立たない——他の品詞
(3) 現代語にしてみて、連体形「な」が、
a 成り立つなら——形容動詞
b 成り立たない——他の品詞

(8)

(1) a 蕭蕭は松風なり——成り立たない。したがって「蕭蕭たる」は形容動詞。
(2) b いと直ちに宿を立ち出でつ——成り立たない。したがって「直ちに」は副詞。現代語の「健康だ」などは、同じ形で
(イ) ぼくは健康だ。
(ロ) 何よりも大切なのは健康だ。
と両様に使われる。(イ) は「健康だ」の上に「たいへん」を加える言いかたが成り立つから形容動詞、(ロ) は成り立たないから名詞プラス助動詞である。
(3) a 楽なのは結局よくない——成り立つ。したがって形容動詞。これに反して、たとえば「人生は夢だ」というとき、「人生は夢な

ものだ」とはならない。したがってこの「夢だ」も名詞プラス助動詞である。「に」を伴なう副詞と形容動詞の連用形とは、同型なので、区別しにくいものだが、これもパターンの(3)でたいてい処理できる。すなわち、「直ちな話だ」「直ちな出発だ」とは言えないから、「直ちに」は形容動詞でなく、副詞である。

これに対して、「ゆるやかな曲線をえがく」と言えるから、「ゆるやかに」は形容動詞。「波いとゆるやかにうち寄せ」も成り立つというように、(2)と(3)を両方あてはめてみるなら、いっそう確かなわけ。

「先生。もし「おもむろに宿を立ち出でつ」だったら、副詞ですか、形容動詞ですか」

「さあ――、弱ったね。さきのパターンを当てはめてみようか」

a　おもむろは大人《たいじん》の風格なり――成り立たない。

b　あまりおもむろなのはこまる――成り立たない。

すると、形容動詞のはず。しかし、どちらなのだろうか。わたくしは、お手あげである。ある古語辞典をひいてみると、

おもむろ〔徐ろ〕（形動ナリ）ゆっくり。そろそろ。

とある。しかしまた、ある文法学者の『国文法』という本を見ると、「静かに」は形容動詞だが「おもむろに」は副詞だとある。つまり、こんなのは、専門学者の間でも意見がく

いちがっている厄介な例であって、高校生の諸君にとっては、しいてどちらかに決めなくてはならないものだというわけでない。気の向いた方にしておけばよかろう。あるいは、自分の学校で習ったとおりに憶えておけばよかろう。何だか無責任なようだけれど、こうした例をどこまでも論じつめて、いちばん合理的な決めかたを追求するのは、専門学者の責任なのであって、彼らの間でまだ一致した結論が出ないうちから、諸君までがくよくよ心配するにはおよばない。腹を大きくもちたまえ。

グラグラするからGrammarだとは言いながら、形容動詞ほどグラつく品詞はない。そもそも、形容動詞というものが認められたのは、わりあい最近のことであって、わたくしの中学生時代には、そんなものは無かったと記憶する――すこし自信がないけれど――。その後、形容動詞とよばれる品詞が登場したけれど、それは「寒かり」とか「嬉しかり」とかいうカリ活用のもので、いまいう形容動詞とは、内容が同じでなかった。そうして、さらにその後、カリ活用は形容詞の補助活用に転任させられ、ナリ活用とタリ活用が形容動詞だということになった。諸君が習っている教科書は、たいていこの学説によるものである。ところが、もうひとつその後、形容動詞を認めない時枝文法が現われ、これが最新の学説である。最新のものが最善であるとは限らないけれど、ナリ活用とタリ活用を形容動詞だとする学説が唯一のものでないことだけはおわかりであろう。金田一京助博士の『辞海』には、形容動詞活用表として、第一類カリ活用・第二類ナリ活用・第三類タリ活用をあげ（ただしこの辞書では形容動詞を認めないとことわってあるが）、同じ金田一博士の『明解古語辞典』ではナリ活用とタリ活用だけを形容動詞とし、カリ活用は形容詞に入れてある。とにかく厄介なものにちがいない。

「なり」も「たり」も、元来は断定（指定）の助動詞であった。それが「静か」とか「整然」とかいう種類のことばに結びつき、形容動詞といわれるはたらきをするようになったのである。だから、「近く」「美しく」などの「く」「しく」とちがって、語幹との結びつきが何となく弱い。ことばによっては、とにかく語幹と離れそうになる。つまり、語幹だけで独立して使われやすいものがある。たとえば、「あはれなり」は形容動詞だけれど、その語幹だけで

あはれ今年《ことし》の秋も往《い》ぬめり。

待つ宵、帰る朝《あした》、いづれかあはれは優《まさ》れる。

のように、感動詞や名詞に使われることができる。このばあいは、さきのパターン(1)つまり語幹を主語にしてみるという手が利かない。現代語でも、「元気だ」は形容動詞と認められているけれど、語幹だけ切り離して、

元気があるのは少年らしいところだ。

のように、主語とすることができる。こんなふうに例外が多くては、形容動詞という品詞を設けるのにつごうが悪いようだけれど、設けた方が良いという理由も、もちろんある。

なるほど「元気」「親切」「自然」「便利」のように、名詞として通用する語幹もあるけれど、「暖か」「あきらか」「愉快」「正確」「変」「妙」「泰然」「従容」などのように、それだけでは文節となりにくいものが、たいへん多い。つまり、何か語尾がほしいことばなのである。また、

この家族のアトモスフィアは、たいへん暖かに愉快だった。

といったようなばあい、「暖かに」は「愉快だった」を修飾するのでなく、意味の上では、

アトモスフィアは┌暖かだった
　　　　　　　　└愉快だった

と並んで、主語「アトモスフィアは」に対する述語となっているけれど、ふたつも「……だった」が並ぶのを避け、片方を「……に」と言いかえたのであって、この関係は、

かの女┌恨むなり
　　　└泣くなり

をひとまとめに言うと、

かの女、恨み泣くなり。

になるのと同じである。そこで、連用形「恨み」に対応する「暖かに」も連用形、終止形「泣く」に対応する「愉快だ」も終止形だと認めるわけ。ひと息入れましょうか。

練習 八

次の文章の中から形容動詞をえらび出して、その活用表を作れ。

若秩父の寄り身は、いちおう堂堂たるものでしたが、朝汐には何といってもまだ無理ですね。

（五分以内）

答

	未然形	連用形	終止形	連体形	仮定形	命令形	志向形
堂堂		と		たる			
無理		でし	です	です			でしょ

「先生。「堂堂たる」は、わたしたちは古典語形容動詞のタリ活用で習いました。現代語のなかに出てきても、それは古典語が化石のように残っているだけだから、現代語としての活用を考えなくてもよいと教わったんですが……」

「それでも結構。そういう学説もあるのだから、どちらでも良いさ。しかしね……」

現代語に出てくるばあい、未然形の「堂堂たら」や連用形の「堂堂たり」や終止形の「堂堂たり」や已然形・命令形の「堂堂たれ」は、けっして使われない。現代語で「堂堂と」「堂堂たる」だけが使われるということは、ほかの活用形が現代語としてふさわしくないという感じがあるからだろう。逆にいえば、「堂堂と」「堂堂たる」だけは、現代語として使ってもおかしくないと感じているからなのである。それなら、「たる」「と」だけを現代語形容動詞の活用形と認めてもよいのではなかろうか。つまり「世間でひろく認められているいかたなら、すこしぐらい文法学者が首をかしげようとも、文法のなかにとり入れるのが正しい」という考えかたである（四七頁・八八頁参照）。この種類の現代語形容動詞を認める学者たちは、「堂堂たる」の類をタルト型とよび、「きれいだ」の類をダ型とよんでいる。もちろん、「堂堂と」を副詞、「堂堂たる」を古典語の残存としてあつかうのも、ちゃんと通用する考えかたであることは、前に述べたとおり。是が非でもどちらか一方に決めてくれなければ、安心して睡れませんという人は、物理学者にも、法律家にも、重役にも、大臣にも、いや、文法学者にだって向かないであろう。「善でなければ悪、右でなければ左、進歩的でなければ保守的」といった式の割り切りかたを、若いうちから頭に植えつけてしまうと、とかく世間を迷惑させるため窓口に坐っているようなお役人なんかになったりする。すこしばかりの文法知識を頭に入れたところで、りっぱな人間に育つための芽を枯らしたのでは、ものすごい損失である。文法を勉強するほんとうの目的は、ものごとの「すじみち」を通す考えかたの訓練だと、わたくしは思う。そうして、自分が「すじみち」を通すため熱心であるのと同様に、相手も「すじみち」を通すのに苦心していれば、結論のちがいはともかく、お互いに正しい「すじみち」をとらえようとしている誠意を尊敬しあわなくてはいけないと思う。結論がどう落ちつくかは、大きな時の流れに任せればよいのだ——というゆったりした気持がないと、せっかくの文法も死学問《しにがくもん》になってしまう。

くりかえして言おう。「文法は**考えかたのすじみち**である」。

「先生。わたしの習った教科書では、デス型の形容動詞に連体形が無いんです。やはり何かすじみちが有るからでしょうか」

連体形のいちばん主な用法は、たとえば「帰る時」とか「美しい花」とかいうような連体修飾だが、「無理です時は」とか「快活です性格なので」とかの使いかたは成り立たない。だから連体形を認めないという「すじみち」の通しかたもある。しかしまた、「あの計画はどうも無理ですので」とか「性格はずいぶん快活ですのに」とか「あら、確かですの？」とかの言いかたは成り立つわけだが、接続助詞「ので」「のに」および終助詞「の？」はダ型の形容動詞には「無理なので」「快活なのに」「確かなの？」と、いずれも連体形につく。だから、「無理ですので」「快活ですのに」「確かですの？」なども連体形と考えるのがよろしいという「すじみち」の立てかたもある。なぜ連体形を設けるか、あるいは設けないかという「すじみち」の通しかたさえのみこめたら、結論はどちらであろうと（すくなくとも高校生としては）、あまり重要な問題ではない。形容動詞そのものを認めない学者さえあるのだから。

「それからね、先生。形容詞と形容動詞の活用表に志向形という欄をあげてありますが、わたしの教科書ではそれが無くて、未然形に入れてあります。構わないいんですか」

これも動詞のばあいと同様に考えてよろしい（五〇頁参照）。つまり、活用の主要部分が「寒かろう」とか「静かだろう」とか「大丈夫でしょう」とかのように母音Oを含むから、五十音図にもとづいて考えられた活用の型としては、いちばん下のオ段に置くのが、現代仮名づかいで書くかぎり、適当だという「すじみち」の立てかたなのである。カ行変格活用では未然形に「こ」が来る。それを未然形と認めるなら、オ段がいちばん上に来たって構わないだろうという「すじみち」も、もちろん立つ。だから、

	未然形	連用形	終止形	連体形	仮定形	命令形
寒	かろ	く かっ	い	い	けれ	
静か	だろ	で だっ に	だ	な	なら	
親切	でしょ	でし	です	です		

という式の活用表がいけないという理由はない。どちらでもよろしい。ただ、申しあげておくが、どちらかは確実に憶えておきたまえ。結論なんかどうでも構わないといったのは、どちらの結論に落ちついたところで、大した問題ではないという意味であって、落ちついた以上は、憶えてもらわなくてはこまる。念のため……。

次に、それぞれの活用形の用法を、動詞・形容詞のときと同様に、まとめておこう。これは、いますぐ暗記したまえなどいう無理を押しつけるわけでないから、御安心のほどを。

	未然形	用形	
古典語		なり・たり	と
	(1) 助動詞「ず」「じ」「む」「まし」「まほし」「しむ」がつく。 (2) 接続助詞「ば（仮定）」「で（打消）」がつく。 ※【「たら」の形は稀。】	助動詞「き」「けり」「けむ」「つ」がつく。	(1)「に」の形は言いさしの形となる（中止法）。 (2) 用言について連用修飾語となる（連用法）。
現代語		だっ・でし	で
		(1) 助動詞「た」がつく。 (2) 接続助詞「たり」「て」「ても」がつく。	(1) 同上（中止法）。 (2) 形容詞「ない」がつく。

連		終止形	
に・ (3) 動詞「あり」がつく。 (4) 助動詞「はべり」がつく。 (5) 接続助詞「して」がつく。 「に」の形には接続助詞「て」もつく。		(1) 普通に言い切る。 (2) 接続助詞「とも」がつく。	(1) 単独で連体修飾語となる。
(3) 動詞「ある」がつく。 (4) 副助詞「は」「も」「さえ」がつく。	に 用言について連用修飾語となる（連用法）。	(1) 同上。 (2) 接続助詞「と」「けれど」「けれども」「が」「から」「し」・終助詞「ぜ」「ぞ」「こと！」「とも！」「な！」「なあ」「ね」「ねえ」「もの」「わ」「よ」がつく。 (3) 助動詞「そうです（伝聞）」がつく。「だ」の形には助動詞「そうだ（伝聞）」がつく。	(1) 同上。

連　体　形

(2) 体言のあつかいになる。
(3) 助動詞「らむ」「らし」「めり」「べし」「まじ」「なり（断定）」がつく。
(4) 格助詞「が」「を」「に」「と」「より」・接続助詞「が」「を」「に」「ものから」「ものの」・副助詞「のみ」「ばかり」「ぞ」「なむ」「か」「こそ」・終助詞「かな」「よ」がつく。
(5)「ぞ」「なむ」「や」「か」の係りを受けて言い切る。

(2) 格助詞「の」がついて体言のあつかいになる。
(3) 助動詞「ようだ（様子）」「ようです（様子）」「のだ」「のです」がつく。
(4) 接続助詞「ので」「のに」・終助詞「の！」「の？」がつく。
(5) 接続助詞「くせに」「こととて」「ものを」・副助詞「ばかり」「だけ」「ほど」「ぐらい」・終助詞「ものか！」がつく。
※【「です」の形には(2)(3)(5)の用法がない。】

已然形	命令形		語幹
(1)接続助詞「ど」「ども」「ば」がついて、既定の条件をあらわす。 (2)「こそ」の係りを受けて言い切る。	命令の気持で言い切る。 ※【「たれ」の形は稀。】		(1)感動の気持で言い切る。 (2)いったん言いさす形となる（中止法）。 (3)接尾語「さ」がついて体言となる。

仮定形		志向形	
単独で、あるいは接続助詞「ば」がついて、仮定の条件をあらわす。		助動詞「う」がつく。	(1)同上。 (2)同上。 (3)同上。 (4)助動詞「そうだ（様子）」「そうです（様子）」「らしい」「です」がつく。

	(5) 終助詞「か」「さ」「やら」「かしら」「よ」「ね」がつく。

これで用言がすっかり終ったわけ。あとは助動詞だが、用言がよく頭に入っていれば、それほど苦しむこともあるまい。まあ寛《くつ》ろいでくれたまえ。

まとめ

1 形容動詞であるかないかは、語幹と活用語尾の結びつきが緊密であるかないかで決まる。
2 副詞か形容動詞かは、連体形「な」で見わける。
3 形容動詞の活用形は、動詞の活用形と対応する用法にもとづいて決められたもの。
4「すじみち」さえ立てば、形容動詞であるかないかという結論そのものは、どう落ちついても、あまり問題でない。

(五) 助動詞の活用

助動詞でそれほど苦しむことはあるまいなんて嘘だろうと思う諸君も、少なくないことであろう。「助動詞は難かしいぞ！」「助動詞こそ文法のヤマなんだ！」などいった文句が、よく先生がたの口から飛び出す。やってみると、なるほど難かしい。「いやだなあ、文法は」ということになって、それっきりの人も多いにちがいない。しかし、はたして助動詞がいやになるほど難かしいものであるかどうか、わたくしは首をかしげる。もちろん、すこしも努力しないでスーッと頭に入ってくるわけはないけれど、いくら骨を折ってものみこめないというほど難かしいはずがない。なぜ皆さんが「助動詞は難かしい」と悲観するのだろうか。わたくしはいろいろ考えて、それは、勉強のしかたが拙いからでないかと気がついた。どこが拙いのか。

そもそも、助動詞を勉強する目標として、どの文法書でも、(1)活用・(2)接続・(3)意味（用法）の三点をあげている。そうして、ひとつひとつの助動詞について、この三点を説明してゆく。わたくしも、やはりこの三点を説明するであろう。しかし、問題は、勉強の手順である。(1)と(2)は、助動詞の形式的な面だし、(3)は機能的な面である。勉強する者の側からいえば、(1)(2)と(3)とでは頭の使いかたが違う。活用を暗記していた頭ですぐ推量だか勧誘だかを考え、尊敬と使役の用法を考えていた頭からすぐまた接続に舞いもどるというのでは、うまく頭に入るはずがない。同じ種類のことを連続して考えるのが能率的であることは、何もわざわざ実験心理学など持ち出さなくても、すぐおわかりだろう。そこで、わたくしは、いちおう(3)を切り離すことにする。(3)は、むしろ解釈と密接に関係してくるので、あとでそうした問題をあつかうとき、いっしょに考えることにしよう。そうして、これまでずっと用言の活用を勉強してきたのだから、(2)もいちおう切り離して、まず(1)だけ勉強することにしよう。すると、これまでと同じ頭の使いかたですむから、特に「助動詞は難かしい！」など悲しげな声を出すにはおよばない。わたくしの特許権を申請したく思うすてきな勉強法である。

こうした勉強法を、コチコチ頭の文法学者は、とかく「体系的でない」といって軽視したがる。日本の学者たちは、実に体系的ということが好きである。しかし、それは、日本の学界が明治このかたあまりにもドイツ系統の学問に親しみすぎたからであって、わたくしの考えでは、何もそれほど体系なんかにこだわらなくったって、学問は学問だと思う。まして学校文法では、要するに、わかれば良いのである。「すじみち」の立てかたさえわかれば、体系は後まわしで結構。

という次第で、助動詞の活用を考えるわけだが、大部分は、これまで勉強してきたことの応用でカタがつく。まず古典語助動詞の活用を分類すると、

動詞型

1 下二段型――る・らる・す・さす・しむ・つ・たまふ（丁寧）

2 ラ変型――けり・たり（存続）・り・めり・なり（伝聞）・はべり

3　ナ変型――――ぬ
4　四段型――――む・らむ・けむ・さうらふ・たまふ（尊敬）

形容詞型

1　ク活用型――べし・たし・ごとし
2　シク活用型―まじ・まほし

形容動詞型

1　ナリ活用型―なり（断定）・べらなり・ごとくなり
2　タリ活用型―たり（断定）

特殊型――――き・まし・ず・らし・じ

となる。四段型の「む」「らむ」「けむ」の三つは不完全なものであるから、特殊型としてもよい。また、ラ変型と形容動詞型とはよく似ているので、どちらかに統一してもよいわけである。

次に、現代語助動詞の活用を分類してみよう。

動詞型

1　下一段型――せる・させる・れる・られる
2　五段型――たがる

形容詞型――――たい・ない・らしい

形容動詞型——だ・ようだ・そうだ

特殊型——です・ようです・そうです・ます・た・ぬ・ん・う・よう・まい

こんなふうに観てくると、特殊型としてあげたもの以外は、これまで勉強してきた型なのだから、心配におよばないことがおわかりだろう。これから、そうした活用を調べてゆくわけだが、その前に、助動詞の分類方法について、ちょっとお話しすることがある。助動詞の分類は、普通の教科書では、意味によっておこなわれているようである。すなわち、

使役 す・さす・しむ【せる・させる】

受身 る・らる【れる・られる】

可能 る・らる・べし【れる・られる】

自発 る・らる【れる・られる】

尊敬 る・らる・す・さす・しむ・たまふ（四段）【れる・られる】

謙譲 たてまつる・まつる・きこゆ・まゐらす

丁寧 たまふ（下二段）・はべり・さうらふ【ます】

完了 つ・ぬ・たり・り【た】

回想 き・けり【た】

推量 む・けむ・らむ・めり・じ・まじ・らし・べし・べらなり・まし【う・よう・まい・ようだ・ようです・らしい・そうだ・そうです】

希望　たし・まほし【たい・たがる】
伝聞　なり【そうだ・そうです】
断定　なり・たり【だ・です・のだ・のです】
詠歎　けり
打消　ず【ない・ぬ・ん】
比況　ごとし・ごとくなり【ようだ・ようです】

というような分けかたである。ところが、こういった分けかたは、ときどき割り切れないことがおこる。たとえば、ある文に出てくる「らる」が可能なのだか自発なのだか決めかねるばあい、下二段の「たまふ」を丁寧に入れるか謙譲に入れるかといったばあいなど。また、同じことばが受身・可能・自発・尊敬などいくつかの部に属するとか、同じ完了のなかに入っていても「つ」「ぬ」と「たり」「り」では著るしい差異があるとかいうように、つごうのわるい点もあるし、右にあげた十六種がけっして完全な分類ではなく、学者によっていろいろな分けかたや名称があるため、どこかできっと問題がおこるという不便さも出てくる。だから、意味によって助動詞を分類することは、それほど重要だと思われない。諸君も、あまり分類そのものに執着しない方がよろしい。ただし、右にあげたような「名称」を憶えておくことは、それぞれの助動詞がどんなはたらきをするかという説明、または助動詞の用法がある作品の解釈をどう変えるかという議論などに、たいへん便利である。

だから、とにかく名称だけは憶えておきたまえ。そして、どしどし使いたまえ。もし「この助動詞は別のこういう部に入れるべきだ」といったような意見にぶつかったら、ふんふんと聞き流しておきたまえ。

さて、これだけ、ちょっと御注意しておいて、助動詞の活用にもどろう。

動詞型活用（古典語）

1 下二段型

		未然形	連用形	終止形	連体形	已然形	命令形
（受身）	（る）	れ	れ	る	るる	るれ	れよ
（受身）	（らる）	られ	られ	らる	らるる	らるれ	られよ
（可能）	（る）	れ	れ	る	るる	るれ	
（可能）	（らる）	られ	られ	らる	らるる	らるれ	
（使役）	（す）	せ	せ	す	する	すれ	せよ
（使役）	（さす）	させ	させ	さす	さする	さすれ	させよ
（使役）	（しむ）	しめ	しめ	しむ	しむる	しむれ	しめよ
（完了）	（つ）	て	て	つ	つる	つれ	てよ
（丁寧）	（たまふ）	たまへ	たまへ		たまふる	たまふれ	

受身の「る」「らる」には尊敬を含み、可能の「る」「らる」には自発を含む。受身・尊敬の方には命令形があるけれど、可能・自発の方にはないことに注意。受身の命令形も、中古文のなかでは用例が見つからない。使役の「す」「さす」も尊敬を含む。丁寧の「たまふ」に終止形を認めている学者もあるが、どうも用例がないようである。

2 ラ行変格型

		未然形	連用形	終止形	連体形	已然形	命令形
(回想)	(けり)			けり	ける	けれ	
(完了)	(たり)	たら	たり	たり	たる	たれ	たれ
(完了)	(り)	ら	り	り	る	れ	れ
(推量)	(めり)			めり	める	めれ	
(伝聞)	(なり)			なり	なる	なれ	
(丁寧)	(はべり)	はべら	はべり	はべり	はべる	はべれ	はべれ

「けり」の未然形「けら」は、奈良時代にだけ使われたが、平安時代より後は出てこないので、省いておいた。古典語ということの考えかたにもとづく(二八〇頁参照)。

3　ナ行変格型

	未然形	連用形	終止形	連体形	已然形	命令形
(完了)(ぬ)	な	に	ぬ	ぬる	ぬれ	ね

4　四段型

	未然形	連用形	終止形	連体形	已然形	命令形
(推量)(む)			む	む	め	
(推量)(らむ)			らむ	らむ	らめ	
(推量)(けむ)			けむ	けむ	けめ	
(丁寧)(候ふ)	候は	候ひ	候ふ	候ふ	候へ	候へ
(尊敬)(たまふ)	たまは	たまひ	たまふ	たまふ	たまへ	たまへ

こんな活用ぐらい、すでに習ったはずだから、知識としては、別にめずらしくもないだろう。しかし、「うん、わかったよ」という知識は、文法のばあい、ほんとうの知識ではない。いつでも出てくる知識、いつでも使える知識でなくてはならない。だから、御苦労だけれど、紙にワクを引いて、実際にこれらの活用を書いてみたまえ。まちがいなく書けたらよろしい。OK！　次へ進みたまえ。すこしでも誤りがあったら、今日はこれで休みた

まえ。そうして明日もういちど書いてみたまえ。まちがいなく書けるまで、何日でもやりたまえ。なに、時間は十分か十五分でよろしい。繰りかえしさえすれば、きっとできるようになる。十五分ぐらいの時間は、どんなに忙がしくっても、何とかひねり出せるだろう。

紙と鉛筆の御用意は？　さあ、次の活用に進むとしよう。

形容詞型活用（古典語）

1　ク活用型

		未然形	連用形	終止形	連体形	已然形	命令形
（推量）	（べし）	べく べから	べく べかり	べし	べき べかる	べけれ	
（希望）	（たし）	たく たから	たく たかり	たし	たき たかる	たけれ	
（比況）	（ごとし）	ごとく	ごとく	ごとし	ごとき		

推量の「べし」には可能を含む。未然形の「べく」「たく」「ごとく」は、形容詞におけるのと同じ理由（一一一頁）で、やはり認めない学説も有力である。連用形「べく」「たく」は音便で「べう」「たう」となることがあり、連体形「べき」は音便で「べい」となることがあった。また、連体形「べかる」に「なり」「めり」がつくと、「る」が撥音便で「べ

かンなり」「べかンめり」となることもあった。この撥音が表記されず、「べかなり」「べかめり」と書かれていることが少なくないけれど、実際の発音としては軽くンを入れたものであろう。連体形「たかる」は、理論的にはあるはずだけれど、用例は、どうしたわけか、まだ見つからない。しかし、たいていの文法書にはあげているので、わたくしも入れておいた。終止形「たし」と連体形「たき」は、室町時代から、ともにイ音便で「たい」となり、それが現代語にまで生きている。

2　シク活用型

		未然形	連用形	終止形	連体形	已然形	命令形
（推量）	（まじ）	まじく まじから	まじく まじかり	まじ	まじき まじかる	まじけれ	
（希望）	（まほし）	まほしく まほしから	まほしく まほしかり	まほし	まほしき まほしかる	まほしけれ	

未然形の「まじから」を認めない文法書が多いけれど、

帝《みかど》にて子をもちたらむも、めでたくもあるまじからむ。（宇津保「楼の上下」）

などいう用例があるから、やはり認めるべきであろう。連体形の「まじかる」は、実は、この形では用例が見られない。現われるときは、撥音便で「まじかんめり」「まじかんなり」となった形だけである。それも、たまさかなる御返りなどは、えしもて離れきこえたまふまじかめり。（源氏「榊」）

のように撥音「ン」を表記しないのが普通。連用形「まほしく」は、ウ音便の「まほしう」という形で現われることが多い。

形容動詞型活用（古典語）

1　ナリ活用型

		未然形	連用形	終止形	連体形	已然形	命令形
（断定）	（なり）	なら	なり に	なり	なる	なれ	
（推量）	（べらなり）		べらに	べらなり	べらなる	べらなれ	
（比況）	（ごとくなり）	ごとくなら	ごとくなり ごとくに	ごとくなり	ごとくなる	ごとくなれ	

連体形「べらなる」と已然形「べらなれ」は、係り結びのとき用いられるだけ。

2　タリ活用型

		未然形	連用形	終止形	連体形	已然形	命令形
（断定）	（たり）	たら	たり と	たり	たる	たれ	たれ

さきにも述べたように（一三一頁）、形容動詞型とラ変型とは、たいへんよく似ていて、ち

がうのは前者の連用形に「に」「と」の形がある点だけだから、どちらかに統一してしまってもかまわない。連用形のこうした特色を印象づけてもらった方が、形容動詞というものを頭に入れるのに便利だろうと思ったから分けたまでのこと。どうしても分けろと申しあげるわけではない。理窟は、どちらにでもつくのだから……。

特殊型活用（古典語）

1　変化のあるもの

		未然形	連用形	終止形	連体形	已然形	命令形
（回想）	（き）			き	し	しか	
（推量）	（まし）			まし	まし	ましか	
（打消）	（ず）	ず ざら	ず ざり	ず	ぬ ざる	ね ざれ	ざれ

未然形「ず」を認めない学説もある。形容詞の未然形「く」「しく」と同様、接続助詞「ば」がついて仮定をあらわす用法があるから（二一一頁参照）、未然形「ず」を認めるわけだが、この「ば」は副助詞「は（wa）」と考える方がよいので、やはり未然形「ず」を立てないわけ。しかし、古典語といっても、江戸時代のすこし怪しくなったものまで含めるのが、いまの学校文法としては普通だろうから、未然形「ず」を立てたところで、さしつかえはなかろう。連体形「ざる」は、撥音便または撥音便の「ン」を表記しない形で現わ

れることが多い。

この人、国にかならずしも言ひ使ふ者にもあらざなり。（土佐日記）

この頃《ころ》となりては、ただ事にもはべらざめり。（竹取物語）

など。已然形・命令形の「ざれ」は、漢文訓読調の文章にだけ現われ、和文脈の中古文には用例が見られない。

2　変化のないもの

		未然形	連用形	終止形	連体形	已然形	命令形
(推量)	(らし)			らし	らし	らし	
(推量)	(じ)			じ	じ	じ	

連体形・已然形の「らし」は、係り結びのときに用いられるだけで、用法としてはひどく限られている。已然形の「じ」も、係り結びのときに限られ、しかも鎌倉時代にだけ出てくる。

これで古典語の助動詞はお終い。何と簡単ではありませんか。特殊型といっても、わずか「き」「まし」「ず」「らし」「じ」だけ。あとは、これまでに勉強してきた動詞・形容詞・形容動詞の応用にすぎないのだから、これまでの勉強をサボらないでやってきた人なら、そんなに苦労でもなかろう。そうして、勉強の正味は、いくつかあげられている活用表だけなのである。活用表のあとにすこし説明がつけてあるけれど、これは、すぐ「わたしの習った説とちがうんですけれど……」を持ち出したがるノイローゼ型秀才君へのサーヴィスにすぎないから、頭を痛くしてまで詰めこむにはおよばない。しかし、活用表だけではあまりに沙漠的だと感じる諸君にとって、結構オアシスの代用をしないとも限らない。まあ、気楽にながめておいてくれたまえ。

「先生。別にノイローゼというわけでもないんですがね、どうも変なところがありますよ」

「何だい」

「推量の「らし」は終止・連体・已然みな同じだというんでしょう。わたしの教科書にもそうあります。だがですね、

古《いにしへ》も然《しか》にあれこそ現《うつせみ》も妻を争ふらしき　（万葉・巻二）

なんかは、どうなんですか」

「いつも言うとおり、古典語というなかには、古代語が入らないのさ。万葉時代は、

	未然形	連用形	終止形	連体形	已然形	命令形

（らし）			らし	らし らしき		

と活用した。それが、平安時代になって、連体形が「らし」ひとつになっちゃったのさ」

「だって先生、上に「こそ」の係りがありますよ。この「らしき」は已然形じゃないんですか。「こそ」に対する結びは已然形のはずでしょう」

「理窟としては、まことに御もっともだよ。だけどね、文法は理窟どおりにゆかないことが多いんだ。万葉時代では、形容詞みたいに終止形が「し」で終ることばのばあい、「こそ」の係りに対する結びは、連体形だった。

　野をひろみ草こそ茂き　（万葉・巻十七）

已然形があまり発達していなかったようだね」

ところで、江戸時代の文語では、さらに別の形が出てくる。

	未然形	連用形	終止形	連体形	已然形	命令形
（らし）	らしく らしから	らしく らしかり	らし	らしき らしかる		

しかし、これは、推量の「らし」が十二世紀ごろ消滅してしまい、江戸時代に、接尾語か

ら類推で生まれてきたものなので（八〇頁参照）、古典語の活用としては、いちおう別あつかいにするわけ。

要するに、古典語ということの考えかたひとつであって、もし現代語でないものはすべて古典語だと考えるなら、回想の「き」に未然形「け」を認める方がよいようだし、推量の「まし」にも未然形「ませ」を認めることになる。どちらも、万葉時代の活用である。しかし、万葉時代の言いかたを古典語としてあつかうなら、鎌倉時代はどうだということになり、室町時代・江戸時代……といってくると、活用表がおそろしく複雑になって、とても学校文法には向かない。いちおう古典に出てくるスタンダードな活用のしかたという意味で、中古の和文を基礎とした形が採りあげられているわけなのである。

また、回想の「き」に未然形「せ」を、推量の「まし」に未然形「ましか」を認める説もある。「き」の未然形「せ」というのは、

神無月《かんなづき》間もおかず降りにせば誰《た》が里のまに宿か借らまし（万葉・巻十二）

思ひつつ寝《ぬ》ればや人の見えつらむ夢と知りせば覚《さ》めざらましを（古今・巻十二）

などがそれである。しかし、これは、サ変動詞「す」の未然形に見られる特殊な用法でないかという佐伯梅友博士の反対説もあって、まだ確かでない。未然形「ましか」は、

もし海辺《うみべ》にて詠《よ》ままましかば、「浪たちさへて入れずもあらなむ」とも詠みてましや。（土佐日記）

のように、接続助詞「ば」がついて仮定をあらわす。古典語のばあい、仮定をあらわす「ば」は未然形につくきまりだから（四一一—四一二頁参照）、この「ましか」を未然形と考えることは、たしかに筋がとおっている。しかしまた、仮定の意味は、未然形だから出てくるのでなく、助動詞「まし」自身が全体的に仮定の意味をもっているからなので、仮定の意味あいだからといって未然形と考えるのは疑問だ——と見る学者も多い。わたくしは、前の方の説に賛成したいけれど、こういったところは、いま急に一方を誤りだと片づけるわけにゆかない。まあ、例のグラグラ文法だとしておこう。

さて、しばらくぶりで、テストをやってみようか。

復習 三

次の文章をよみ、傍線部分から助動詞をぬき出して、それぞれの意味と活用形とを示せ。

老いきたりて、はじめて道を行ぜむと待つことなかれ。古き墳《つか》多くはこれ少年の人なり。はからざるに病をうけて、たちまちにこの世を去らむとする時にこそ、はじめて過ぎぬる方の、あやまれることは知らるなれ。

（十二分以内）

答

はからざる＝連体形（打消）	あやまれる＝連体形（完了）
去らむ＝終止形（推量）	知らるなれ＝終止形（自発）
過ぎぬる＝連体形（完了）	知らるなれ＝已然形（伝聞）

「ぬる」の完了は確述と答えてもよく、また「る」の完了は存続と答えてもよろしい。「る」の自発は、可能でも結構。自発と可能とは、ときどき区別のつかないことがある。そんなときは、どちらに答えておいても構わない。

ところで、「あやまれる」の「る」と「知るなれ」の「る」には、だいぶん頭が痛かったかもしれない。この見わけは、

る ┌（未然）＝自発「る」
　 └（已然）＝完了「り」

(9)

というパターンで片づけたまえ。つまり、已然形（命令形）につく「る」は、完了（存続）の「り」の連体形以外にはないし（一六一頁参照）、未然形につく「る」は自発の「る」の終止形以外にはないのである。これは、助動詞の接続法から考えてゆけば、自然に出てくる結論だが（一六七頁参照）、いちいち考えていては迷いやすいから、右のようなパターンで憶えておくと、早くてまちがいも少ない。なお、いま自発だけあげたけれど、受身・可能・尊敬の「る」も同じことである。次に、自発の「る」は、終止形にだけしか「る」の形がないから、それについている「なれ」は、断定でなくて、伝聞（推定）の方だと気がついてほしい。意味としては、伝聞・推定のどちらにでもとれるが、伝聞とすれば「自然

に気づかれるということだ」、推定とすれば「自然に気づかれるだろう」と訳するわけ（三六三―三六四頁参照）。もっとも、いまのところは、断定の「なり」でないことがわかればOK。

次に、現代語の助動詞がどんな活用をするか、ちょっと調べてみよう。

動詞型活用（現代語）

1　下一段型

		未然形	連用形	終止形	連体形	仮定形	命令形	志向形
（使役）	（せる）	せ	せ	せる	せる	せれ	せろ せよ	せ
（使役）	（させる）	させ	させ	させる	させる	させれ	させろ させよ	させ
（受身）	（れる）	れ	れ	れる	れる	れれ	れろ れよ	れ
（受身）	（られる）	られ	られ	られる	られる	られれ	られろ られよ	られ

受身の「れる」「られる」は可能・自発・尊敬のばあいと同じ形だけれど、可能・自発・尊敬のときは、命令形がない。

2　五段型

		未然形	連用形	終止形	連体形	仮定形	命令形	志向形
（希望）	（たがる）	たがら	たがり	たがる	たがる	たがれ	たがれ	たがろ

命令形「たがれ」と志向形「たがろ」は、あまり使われないけれど、現代語として成り立たない形ではない。

形容詞型活用（現代語）

		未然形	連用形	終止形	連体形	仮定形	命令形	志向形
（希望）	（たい）		たく たかっ	たい	たい	たけれ		たかろ
（打消）	（ない）		なく なかっ	ない	ない	なけれ		なかろ
（推量）	（らしい）		らしく らしかっ	らしい	らしい	らしけれ		

仮定形「らしけれ」を認めていない文法書もあるけれど、「もし彼が行くらしければ、知らせてほしいね」などの言いかたは、現代語としてそれほど不自然でもないと思う。

形容動詞型活用（現代語）

		未然形	連用形	終止形	連体形	仮定形	命令形	志向形
（断定）	（だ）		だっ で	だ	な	なら		だろ
（比況）	（ようだ）		ようだっ ようで ように	ようだ	ような	ようなら		ようだろ
（推量）	（そうだ）		そうだっ そうで そうに	そうだ	そうな	そうなら		そうだろ
（伝聞）	（そうだ）		そうで	そうだ そうな				

伝聞の「そうだ」は、人によって「とうとう参ったそうな」という終止形が使われる。わりあい一般的に使われているので、認めることにした。

特殊型活用（現代語）

1　変化のあるもの

		未然形	連用形	終止形	連体形	仮定形	命令形	志向形
（断定）	（です）		でし	です	です			でしょ
（比況）	（ようです）		ようでし	ようです	ようです			ようでしょ
（推量）	（そうです）		そうでし	そうです	そうです			そうでしょ

（伝聞）	（そうです）			そうです				
（丁寧）	（ます）	ませ	まし	ます	ます	ますれ	ませ まし	ましょ
（回想）	（た）			た	た	たら		たろ
（打消）	（ぬ）		ず	ぬ	ぬ	ね		
（打消）	（ん）			ん	ん			

何だかたくさん出てきたようだけれど、はじめの「です」さえ頭に入れれば、あとその応用で三つ間にあう。たいしたことはない。打消の「ん」は、多くの教科書が「ぬ」と合わせて説くけれど、使うばあいが同じとはいえないから、区別しておいた。「ぬ」はいくらか文語的だし、「ん」はかなり口語的だといえよう。

2　変化のないもの

		未然形	連用形	終止形	連体形	仮定形	命令形	志向形
（推量）	（う）			う	う			
（推量）	（よう）			よう	よう			
（推量）	（まい）			まい	まい			

連体形の「う」「よう」「まい」は、あまり使われないけれど、まあ認めてもよかろう。

これで助動詞の活用はすっかりお終い。あまりあっさり済んでしまったから、何だか頼りないような気がするかもしれないけれど、たしかにこれでお終いなのである。と同時に、ながながと話してきた活用のしかたも、これでお終い。どうも御苦労さま。しかし、勉強してきたあとを、よくふりかえってみたまえ。直接に勉強したのは、たしかに活用のしかたであるが、そのほか、ずいぶんいろいろな文法の知識が増えていることに、お気づきだろうか。念のため、初めからずっと大スピードで読みかえしてみたまえ。わたくしの言うことがほんとうであると、同感していただけるだろうと期待するのだが……。

まとめ

1 助動詞の活用は、動詞・形容詞・形容動詞の応用でたいてい片づく。
2 同じ形の助動詞でも、意味が違うと、活用の違ってくるばあいもある。
3 助動詞には、活用形のすっかり備わっていないことが多い。
4 活用形として認めてよいかどうか、決定的でない形も、助動詞に多い。
5 時代によって活用のしかたが違う例も、助動詞に多い。

二　接続のしかた

（一）接続とはどういうことか

ながらく御辛抱ねがった活用の話が終って、こんどは接続の勉強に進むわけだが、接続など小むずかしい術語は初めてだとしても、接続ということがら自身は、実は、これまでにもずいぶん勉強してきているのである。「はてな？」と首をひねるにはおよばない。いやというほど勉強させられてきた「活用」が、そもそも「接続のしかた」のひとつなのである。ほんとうですかって？　もちろん、嘘など言っている暇なんかありませんよ。まあ聴きたまえ。

君がいまアメリカに留学をすることになって、サンフランシスコ空港に着いたと仮定しよう。荷物の受け取り台へ行って、預かり票を出すと、そこにたくさん並んでいる荷物のひとつをさして、事務員が "This is yours?" と念を押すであろう（たぶん "Is this yours?" とは言わないはず）。これに対して、君は "Yes, mine." と答えればよろしい。ところが、もし "Yes, my." とか "Yes, me." とか答えたら、相手は変な顔をするにちがいない。英語では、同じ「わたし」ということばでも、ばあいに応じて、

I have a book.

This is my book.

He gave me this book.

This book is mine.

といろいろ変った形で使われる。これが日本語だと、I, my, me, mine などのように形を変えないで、「わたしが」「わたしの」「わたしに」「わたしの」などのように違った助詞をつけることによって区別するわけ。これらの「が」「の」「に」などは、ほかの「あなた」「これ」「誰」などいうようなことばにも同じ使いかたが利くけれど、英語では he, his, him とか they, their, them とかのように、ことば自身を変化させるより手がない。そこに大きな差が見られる。また、シナ語では、

我們念古人詩、感到最深刻。（わたしたちが古人の詩をよむと、たいへん感銘が深い）

這是由我們生活情形。（これはわたしたちの生活状態によるものです）

他給我当時詩文内容。（彼がわたしにその時の詩文の内容を知らせてくれた）

のように、同じ「我」で「わたしが」も「わたしの」も「わたしに」もあらわしてしまう。つまり、文のなかで、どんな位置に在るかということが、同じ「我」の文法的な関係を示しているのである。

このように、ある単語が語尾変化そのほか語形の変化によらず、排列の順序によって、その文のなかでどんなふうに使われているかをあらわすばあい、そのことばを**孤立語**（Isolating language）とよぶ。シナ語がその代表である。これに対して、単語がそれ自身の形を変えることによって、文のなかでどんなふうにほかの単語と関わりあってゆくかを示すばあい、そのことばを**屈折語**（Inflectional language）とよぶ。英語がその代表……と言いたいが、実は英語なんか大したことはない。わたくしの習ったことばのうちでは、サンスクリットがいちばん厄介である。何しろ格（case）が八つもあって、しかも代名詞だけでなく、名詞までもいちいち語尾変化をするのだから、たまったものではない。そのどちらでもなく、単語に「が」「の」「に」などをつけて、屈折（Inflection）と同じようなはたらきをさせるのが、わが日本語で、言語学者は**膠着語**《こうちやく》（Agglutination language）と名づけている。「わたしの本」とか「君にあげる」とかのように、助詞「の」「に」などで単語と単語とをくっつけるのが、ちょうど糊《のり》づけみたいな感じだからであろう。「膠」はニカワ、つまり糊のごく強いもの。

日本語は膠着、英語は屈折、シナ語は孤立――ということは、文法の本にもときどき出てくる話である。諸君も名まえぐらいは御存知でないかと思う。ところが、この「日本語は膠着、英語は屈折、シナ語は孤立」という知識は、ラジオやテレビのクイズ番組「何とか大学」の類に出場したときなら、御名答で通用するけれど、すこし本気で考え出すと、どうも変なところが無いではない。シナ語は孤立語の代表だというが、

看着我的面上、向他請罪。（わたしの顔に免じて、彼にあやまってください）

の「的」は、日本語で「わたし」と「顔」を結びつけている「の」に相当するもので、こうした「的」を使わないことにしたら、いまのシナ語は成り立たなくなるだろう。それほどさかんに使われている。英語でも、手紙をくださいなというとき、

Please write to me.

となるのであって、もしこのtoを省くと、おかしなことになる。こんなところには、膠着のすがたが見られる。これに対して、日本語でも、屈折のすがたが無いわけでない。

a うれしく思う。

b うれしい時もある。

をくらべると、aは「思う」という用言を修飾しているし、bは「時」という体言を修飾しているため、同じ形容詞が「うれしく」「うれしい」と違った形をとっている。そうして、aを「うれしい思う」、bを「うれしく時もある」と言うことは許されない。つまり、単語のある部分が形を変えることにより、文法的な関係のしかたを示しているわけで、屈折のひとつと考えてさしつかえない。英語でも、屈折はVerbの方にむしろ多く見られるのであって、rise, rose, risen とか break, broke, broken とかいう語形変化がそれである。“He broke a promise.” とかあるいは “He speaks broken English.” とかのように言うのは結構だが、これを “He broken a promise.” とか “He speaks broke English.” とか言うことは許されない。こうした break, broke, broken のような語形変化は、日本語の用言におけ

る「活用」と同様の性質のものである。言いかえるなら、日本語には屈折語の性質もたくさん含まれているのであり、単純に「日本語＝膠着語」「英語＝屈折語」と決めてしまうのは正しくない。しかし、日本語には、同じ「だ」にあたる意味が主語のちがいによってI am, you are, he is と別の形で言いあらわされるようなことはないし、英語では“She gave him a book.”というような形が普通で she や him が「は」「に」の類を伴なう言いかたは成立しない。またシナ語では、何といっても「小販子在街上叫売」(行商人が町なかでよび売りをしている)のような自立語だけをならべた言いかたが基本となっている。といった次第で、それぞれいちばん眼だつ点をとらえて「日本語は膠着、英語は屈折、シナ語は孤立」といっているだけなのである。考えちがいのございませんように……。

ところで、日本語が「うれしく」「うれしい」のような語形変化と、助詞「が」「の」「に」などとによって単語の関わりかたをあらわすのは、日本語の**接続**が屈折と膠着との両方によっておこなわれることなのであり、パターン化していえば、

接続
┌ 屈折 → 活用
└ 膠着 → 助詞

(10)

となる。そうすると、屈折による接続は、これまでさんざん勉強させられてきた「活用形

の使いかた」にほかならないわけで、接続ということの半分あるいはそれ以上、すでに勉強ずみなのである。

「連用形は何につくとか、連体形にどんな助詞がつくとかいう話は、それだったんですね」

「そうさ。いますぐ何でもかでも憶えてしまえとは言わなかったがね。それから、何がつくとか何につくとかいうことだけが接続ではなく、終止形は言い切りになるというようなことも、ひろい意味での接続に入るだろうな。A先生の講義に出席していますと言ったって、一年のうちには病気か何かで欠席することもある。しかし、全体としては、そういった欠席を含めて、出席していますという言いかたが成り立つようなものさ」

「屈折の方の接続が勉強ずみだとすれば、あと膠着の方だけやればよいわけですか」

「そうもゆかないだろう。活用の話をしているときは、あまり接続ということをつよく頭におかないでいたからね。もういちど調べなおしてみよう。何度やったって構わない。すくなくとも文法の勉強に関するかぎり。**繰りかえしは無駄でない**のだから」

まとめ

1 「日本語は膠着？　英語は屈折？　シナ語は孤立？」

2　膠着——ぼくの本。
屈折——my book.
孤立——我本。
3　膠着も屈折も、接続のしかたである。

(二) 助動詞と接続

御手数をかけてすまないけれど、七三頁と一〇〇—一〇一頁と一二四頁をあけてくれたまえ。ごちゃごちゃした表が出ているだろう。あまり無理して憶えなくても構わないと申しあげておいた表なのだが、わざわざそうとうの頁数をかけて御紹介したのは、あの段階ではなるほど不急だったけれど、かならずしも不用ではないからであって、この辺でちょっと思い出していただくと、たいへんつごうがよろしい。

活用のしかたによって、用言がほかの単語にどう関わりあうかを、これらの表からぬき出すと、

	動詞	形容詞	形容動詞
幹		感動の気持で言	感動の気持で言

語	連用形	終止形	連体形	已然形	命令形
	言いさしの形となる（中止法）。	普通に言い切る。	(1) 連体修飾語となる。 (2)「ぞ」「なむ」「や」「か」の係りを受けて結ぶ（古典語）。 (3) 気持をこめて言い切る（古典語）。	「こそ」の係りを受けて結ぶ（古典語）。	命令の気持で言い切る。
い切る。	(1) 中止法。 (2) 連用修飾語となる（連用法）。	同上。	(1) 同上。 (2) 同上（古典語）。	同上（古典語）。	同上。
い切る。	(1) 中止法。 (2) 連用法。	同上。	(1) 同上。 (2) 同上（古典語）。	同上（古典語）。	同上。

となる。用言に見られる屈折の接続をあげるなら、ざっと右のようなことになるであろう。

ところで、わたくしは、これについていちいち説明することをやめにする。なぜならば、諸君はみな日本人だろうと思われるからである。外国人なら、「美しく景色ですね」とか「静かなる歩みたまへかし」とか言うのは誤りですよ——と教えてやらなくてはいけないこともあるだろう。しかし、日本人であるかぎり、こんな説明を申しあげるのは、無駄でもあり、また失礼でさえある。「接続」という頭で活用形の使いかたをふりかえってもらうため、いちおう整理してみたにすぎない。

そこで、用言をふっ飛ばすと、次に出てくるのは、助動詞である。助動詞になると、いくらぱりぱりの日本人でも、簡単にはゆかないところが現われる。もっとも、現代語なら大丈夫だろうけれど、古典語になると、かならずしもぜったい安心とは言いにくいだろう。

例題一〇

次の文章には、古典語として正しくない言いかたが混じっている。それをとり出し、正しい言いかたを示せ。（六分以内）

世に知らぬさかひにまかりしに、ゆくりなく人も住まぬ深山《みやま》の奥に来《き》き。せむすべもなきままに、木《こ》の実《み》・草の根をとりてこそは食物《くひもの》とししか。

答 来《き》き（→来《こ》し）。

ししか（↓せしか）。

ちゃんと合っていましたかね。あまり楽ではなかったろうとお察しする。「どうしてこれが正解なんですか」と首をひねる人は、まず次の勉強をやっていただきたい。そうして、一八二頁まで行ったところで、もういちど後もどりして考えなおしてくだされば、なるほど、ぜったい安心でもなかったと同感できるにちがいない。

例によって、紙と鉛筆はすでに用意してあるはずだから、とりあえず七三頁以下の表から「助動詞……がつく」と示されたものを書きぬいてみたまえ。まず古典語の動詞から。

【未然形】しむ・む・じ・ず・まし・まほし――〔全活用〕。

る・す・せたまふ――〔四段とナ変とラ変〕。

らる・さす・させたまふ――〔一段と二段とカ変とサ変〕。

り――〔サ変〕。

【連用形】つ・ぬ・たり（完了）・き・けり・けむ・たし・たまふ・たてまつる・きこゆ・はべり。

【終止形】らむ・らし・べし・めり・まじ・なり（伝聞）――〔ラ変以外〕。

【連体形】ごとし・なり（断定）――〔ラ変以外〕。

らむ・らし・べし・めり・まじ・なり（伝聞）――〔ラ変〕。

【已然形・命令形】り――〔四段〕。

「り」が已然形と命令形との両方につくというのは、何だか変だとお考えの人が多いだろうけれど、これは、ちょっと入り組んだ説明が必要なので、あとで別にお話しするつもりである（五〇五頁参照）。いまは、理窟ぬきに四段のばあい「り」は已然形と命令形の両方につくと憶えておいてくれたまえ。次は古典語の形容詞（一〇二頁参照）。

【未然形】　ず・じ・む・まし・まほし・しむ――〔カリ系統〕。

【連用形】　き・けり・けむ・つ・ぬべし――〔カリ系統〕。

　　　はべり――〔シ系統〕。

【連体形】　らむ・らし・めり・べし・まじ・なり（断定・伝聞）――〔カリ系統〕。

終止形・已然形・命令形につく助動詞はない。あっさりしている。次は形容動詞だが（一二四頁参照）、カリ系統の連用形から「ぬべし」だけ除けば、あとは形容詞と同じなので、書き出すのはやめにしよう。これで古典語の助動詞がどんなふうに接続するかというお話はだいたい終りなのだけれど、断定の「なり」「たり」は体言につくことがあるし、また「ごとし」は助詞「が」「の」につくこともあるので、この用法を追加すれば、

【体　言】　なり（断定）・たり（断定）。

【助　詞】　ごとし。

となって、以上が古典語助動詞の接続をひっくるめた総まとめである。

　さて、次は現代語の助動詞。すこしお疲れかもしれないけれど、乗りかけた船だ、やっ

ちまおう。あとでゆっくり紅茶でもいただくことにして……。まず動詞から（七三頁参照）。

【未然形】ない・ぬ――〔全活用〕。
　　　　　せる・れる――〔五段〕。
　　　　　よう・まい・させる・られる――〔五段以外〕。
【連用形】ます・たい・たがる・そうだ（予想）・そうです（予想）・た（だ）。
【終止形】そうだ（伝聞）・そうです（伝聞）・だろう・でしょう・らしい――〔全活用〕。
　　　　　まい――〔五段〕。
【連体形】ようだ（様子）・ようです（様子）・だろう・でしょう・らしい。
【志向形】う――〔五段〕。
　　　　　よう――〔五段以外〕。

次は形容詞（一〇二頁参照）。

【連用形】た――〔音便の形〕。
【終止形】そうだ（伝聞）・そうです（伝聞）・だろう・でしょう・らしい。
【連体形】ようだ（様子）・ようです（様子）・のだ・のです。
【志向形】う。
【語　幹】そうだ（様子）・そうです（様子）。

次は形容動詞（一一四頁参照）。根本は形容詞と大差ないが、ちょっと違う点もある。

【連用形】た――〔「だっ」「でし」の形〕。

【終止形】そうです（伝聞）。

そうだ（伝聞）――〔「だ」の形〕。

【連体形】ようだ（様子）・ようです（様子）・のだ・のです――〔「な」の形〕。

【志向形】う。

【語　幹】そうだ（様子）・そうです（様子）・らしい・です。

また、体言・助詞・連体詞などにつくものがある。

【体　言】だ・です・らしい。

【助　詞】だ・です・らしい・ようだ（比況）・ようです（比況）。

【連体詞】ようだ（様子と比況）・ようです（様子と比況）。

以上で助動詞の接続をすっかり調べあげたことになる。御苦労さま。

「御苦労さまって、先生、こんなものぐらい、五分か六分ですよ。ぼくは別に骨なんか折れませんでしたね」

「すごいな。そんなに速く書けるわけはないんだが……」

「書いたんじゃないんです。そのかわり、念入りによみました」

「だめだよ。いくら念入りでも、よんだのじゃ、何にもならない。眼でながめるだけなら、もっと見やすい形にまとめた表だってあるぜ（一七三頁）。だがね、見やすい表で簡単にのみこむのは、頭のはたらきを節約できてちょっと得策のようだけれど、ほんとうは、けっして節約にならないんだ。手で書くという作業に意味があるんでね。わるいことは言わないから、ぜひ自分の手で書き出してみたまえ。ぜったい廻り途にはならないことを保証するから……。わたしのあげた総まとめは、君のやったのが正確だかどうかを調べてみるときの参考にしてもらうつもりなんだよ」

「はい、はい。やはり紅茶は必要だったというわけか」

こんな次第で、助動詞接続の総まとめは出来あがったわけだけれど、うまく頭に入ったかどうか。なに、まだ自信がない……？　無理もない。わたくしだって、助動詞の接続はなかなか憶えきれなかったんだから。そこで、もうひと押し、押してみよう。

前にまとめた接続のしかたは、何だかばらばらしていて、ピンと来ないところがあるし、重複したような点もあるから、もうすこし簡単に縮めたらどうか。それも確かに良い考えである。しかし、もっと根本的には、何形につくとか、何活用はどうつくとかいう表現のしかたが、頭に入りにくいのではなかろうか。

完了の「り」はサ行変格のばあい未然形につく。

といったような言いあらわしは、どうもふわふわしていて、すこし睡いときなど、始末がわるい。そこで、

合格せり（＝せ＋り）

というような形を持ち出してみたらどうか。日本人であるかぎり、誰だって「合格しり」とか「合格すれり」とか言うはずがない。「合格せり」という形をまず頭にうかべ、そのあとで「せ」は未然形だと考えれば、何のことはない。活用のしかたは、前にいやというほど勉強してあるのだから……。こんな憶えかたを「直観式」という。もちろん、文法は、多くの具体的な用例からある法則をぬき出してくる「抽象式」の考えかたを無視しては成り立たない。しかし、あまり抽象的なことばかり採りあげていると、何か頭に入りにくいものである。やはり具体的な形をもった事がらの方が、記憶に残りやすい。抽象的な考えかたを重要視するのは、ドイツ流の学問に著るしい特色だが、あまりそれにとらわれると、勉強がとかく沙漠化しやすい。そこで、なるべく具体的な形によって、ピンと頭に来やすい総まとめを再編成したら、どんなことになるだろうか。

古典語（動詞）

	未然形	連用形	終止形	連体形	已然形 命令形
	全			以外	
	書か**しむ**　見**む**（蹴む） 起き**じ**　教へ**ず** 来**まし**　対面せ**まほし**	書き**つ** 起き**ぬ** 教へ**たり**	書く**らむ** 見る**らし** （蹴るらし）	書く**ごとし** （見るごとし） （教ふるごとし）	書け**り**

	ラ・ナ・四	サ・カ・二・一	サ
	書か**る** 死な**す** 有ら**せたまふ**	見**らる**（蹴らる） 起き**さす**（教へさす） 来**させたまふ**（対面せさせたまふ）	対面せ**り**
見**き** 蹴**けり** 来**けむ** 対面し**たし** 死に**たまふ** 来《き》**たてまつる** 対面し**きこゆ** 有り**はべり**			
ラ変以外			
起く**べし**（教ふべし） 来《く》**めり** 対面す**まじ** 死ぬ**なり**＝伝聞			
ラ変	ラ変		
（来《く》るごとし） 死ぬる**なり**＝断定	有る**らむ** 有る**らし** 有る**べし** 有る**めり** 有る**まじ** 有る**なり**｛断定 伝聞｝		
四段			

同じワクのなかの助動詞は、それぞれほかの活用にもつくと御承知ねがいたい。たとえば、「しむ」は「見」「蹴」「起き」「教へ」「来」「対面せ」にもつくわけ。これに対して、「り」の方はサ変の「対面せ」にしかつかない。逆に、「らる」「さす」「させたまふ」はみな「対面せ」につくことができる。だから、連用形のワクのなかでは、動詞をどれにとりかえてもよいわけである。連体形のなかで、「有るなり」に断定と伝聞の両方があげられているのは、ラ変以外の活用だと、伝聞の「なり」は終止形に、断定の「なり」は連体形につくのだが、ラ変では、ほかの活用のばあい終止形につくはずの助動詞がみな連体形につ

くので、伝聞の「なり」と断定の「なり」がいっしょになってしまうことを示す。連体形についている「なり」が伝聞であるか断定であるかは、前後の関係を考えて、文意から見わけるよりほかかない。

古典語（形容詞・形容動詞・体言・助詞）

	形容詞	形容動詞	体言
未然形	から・しから	なら・たら	
	多から**ず**（美しからず） 多から**じ**（美しからじ） 多から**む**（美しからむ） 多から**まし**（美しからまし） 多から**まほし**（美しからまほし） 多から**しむ**（美しからしむ）	稀なら**ず**（平然たらず） 稀なら**じ**（平然たらじ） 稀なら**む**（平然たらむ） 稀なら**まし**（平然たらまし） 稀なら**まほし**（平然たらまほし） 稀なら**しむ**（平然たらしむ）	学生**なり**＝断定
連用形	かり・しかり	なり・たり	
	美しかり**き** 美しかり**けり** 美しかり**けむ** 多かり**つ** 多かり**ぬべし**	平然たり**き** 平然たり**けり** 稀なり**けむ** 稀なり**つ**	学生**たり**＝断定
	く・しく	に・と	
	美しく**はべり**（美しうはべり） 多く**はべり**（多うはべり）	平然と**はべり** 稀に**はべり**	
連体形	かる・しかる	なる・たる	
	多かる**らむ** 多かる**らし** 多かる**めり** 美しかる**べし** 美しかる**まじ** 美しかる**なり**	平然たる**らむ** 平然たる**らし** 平然たる**めり** 稀なる**べし** 稀なる**まじ** 稀なる**なり**	

助詞　学生のごとし　学生たるがごとし

体言につく「なり」はいつも断定だが、連体形につく「なり」は、ラ変動詞のばあいと同様、伝聞のときも断定のときもあるから、前後の文意で判断するよりほかない。体言につく「たり」も断定だけで、完了（存続）の用法はない。形容詞のカリ系統連用形に「ぬべし」があげてあるのは、単独の「ぬ」がついた用例は見あたらず、いつも「ぬべし」の形であらわれるので、「ぬべし」をひとつの助動詞と同じようにあつかっておいた。連体形に「めり」および「なり」がつくときは、「る」が撥音便で「ん」となったり、その「ん」を表記しなかったりすることがある。だから、

多かめり　　美しかめり　　稀なめり　　平然ためり
多かなり　　美しかなり　　稀ななり　　平然たなり

のように書かれているのは、ちょっと見ると連体形らしく思われないけれど、実際は「多かンめり」「多かンなり」のように軽く「ン」が発音されたのであろうから、「めり」「なり」のばあいは、何形についているのか、よく注意する必要がある。

以上で古典語助動詞の接続はお終い。これだけのことを憶えていれば、まあ九十八パーセントぐらいは大丈夫だろう。いや、高校程度なら百パーセント――いや百二十パーセントぐらい大丈夫だろう。九十八パーセントといったのは、相手がもし大学で国文学を勉強

したいなどいう危険人物だったばあい、ことによると、

「先生。こんな例がありますけどね、さきの表には出てこないんですよ。

西郷隆盛卿は、かねて台閣諸公と議合はず、故山に閑居されしが、郷党に懇望さるること数次、つひに私学校の設立を決意されたりといふ。

ぼくにはこの接続がまちがっていると思えないんですが……」

なるほど「る」は四段・ナ変・ラ変につくと、さきの表には出ている。いや、わたくしの作った表だけでなく、どの教科書にもそうなっているのでないかと思う。ところが「閑居す」「懇望す」「決意す」は、いずれもサ変だから、「る」はつかないはずである。それなのに、ついている。しかも、

尊敬さる　出版さる　推定さる　排斥さる　延期さる　考慮さる
訪問さる　落馬さる　引退さる　合格さる　注射さる　全快さる

など、いくらでも同じような言いかたが生きている。といって、古典語のサ変に「さ」という活用形は無いはずである（五五頁参照）。いったい「閑居さ」とか「懇望さ」とかいうのは、何活用の何形なのだろう。「さ」というア段の音を含む活用は、まあ四段のほかに無いだろう（ラ変はラ行だけだから）。しかし、四段活用なら、助動詞「ず」や「む」がア段つまり未然形につくはずだけれど、どう考えても「閑居さず」とか「懇望さむ」とかの言いかたは成り立たない。「閑居せず」「閑居したり」という接続のしかたから見れば、や

はりサ変と考えなくてはなるまい。こまりました！　正直なところ、この「……さる」という言いかたは、本来はまちがって出来たものにちがいない。文法学者は、もともと「……せらる」であったのが、詰まって「……さる」になったのだというように説明し、音の脱落とか同化とか、うるさい議論でつじつまを合わせようとする。だが、出来た理由をどう説明したところで、文法にとってあまり意義があるとも思われない。文法は、出来あがった形を問題にするだけで結構。「……せらる」が正しい形であるなら、それと違う「……さる」はまちがって生まれたものというべきだろう。しかし、何度も言ったように、文法は、世のなかにひろく行なわれるようになってしまった言いかたなら、なるべく認めてゆくのがほんとうである（四七頁・八七―八八頁参照）。「……さる」の形は、湯沢幸吉郎博士のお調べによれば、室町時代からひろく行なわれるようになったわけだが、江戸時代の文語になると、もうきわめて普通の言いかたとして通用しており、それが明治このかたの文語にまでひきつがれたわけ。およそ五百年も通用してきた言いかたなら、たとえ元来はまちがって生まれたにもせよ、あまり生まれかたを気にしないで、正しい言いかたと認めてやったらどんなものか。そのためには、古典語のサ行変格を、次のように修正すればよい（五五頁参照）。

	未然形	連用形	終止形	連体形	已然形	命令形
(為)	さ せ	し	す	する	すれ	せよ

別に大した修正でもない。未然形に「さ」という形を追加するだけのことである。現代語のサ変未然形には「さ」という形を認めているのだから、古典語にだって認めてわるいはずはない。ただ、「古典語」ということの意味を「中古の和文を主としたことば」と解するかぎり（二七五頁参照）、「……さる」という言いかたは中古語に出てこないわけだから、変則的なものと認め、「さ」という未然形も立てないし、接続表にも登録しないのである。いまの教科書はたいていそうなっているので、わたくしも自分の意見をあまり押し出さないで、普通の活用表や接続表に従っておいたのである。どうせ隅から隅まで割り切れる文法などいうものは、エスペラント以外、世界じゅう、どこにも無いであろう。

こんなこともあるので、九十八パーセントと言ったわけ。しかし、二パーセントぐらいの例外が出てきたところで、大したことはないと腹をすえて、さきの接続表をどんどん憶えてしまいたまえ。あの表なら、三日もあれば充分。……

「先生。三日じゃ、とてもだめですよ。まだ憶えきれません。三日なんて、ほんとうですか」

「もちろん。だがね、人によって頭の出来かたはいろいろだからな。それじゃ、紙と鉛筆を用意してごらん」

これからする作業は、一六六―一六七頁と一六八―一六九頁との表で太字になっている部分、つまり助動詞そのものを書きぬくことである。そうして、さきの表と同じ形式のなかにおさめてみたまえ。次のようになるはず。

	動詞
未然形	しむ・む・じ・ず・まし・まほし（全） る・す・せたまふ（四・ナ・ラ） らる・さす・させたまふ（一・二・カ・サ） り（サ）
連用形	つ・ぬ たり＝完了 き・けり・けむ・たし たまふ・たてまつる・きこゆ・はべり （全）
終止形	らむ らし べし めり まじ なり＝伝聞 （ラ変以外）
連体形	らむ・らし・べし・めり・まじ・なり｛伝聞・断定（ラ変） ごとし なり＝断定（ラ変以外）
已然形 命令形	り（四）

形容詞・形容動詞	体言	助詞
ず じ む まし まほし しむ	なり＝断定・たり＝断定	ごとし
ぬべし↓形容詞 き・けり けむ つ （リ型） ┆ はべり （く・に・と）		
らむ らし めり べし まじ なり｛伝聞 断定		

連用形の段で「ぬべし↓形容詞」とあるのは、形容詞の連用形「かり」にだけ「ぬべし」がつき、形容動詞にはつかないという意味。「リ型」とは「かり・なり・たり」の形をひっくるめた仮称。どうせこんなものは符号だから、諸君がもっと便利なよびかたを考えついたら、どうか勝手にとりかえてくれたまえ。

「うわあ、簡単になっちゃったなあ。これなら憶えられますよ。何だって初めからこの表を教えてくれなかったんですか」

「いろんな表を書かせて、お気の毒だったね。だけど、初めからこの表だけ憶えるのと、七三頁の表からだんだん簡単にして来て、最後にこの表をとらえたのとでは、たいへんな差があるはずだよ。ぼくの友人のT君がパロアルト市からサンフランシスコへドライヴしてゆく途中、ハイウェイで、右のレインからびゅうっと車が割りこんできた。前の車が急ブレイクをかけたので、それを避けようとしたものらしい。あっという間もない。気がついたときは、安全なグリーン地帯に乗り入れて、車は止まっていたというんだ。無意識のうちにハンドルを助かるような方へ切っていたんだね。ハイウェイなら、たいてい時速六十マイルぐらいで吹っ飛ばしているから、一秒か一秒半おくれたら、完全に地獄ゆきさ——いや、T君なら天国ゆきかな。こんなときにハンドルをこう切るというようなことは、運転を習うとき、ちゃんと頭に入っているわけなんだが、さて、瞬間的な判断を要するようなばあい、考えている暇なんかありゃしない。考えていては、間に合わないんだ。瞬間にピカリと何かひらめいて、無意識のうちに正しい方へ持ってゆく。これは、身体で憶えているから、できることなんだ。頭だけで憶えたのは、いざというとき、どうしても弱い。手の動きをとおして憶えた人はだね、何かのとき「おや、すこし変だぞ」とか「この辺、何かありそうだな」とかいう勘《かん》がピカリとひらめいてくる。入学試験のように、自分ではぜったいあがっていないと感じていながら、みごと受験番号を書きおとすといった異常心理におちいりやすいとき、若い諸君には、**身体で憶える**ということが、特に大切なんだ。このピカリのお蔭で二十点あるいは三十点ぐらいも拾うばあいが、けっしてめずらしくないんんだ。何度も言うようだが、紙と鉛筆を用意しないなら、文法の勉強なんか、あっさりやめてしまいたまえ。その分の時間を、昼寝にでも廻した方が、よほど将来のためになるかもしれんからね」

「あれから三日間やってみましたよ。どうやら大丈夫のようです」

「あたりまえさ。総計にしてごらんよ、延べ幾日になるかな？　だいぶん古典語助動詞ばかりやっていたものね。さて、現代語の方へゆくかな。こんどは――、

	動詞		
未然形	ない・ぬ（全）	せる・れる（五）	よう・まい させる・られる（五段以外）
連用形	ます・た たい・たがる そうだ・そうです｝様子		
終止形	そうだ・そうです｝伝聞	だろう・でしょう・らしい（全）（終止形・連体形）	まい（五段）（終止形・連体形）
連体形	ようだ・ようです｝様子 のだ・のです		
志向形	う（五）	よう（五段以外）	
語幹			

形容詞	形容動詞	体言	助詞
		らしい・だ・です	ようだ＝比況・だ・です
かっ しかっ	だっ・でし		
た	た		
そうだ そうです｝伝聞 ようだ ようです｝様子 のだ・のです だろう・でしょう・らしい	だ です / だ そうです＝伝聞 / そうだ＝伝聞 な ようだ ようです｝様子 のだ・のです だろう・でしょう・らしい		
う	う		
そうだ そうです｝様子	そうだ そうです｝様子 らしい・です		

ということになる。動詞の欄で「だろう」「でしょう」「らしい」「まい」、形容詞の欄で「だろう」「でしょう」「らしい」がそれぞれ終止形と連体形との両段にわたっているのは、どちらにつくとも判定しにくいからであって（七九頁参照）、これまで終止形につくと習ってきた人は、そう憶えておいてもかまわない。しかし、連体形につくという人があっても、眼を三角にして「ぼくはそう習いませんでしたよ」と突っかかる

のは、よしにしたまえ。なお、未然形の段にある「ぬ」は、ばあいによって「ん」となるし（例「構わんよ」）、連用形の段にある「た」は、動詞のばあい「だ」となることがある（例「転んだ」）」

「先生。こんどは、いきなり簡単な表になりましたね。紙と鉛筆は要らないんですか」

「先手を打たれたね。それは、七三頁以下の表から、自分で抜き出すのが、もちろん良いさ。わたしがやったのと同じ作業を、君たちがもういちど自分で繰りかえせば、かならずそれだけの効果はあるよ。時間に余裕のある人は、ぜひやってみたまえ。しかしだね、数学も気になるし、英語も予定どおり進んでいないというような人は、まあ、それにも及ぶまいさ。何しろ、現代語なんだからね。すこし考えれば、誰だって出てくるはずだよ。外国人とか、日本人でもあまり標準語をよく知らない人は話が別だけれど……。こうした接続を知らなければ現代文がわからないというようなことは、普通の日本人なら、ぜったい無いと信じるね。まあ、わたしのあげた表をよくながめて、はあ、こんなふうに接続するのだなと理解できたら、OKということにしておこうよ」

「じゃ、安心です。しかしね、先生、ちょっと質問があります。古典語のばあい、打消《うちけし》の「ず」が未然形について、たとえば「多からず」とか「稀ならず」とかなりますね。同じように、現代語で打消の言いあらわしをするとき、やはり「ない」をつけて、たとえば「多くない」とか「稀でない」とかなります。「稀で」という形は連用形だから、「ない」のついた「多く」も連用形と認めて、現代語の形容詞と形容動詞は連用形に打消の「ない」がつくと考えるべきでしょう。それなのに、先生のお作りになった表では、出ていません。変ですね」

「えらい！　君の考えは、東大の国語学教授時枝誠記《ときえだもとき》博士と同じだよ。もっとも、時枝さんは、形容詞の未然形に打消の助動詞「ない」がつくと考えているがね、しかしだ……」

いまいちばんひろく行なわれている説では、「多くない」「稀でない」のような「ない」は、助動詞でなく、形容詞ということになっている。なぜ助動詞と認めないかというと、

多くない→多くはない。
稀でない→稀でもない。

のように、助詞「は」「も」をはさむ言いかたが成り立つ。このばあい、

多くは・ない。
稀でも・ない。

というように、「ない」の前でちょっと息を切っても、別に不自然ではない。ほかの術語でいえば、「多くは」と「ない」がそれぞれ**文節**となっているわけ。これに対して、

書かない。
笑わない。

のばあいは、もし「書か・ない」「笑わ・ない」のように途中で息を切ると、たいへん不自然な発音になる。つまり、「書かない」「笑わない」でそれぞれひとつの文節をなしていると考える。そうすると、「書かない」の「ない」は、単独に文節とならないから、**付属語**したがって助動詞ということになり、「多くない」の「ない」は、単独で文節となるから、**自立語**したがって形容詞ということになる。しかし、これは「文節」を認める立場の文法学説だから、こうなるのであって、もし時枝文法のように文節を認めない立場なら、「書かない」の「ない」と「多くない」の「ない」を区別することは無理となり、両方とも助動詞ということになる。どちらが正しいと決めるわけにゆかないけれど、いまは文節を認める教科書の方が多いから、「多くない」の「ない」は形容詞と考えておくのが、高校生としては安全だろう。このばあい、形容詞の「ない」と助動詞の「ない」を区別する方法として、

1「ない」を「ある」に置きかえてみる。もし、それで
a 文が成り立てば＝形容詞。（例「多くある」「稀である」）
b 文が成り立たなければ＝助動詞。（例「書かある」「笑わある」）

⑾

2　助詞「は」「も」をはさんでみる。もし、それで
a　文が成り立てば＝形容詞。
b　文が成り立たなければ＝助動詞。

のふたつを憶えておくがよろしい。まだほかにもあるけれど、あまりたくさん憶えるのは頭の経済からいって感心しないから、これだけでたくさん。

「先生。それからね、伝聞の「そうだ」「そうです」は終止形、様子の「ようだ」「ようです」は連体形につくとなっていますが、どうせ終止形と連体形は同じなんだから、「だろう」「でしょう」「らしい」と同様、終止形と連体形のどちらにでもつくと考えた方が、頭の経済ではありませんかね」

「いちおう御もっとも。できれば、わたしもそうしたいんだ。だがね、ちょっと形容動詞の欄を見ていただきたい。なるほど、動詞と形容詞は終止形も連体形も同じ形だから、君の言うようにあつかってよいわけだが、形容動詞だけは、終止形と連体形が違う。そうしてだね……」

「健康だそうだ」「稀だそうです」とは言えるが「健康だようだ」「稀だようです」とは言えないし、逆に「健康なようだ」「稀なようです」とは言えるが「健康なそうだ」「稀なそうです」とは言えない。だから、伝聞の「そうだ」「そうです」は終止形、様子の「よう

だ」「ようです」は連体形につくと認め、動詞・形容詞もそれのおつきあいで、接続のしかたを分けてあるわけ。「のだ」「のです」も同様。これに対して、「だろう」「でしょう」「らしい」などは、形容動詞につかないから、終止形につくのか連体形につくのか、判定のしようがない。こんなのは、どちらにでもつくと考えるよりほかない（七九頁参照）。もっとも、これは、形容動詞という品詞を認めるから、こんな筋あいになるのであって、もし時枝文法のように形容動詞を認めないならば、話は簡単である。「ようだ」も「そうです」も、終止形と連体形の両方につくと考えて、すこしもさしつかえない。だから、いつも**文法は考えかた**だと言う次第。これで用言と助動詞との接続はお終い。いつもながら、御苦労さまでした。

「先生。約束が違いますよ。これで御苦労さまは、ひどいな」

「何だい約束って？」

「例題（一〇）の後始末ですよ。一六〇頁の答が疑問なんです。一七三頁の表だと、回想の「き」は動詞の連用形につくわけでしょう。「来《く》」の連用形は「き」だから（五五頁）、接続は「来《き》き」で良いはずです。それから「為《す》」の連用形は「し」だから、これも「ししか」で良いと思います。どうしていけないんですか」

「あのとき一八二頁で説明すると約束したろう。いまちょうど一八二頁に来たから、これからお話しするところなんだ」

変格活用というのは、もっと普通のことばなら、例外的活用なのである。活用そのものが例外的であるばかりでなく、接続までときどき例外的になる。古典語のカ変とサ変はそのチャンピオンであって、まことに厄介者だが、ことばは生きものだから、ときどき「きまり」を無視する横着なのが現われても、怒るわけにゆかない。古典語では、**実際の言いかた**として、とにかく「来《き》」とか「ししか」という形がおこなわれなかったのである。いつも繰りかえすようだが、文法は実際の言いかたに頭をさげるよりほかない（四七頁参照）。古典語のばあい、回想の「き」は、カ変につくとき、終止形「き」が用いられず、連体形「し」・已然形「しか」が使われるし、サ変につくとき、終止形「き」は連用形「し」につくが、連体形「し」と已然形「しか」は未然形「せ」につく。これが実際の言いかたなのである。しかも、変格というやつは、どこまでも変格であって、カ変につくとき、連体形「し」と已然形「しか」のつく相手が、未然形「来《こ》」もしくは連用形「来《き》」というのだから、話はいよいよ厄介である。「こし」と「きし」の両方とも成り立つわけ。まあ「実際の言いかたがそうなら、しかたがない」とあきらめて、このとおり憶えてくれたまえ。もっとも、いま述べたような説明そっくりの憶えかたでは、頭に入りにくいだろうから、

○こし　○こしか ― ×こき

○きし	○きしか	×きき
○せし	○せしか	×しし
○しき		×ししか

(12)

という**直観式**でやるのが賢明だろう。まず「こし」「きし」というような具体的の形で憶えてしまい、あとから「こ＝未然形」「し＝連体形」と術語にあてはめるわけ。

この例外をのみこんでおけば、これまであげてきた接続表でちゃんと行くはずである。もっとも、ほかに助動詞どうしの接続があるけれど、いちいち説明するかわり、

> 助動詞と助動詞との接続は、用言と助動詞との接続に準ずる。

(13)

という原則をお知らせしておこう。つまり、助動詞の活用を勉強したとき、動詞型・形容詞型・形容動詞型・特殊型に分かれることを憶えたわけだが（一三〇頁参照）、その活用さえしっかり頭に入っていれば、右の簡単な原則ひとつで、どんどん処理できる。たとえば、回想の「けり」を完了の「ぬ」に接続させるなら、まず動詞につけてみると、「書きけり」「過ぎけり」のように連用形につく。だから、助動詞のばあいも、連用形につくはずである。「ぬ」の活用は「な・に・ぬ・ぬる・ぬれ・ね」だから（一三六頁）、「に」の形について

「にけり」となる。このばあい、一七三頁の表がすっかり頭に入っていれば、「けり」を「書き」や「過ぎ」につけてみる手数がはぶけ、プロセスをひとつ節約できるわけだが、接続表を忘れたところで、心配することはない。具体的にどれかの用言につけてみればよい。**事実がさきで法則はあと**というのは、文法の「勉強法」についても言えることで、

文法の勉強は、法則そのものよりも、法則のみちびき出しかたが優先する。

というのが、わたくしの主張である。さて、しばらくぶりで復習をひとつ。

復習 四

次の文章について、それぞれ（ ）の中に、いちばん適当な仮名を入れよ。

(1) み雪ふる冬は今日《けふ》のみ鶯《うぐひす》の鳴かむ春べは明日《あす》にしあ（ ）らし

(2) 今年《ことし》より春知りそむる桜花ちるといふことは習《なら》（ ）ざらなむ

(3) 逢ふことの絶えてしなくばなかなかに人をも身をも恨みざ（ ）まし

(4) 春がすみたなびき（ ）けりひさかたの月の桂《かつら》も花や咲くらむ

(5) 夏の夜《よ》の月はほどなく入（ ）ぬとも宿《やど》れる水に影はとめなむ

（五分以内）

答 (1)＝る。(2)＝は。(3)＝ら。(4)＝に。(5)＝り。

(4)は、完了の「つ」の連用形「て」を入れても、高校生程度なら、誤りだとも決められないであろう。しかし、同じく完了（確述）の助動詞であっても、「つ」は他動詞に、「ぬ」

は自動詞につくという原則があるので（三一〇頁参照）、自動詞「たなびく」につくのは「ぬ」の方だと考え、「けり」がついているならその連用形「に」だと判断できたら、まあ大学の国文科二年ぐらいの力がある。

まとめ

1 助動詞が何形につくかは、古典語ならカ変（あるいはサ変）に、現代語なら形容動詞につけてみるがよい。
2 それでも見わけがつかないものは、ふたつの活用形につくものと認める（一八二頁）。
3 ラ変以外の動詞なら終止形につく助動詞が、ラ変では連体形につく。
4 助動詞の「ない」と形容詞の「ない」を区別するのは、文節を認める学説。
5 特殊型活用の「き」がカ行変格「来《く》」とサ行変格「為《す》」につくときは、理窟ぬきに特別のつきかたをする。

(三) 助詞と接続

日本語が膠着語ということになっているのは、助詞が単語（自立語）どうしをつぎあわせるニカワのようなはたらきをするからであって、助詞がもし無かったら、日本語はけっして膠着語とはいえない。これは、本当である。しかし、逆に「ニカワの役目をするのが助詞だ」とは申しかねる。なぜなら、逆はかならずしも真ならずであって、すべての助詞がニカワの役目をするとは限らない。つまり、助詞といっても、いろんな種類があるわけで、接続のことをお話しする前に、いちおうその分類を御紹介しておこう。なに、分類は嫌いだって――？　わたくしも、実は分類なんか嫌いである。しかし、分類しておかないと、たいへん不便なことがある。ちょっと七三頁以下の表をごらんねがいたい。助動詞は単に助動詞として出てくるけれど、助詞はいちいち格助詞とか接続助詞とかことわってあるだろう。なぜだろうか。助詞のばあい、同じ「が」でも、例えば「わたくしが行く」の「が」と「行ったが、間にあわなかった」の「が」とは、意味あいを異にするので、単に助詞「が」と言ったのでは、どんな性質の「が」だかわからない。そこで、嫌いだけれど、いちおう分類をしてみようという次第。

ところで、助詞の分類は、なかなか「ひとすじ縄」ではゆかない。何かひとつの規準だけですっきりと分類するということは、現在のところまだされていない。だから、専門の文法書を見ると、いろんな分類法があって、どれがいちばん良いということはいえない。分類の規準には、次のようなものがある。

1　助詞のつく相手によって分類する。つまり、体言につくか用言につくかによって分類するのであるが、これによってはっきりするのは、格助詞である。

2　助詞をともなって文節をつくるとき、その文節と他の文節との関係によって分類する。つまり文節が（イ）切れるか（ロ）続くか（ハ）どちらでもないか――ということによって分類するのであるが、これで、（イ）から終助詞、（ロ）から格助詞・接続助詞・係助詞、（ハ）からその他のものがとり出されるというぐあいであるが、これだけでは、やはり割り切れない。

3　助詞が文中でどんなはたらき（意味）をうけもつかによる分類。

4　助詞相互の間のかさなりかたによる分類。

といったところである。これらの規準は、ひとつだけではすっきりとした分類にならないが、これらをくみあわせると、いちおう実用的な分類ができる。

- 文の終りにあらわれるもの……………………終助詞
- 文節をつづけるもの
  - 接続するもの……………………接続助詞
  - 接続以外でつづけるもの
    - 体言のみにつく……………格助詞
    - いろいろの語につく…………係助詞
- 断続のはたらきのないもの……………………副助詞・間投助詞

というのがそれである。

格助詞　主として体言について文節をつくり、それをうける文節との関係をはっきりさせるものである。つまり主語となるか、連体修飾語となるか、連用修飾語となるかということである。これに属する助詞は、

古典語——が・の・を・に・にて・と・へ・より

現代語——が・の・を・に・と・へ・より・から・で・や

接続助詞　用言および用言に準ずる語について、文節をつくり、その下にくる文節につづけるもの。これに属する助詞は、

古典語——ば・とも・ど・ども・が・に・を・て・して・で・つつ・ながら・ものの・ものから

現代語——ば・と・ても・でも・けれど・けれども・が・のに・ので・から・し・て・で・ながら・たり

副助詞　いろいろの語について文節をつくり、その語に微妙な意味を添える。これに属する助詞は、

古典語——し・のみ・ばかり・まで・など・だに・すら・さへ

現代語——やら・か・まで・ばかり・だけ・ほど・くらい・など・なり

係助詞　副助詞と共通点をもっているが、係助詞のついた文節は、それに対する述語の文

節にまで、そのちからがおよぶところに特色がある。これに属する助詞は、

古典語——は・も・ぞ・なむ・や・か・こそ

現代語——は・も・でも・さえ・すら・しか・こそ

終助詞　文の終りにあらわれて、文の意味をはっきりさせたり、叙述の態度や話し手の感情を示したりする。

古典語——なむ・がな・が・かな・か・かし・な・な……そ・ばや

現代語——か・の・なあ・や・よ・ぜ・ぞ・こと・とも

間投助詞　文節の終りについて、語調を整えたり、勢いを強めたりして、話し手の感情を直接にあらわす。

古典語——を・や・よ

現代語——さ・ね・な

ところで、助詞の分類は、何もこれが唯一絶対のものというわけではない。例えば、**並立助詞**とか**準体助詞**とかいう名目を設ける学者もある。並立助詞とは、単語や文節を並立させる役目の助詞で、

山と川・イギリスやアメリカ・牛肉だの魚だの・行ったり来たり・ピアノなりお琴なり。

といったようなもの。準体助詞とは、ほかの単語について何かの意味を加え、体言と同じ

はたらきをさせる役目の助詞で、
ぼくのは、どこにある?

それほどでもないと感じた。

といったようなもの。そのほか、**感動助詞・修飾助詞・特殊助詞**などいう名目を設ける説もあって、なかなかにぎやかである。

「先生。にぎやかだなんて、澄ましておいでだけれど、ぼくたちは大こまりですよ。そんなにごたごた種類があっては、とても憶えきれませんよ」

「心配したまうなよ、君。憶えてもらうつもりじゃないんだ。助詞の分類にいろいろのしかたがあるという見本をお目にかけたまでさ。こんな名目をいちいち憶えてみたところで、大して賢くなるわけでもない。といったら、文法学者諸先生は怒るかもしれないがね。高校生、あるいは国文学専門でない大学生なら、並立助詞とか準体助詞などいうものは、無視したところで、人生がひどく貧弱になるわけじゃない。高校生なら、はじめにあげた六種類さえ知っていれば、一〇〇パーセントOKだね。しかし、人によって、頭の構造はいろいろだから、その六種類でも憶えにくいという人もありそうだ。よろしい! そういう人のために、大まけにまけて、もう二種類へらすことにしよう」

「へらして、大丈夫なんですか」

「どうせ人間の考えたことだ、ぜったい動かせない分類なんていうものは、どこにも無いさ。へらすのは、係助詞と間投助詞だ。係助詞を副助詞のなかに入れてしまい、間投助詞を終助詞に含めてしまう。そうすれば、四種類になって、だいぶん楽だろう」

「格助詞・接続助詞・副助詞・終助詞というわけですね。ぼくの習った教科書は六つに分けてありましたから、四つだと、何だか不安なんです。どうもぐあいのわるい点がありそうな気がします」

「わたし自身の考えでは、やはり六つに分けた方が、いろいろ説明に便利なようだ。しかしね、四つにへらして憶えやすくなる利益と、そのため説明が不便になる欠点とを合わせて、さしひきプラスが残るかマイナスが残るかだね。たくさん憶えなくてはならないことのある高校生諸君としては、すこしでも簡単な方がbetterなのじゃないかしら、文法だけで考えれば仮にマイナスになるとしても、ぜんたいの勉強からいえば、簡単主義の方に軍配があがると思うね。これからのお話は、四つに分けるゆきかたで進めよう。まあ、ひと休みしてからのことだがね」

例題 一一

次の英文を古典語および現代語で訳せ。

(1) The flowers are beautiful.

(2) A dog runs.　　（二分以内）

「ばかにするな。中学一年生程度じゃないか」と怒らないでいただきたい。「二分以内」というところで、ちゃんと敬意は表してあるつもり。さて、正解は、

答 (1) 花美し。花が美しい。
(2) 犬走る。犬が走る。

である。このばあい、古典語の「花美し」「犬走る」は、主語「花」「犬」のあとに何も助詞がない点、原文の英語と同じである。ことばの順序だけで「花」「犬」が主語だとわかるわけ。もしこれを、

(1) 花は美し。花も美し。花こそ美しけれ。
(2) 犬は走る。犬も走る。犬こそ走れ。

のように言いかえたらどうだろう。すこし違った点は出てくるけれど、どれも「花」「犬」が主語であることは同じである。つまり、主述関係はすこしも変化していない。そうすると、助詞「は」「も」「こそ」などがあるため「花」「犬」が主語になっているのでないことがわかる。別の言いあらわしをするなら、助詞「は」「も」「こそ」など自身は、あることばを主語にする力をもっていないのである。もうひとつ言いかえるなら、格助詞ではないのである。また、

(a) 花見ざりしこと、いとくちをし。
(b) 我かつて犬飼ひたることなし。

を見たまえ。「花見ざりし」「犬飼ひたる」は、現代語なら「花を見なかった」「犬を飼った」となるところで、このばあいの「花」「犬」は主語でなく、それぞれ「見ざりし」「飼ひたる」に対し連用修飾の関係になっている。「花も見ざりし」「犬は飼ひたる」のように言いかえても、連用修飾であることには変りがない。単語と単語（あるいは文節と文節）の「関係のしかた」すなわち**格**を支配する力は、助詞「は」「も」「こそ」などには無いのである。分類のしかたでいえば、格助詞でないわけ。

「先生。古典語なら「花美し」ですが、現代語で「花美しい」とは言えませんよ。「花は美しい」と言って、はじめて「花」が主語になるのだから、やはり「は」を格助詞と認めてよいのじゃありませんか」

「痛いところを突いてきたね。なるほど、現代語では、たしかに「は」が格助詞のようになってきているが……だ、こんな例はどうかね」

彼のちからでは、とてもT大なんか受かりはしないさ。

まあ、受けは受けたがね、お察しのとおり。

実にいろんな付きかたをする。これらの「は」を「が」で置きかえてみたまえ。言いかたとして成り立たないだろう。つまり、「が」は体言あるいは体言あつかいのことばに付いて、主格をあらわすだけだが、「は」の方は、いろんな種類のことばについて、ある特別な意味あいを添えるわけ。特別な意味あいとは何ですか――って？ よろしい、ひとつ例をあげよう。

（イ）わたしは行く。

（ロ）わたしが行く。

どう違っているだろうか。（イ）は、ほかの人は行かないかもしれないけれど、わたしだけは行くといったような感じが含まれるし、（ロ）は、ほかの人のことなんか考えず、とにかくわたしが行くのだといった感じになる。つまり、助詞「は」には、ほかのものごとを頭におきながら、そのなかで、あるものごとを特にとりあげていう気持が含まれるのに対し、単に「行く」の主語が何であるかを示すのが、助詞「が」なのである。そうして「は」のように、ある特定の気持を添えるのが、副助詞のはたらきだと考えてよろしい。もうひとつ「も」をとりあげようか。

（ハ）わたしも行く。

これは、ほかの人が行くので、わたしもその同類に加わるという意味だから、助詞「も」はほかのものと同類であることをさし示すはたらきがあるわけで、そういった意味が加わるため、副助詞にあつかうのである。

「先生。はじめ「は」や「も」は係助詞ということになっていたでしょう（一八九―一九〇頁）。それを副助詞に合併してしまったんですが、係助詞を認めるとすれば、どこがほかの副助詞と違うんですか」

「大きい共通点だけでいえば、副助詞も係助詞も同じさ。いろんな意味を添えるという共通点ではね。だから、副助詞のなかの特殊なグループを係助詞というのだと考えてよいわけ。ところで、どこが特殊かということは、古典語の**係り結び**で考えると、わかりやすいのじゃないかな」

例題 一二

次の文章のなかで〔　〕になっている部分を、適当な活用で埋めよ。（五分以内）

(1) 人は、おのれを約《つづ》まやかにし、世を貪《むさぼ》らざらむぞ、いみじかるべ〔　〕。
(2) ひたぶるの世捨人にもあらぬ、いと心うくなむ覚《おぼ》〔　〕。
(3) さてもやは、存《なが》らへ住むべ〔　〕。
(4) いまはまた何をか申すべ〔　〕。
(5) 愛敬《あいぎやう》ありてことば多からぬこそ、あかず対《むか》はまほしけ〔　〕。

答 (1) べ〔き〕。(2) 覚〔ゆる〕。(3) べ〔き〕。(4) べ〔き〕。(5) け〔れ〕。

おなじみの問題で、たぶんできなかった人は無いと思うが、念のため係り結びのきまりをあげておくと、

ぞ・なむ・や・か――連体形
こそ――――已然形

である。これも、例の直観式で、

ぞ・なむ・や・か――**ける**
こそ――――**けれ**　(14)

と憶えておき、あとで「ける＝連体形」「けれ＝已然形」と翻訳する方が、記憶の経済になりそうである。これは何でもないはずだが、考えていただきたいのは、係助詞の「係」がこの係り結びから出た名まえだということである。つまり、上に「ぞ」「なむ」「や」「か」「こそ」の係りがあると、それを受ける叙述は、終止形で言い切る普通の形をとらず、連体形とか已然形とか、特別な結びかたになる。これは、係りと結びとの間にかなり長い文節が入っても同じで、

事よろしき時こそ、腰折れがかりたることも、思ひつづけけれ。〈何デモナイヨウナ時ニコソ、腰折レメイタ歌ナンカモイロイロ考エタモノダ。〉

のように、ずっとあとの結びでも、係り「こそ」の支配を受けている。つまり、助詞「こそ」の勢いが、述語節にまでかかってゆくわけで、このような**叙述の支配**が、係りという

ことの本性である。ところが、

大将すら知らせたまはず。〈大将ダッテ御存知ナイ。〉

この事のみ、後の世の障りとよ。〈コノ事ダケガ、死ンダ後モ思イ切レナインダヨ。〉

の「すら」「のみ」は、それぞれ、大将がほかの人たちのなかでどんな立場に在るか、その「事」がほかの事に対してどんな関係であるかをはっきりさせるだけで、あとの述語節を支配していない。あとの文節に関係をおよぼすかどうかという点から考えると、係助詞と副助詞（「すら」「のみ」など）とは違うわけで、一八八頁の表は、そのことを示している。しかしまた「いろんな意味を添える」という共通点に眼をつければ、副助詞と係助詞をひろい意味の副助詞にひっくるめてよい。要するに、考えかたひとつである。どちらに転んだところで、あまり気にするほどのこともなかろう。とすれば、簡単な方が結構ではあるまいか。

「わかりました、先生。しかしですね、なるほど「ぞ」「こそ」なんかは結びが違って来ますから、叙述が支配されているという御説明もよくわかりますけれど、ほかに「は」と「も」がありますね。これは別に結びが違って来るわけでないのに、どうして係助詞に入れる学者があるんですか」

「弱ったね。実はだね、現代語のばあいだと「こそ」が使われていても、特別の結びがあるわけじゃない。しかし、係助詞という名目を設ける学者は、現代語の「こそ」

「は」「も」「でも」「さえ」「すら」「しか」などをそれに入れているんだよ。つまり、係り結びという現象をとりあげると、叙述の支配ということの意味がわかりやすいから、あんな説明をした次第なんで、係り結びが無くても、叙述の支配すなわち「係り」そのものは存在するわけさ」

「でも、係り結びが無いばあい、どうして叙述の支配ということがあるのか、ぼくにはわかりません」

「わからなくても構わないよ。わかりたければ、大学に入ってから、国語学を勉強することだね。法学や工学をやろうという人にまで、係りとは何ぞやという勉強が必要だとは、わたしは思わないな。こんな考えかたをすれば、こんな分類が成り立つという**考えかたのすじみち**さえわかれば、分類そのものはあまり気にしない方がよかろう。文法学者という人種は、実にいろんな分類を考えたがるからね。例えば、さきに「が」は格助詞で「は」は副助詞だと説明したけれど、時枝文法だと、

(a) 風が吹いている。
　万葉集は歌集である。

の「が」および「は」は格をあらわす助詞に、

(b) 甲が勉強している。
　ぼくは駄目です。

の「が」および「は」は限定をあらわす助詞として、別の種類にあつかっている。(a)は事がらと事がらの関係をあらわすだけで、感情的なものが無く、論理的思考の表現にすぎないが、(b)はまわりの事情によって事がらに対する話し手の認めかたが違ってくる、その違いかたを表現するからだというわけ。もちろん、こういった考えかたも成り立つのだけれど、いちいち文法学者のいう理窟に感心していたのでは、一年や二年ぐらい、すぐ経《た》ってしまう。わたしは、助詞の分類を徹底的に考えぬくことが、高校生にとって、同じ時間だけテニス・コートをかけまわるよりも重要だとは、けっして考えないね。結論は、幾度も言うようだが、いちばん簡単な分類に限るということさ」

ついでに、間投助詞を終助詞に含めてしまうことも、御諒承ねがいたい。一八八頁の表でわかるとおり、終助詞と間投助詞とでは、性質がだいぶん違う。終助詞は、

　心安く思ひなしたまへかし。〈御安心ナサッテクダサイナ。〉

　わたしは、こう思うの。

のように、文の終りにあらわれる。これを、

　心安くかし思ひなしたまへ。

　わたしはの、こう思う。

と言うことはできない。しかし、間投助詞なら、

心安くを思ひなしたまへ。〈御安心ネ、ナサッテチョウダイ。〉

わたしはね、こう思うんだ。

のように、文節の終りに軽くはさむことができる。そこに違いがあるから、終助詞と間投助詞を区別するのは、ちゃんとした理由がある。しかしまた、感動・詠歎・禁止・強意・疑問・質問など、話し手の気持を直接にあらわすところは共通だから、いっしょに考えてもさしつかえない。もっとも、両方をひっくるめて「終助詞」とよぶのは、何だか「終」の字がおかしいので、わたくしは「感動助詞」とよぶ方が適切だと思うけれど、多くの教科書が終助詞といっているので、それに従っておく。どうせ名まえなんか、心おぼえみたいなものだから、あまり神経質になる必要もなかろう。

「この前のお話は、くたびれましたよ。長くてね」

「お気の毒さま。別にそんなに頭を使ってもらうつもりは無かったんだ。要するにだね、接続のしかたを説明するときに、いきなり「が」とか「を」とか言っても、よくわからないだろう。

心安くを思ひなしたまへ。

の「を」が何に付き、

花を散らす風な恨みそ。

の「を」が何に付くということを説明するばあい、やはり肩書きが無いと、話がスムーズに運ばない。だから、格助詞の「を」は体言あるいは体言あつかいのことばに付き、終助詞の「を」はそのほかいろいろな文節のあとに付くといったような説明のため、最少限度の分類として、

(1) 格助詞（「花が咲く」「本を買う」）
(2) 接続助詞（「行ったが、遅かった」「暑いので、閉口した」）
(3) 副助詞（「借金ほどつらいものはない」「それくらい、何でもないさ」）
(4) 終助詞（「変だなあ」「うん、結構だとも」）

の四種を認めたわけ。どうか「心安くを思ひなしたまへ。」

もっとも、ながなが説明したのは、けっして暇つぶしのつもりではない。細かい点は忘れてもかまわないが、わたくしの話をいちおう味わってくだされば、なるほど、文法というものは、こんなふうに「すじみち」を通してゆくことによって組み立てられているのだな——という「考えかた」が、心のどこかに残るだろう。そこが、ねらいなのである。それだけでない。助詞がいろんな付きかたをするありさまの観察から、なるほど、助詞はニカワ（時にはセロテープ程度）の役目をするのだなと、膠着語の特性も自然のみこめてくるだろう。副産物は、たくさんあったはず。

ところで、助詞がいろんな付きかたをするといっても、実は、それほどいろいろお話を

したわけでない。ほんの見本にすぎなかったというのが、正直なところ。見本でなく、全体をという御注文であれば、

	動詞		形容動詞	
未然形	【接】ば＝仮定・で＝打消 【終】なむ・ばや	【終】な……そ（カ変・サ変）	く	【接】（ば＝仮定）
			から	【接】で
連用形	【接】て・つつ・ながら 【副】は・も	【終】を な……そ（カ変・サ変以外）	く	【接】て・して・とも・と 【副】は・も・ぞ・こそ 【終】を
終止形	【接】と・とも 【副】や 【終】かし・や・な＝強調	【終】な＝禁止（ラ変以外）	かり・し	【終】や・な＝強調
連体形	【格】の・が・を・に・にて・と・より 【接】が・を・に・ものの・ものから 【副】ぞ・なむ・や・か・こそ・ばかり・のみ 【終】かな・か・よ・を	【終】な＝禁止（ラ変）		【格】が・を・に・と・より 【接】が・に・を・ものの・ものから 【副】ぞ・なむ・か・こ
已然形	【接】ば＝既定・ど・ども		たれ・けれ	【接】ど・ども・ば＝既定
命令形	【終】かし		語幹	【格】の

形容詞・	体言	副詞	助詞
なら・たら 【接】で　ば＝仮定 に・と 【接】して に 【接】て・して なり・たり 【接】とも そ・ばかり・のみ 【終】かな・を・や・よ なれ・	【格】が・の・を・に・にて・と・へ・より・のがり 【副】し・のみ・ばかり・まで・など・は・も・ぞ・なむ・こそ・や・か・だに・すら・さへ 【終】かな・よ・を	【副】し・のみ・ばかり・は・も・ぞ・なむ・こそ・や・か・だに・すら・さへ	【副】し・のみ・ばかり・まで・は・も・ぞ・なむ・こそ・や・か・だに・すら・さへ 【終】がな・かし・や

という、どっしりした表を御紹介しよう。ゆっくり御覧ください。

「うわあ、すげえや。こんな表を憶えるんですか」

「頭から悲観するなよ。見かけ倒しさ。実はだね、この表はもうすでに君が憶えちゃってるはずだぜ」

「そんなことはありませんよ。初めて見参《げんざん》つかまつり候」

「いや、たしかに憶えてるはずだ。日本人で、高校生ならね」

つまり、格助詞の「が」は体言あるいは体言あつかいのことばに付くといったような言いあらわしをすると、難かしいようだけれど、日本人なら、赤ん坊でないかぎり、まさか

筆とれを、ものば書かれすら、楽器てとれを、音ばたてむども思ふ。

というような文章を正しいと認める人はないだろう。正しいと思われる形に直せと言われたら、誰だって

筆をとれば、もの書かれ、楽器をとれば、音をたてむと思ふ。

と答えるだろう。それなら「を」は何に付くか。「筆」「楽器」「音」、みんな体言だ——といったふうに考えてゆけば、自然に出てくる。心配無用である。もっとも、すこしは厄介なものも無いではない。しかし、それらについては、あとで説明するから（二二九頁以下）、そのときに、もういちど右の表を参照してくだされば結構。いますぐこの表を暗記してしまえなどいう無茶は、ぜったい申しあげない。ただし、この辺の頁にこんな表があることだけは憶えておいて、必要なときに参照していただきたい。これでお終い。

「こんどは、あっさりすみましたね。助動詞のときは、いじめられましたが」

「助動詞は、特に古典語のばあい、まちがいやすいところが多いから、念入りにやったんだ。しかし、助詞はそれほどめんどうでないから、あっさりすませたのさ。どうせこれきりで助詞の話が終るわけでなく、あとで何度も出てくるからね」

「現代語の助詞は、やらないんですか」

「省略だ。といっても、まるきり省略したわけではない。古典語のばあいと同じ形式の表を作ってお眼にかけなかったまでのことで、実際は七三頁・一〇二頁・一二四頁などに、大部分が出ている。それに、助詞のばあいは、古典語と現代語とに共通するものも多いので、表をひとつ節約したわけ。現代語で助詞の接続をまちがうなどいうことは、考えられないしね。このあと、わたしのいちばん嫌いな、諸君もおそらく好かないはずの大物がひかえているから、元気をたくわえておく方がよかろうと思うよ」

まとめ

1 助詞の分類は便宜的で結構。あまりとらわれるな。
2 分類は、格助詞・接続助詞・副助詞・終助詞とする。
3 古典語副助詞のあるものは、係り結びの「係り」に使われる。
4 「係り」の本性は、その文における叙述を支配するはたらきである。

三　品詞の分けかた

(一)　品詞分解の規準

「君。その「文法」というのは、品詞分解のことなんだよ」

ある日、勤めさきの大学から、佐伯梅友博士と連れだって帰る途中の話。話しているのは、佐伯さんである。

「文法といえば、品詞分解のことだと、思いこんでいるんだよ。しかしね、いくら品詞分解をやったところで、文法がわかるかどうか……。すくなくとも、高校の文法では、品詞分解なんかに熱をあげたところで、しかたがないね」

「どうしてあんなに流行してるんですかなあ」

「つまり、先生が生徒をいじめるのに、つごうが良いからじゃないかしらん。生徒は、まだ接続詞が何だとか接続助詞が何だとか、よく知らないだろう。それをつかまえて先生の権威を見せるのに、品詞分解なんか、いちばん利用しやすいわけなんだね。教室で品詞分解ばかりやっているから、生徒が、文法とは品詞分解のことだと思いこんでしまった。そうして、いちばん大切なことみたいに思いこんでしまったわけだよ。

つまらない話だね」

何年か前のことなので、言いまわしがこのとおりであったかどうか、確かでないけれど、こういった意味のことは、その後も、佐伯さんがあちこちで講演したり本に書いたりしていられるから、趣旨にはまちがいない。どうしてこんな話が出たかというと、そのころ、わたくしの書いた『土佐日記』の評釈に対して、高校生諸君から、もっと文法をくわしく説明してほしいという注文が、たくさん舞いこんだからである。ところが、その本は、わたくしとしてはめずらしいほど文法的な説明に力を入れたもので、これ以上くわしく文法をあつかうとすれば、おそらく学位論文クラスの本になるだろう。いまの高校生は、そんなに文法ができるのかしらんと思って、佐伯さんにお尋ねしたら、いや、その反対で、あまり文法なんかわからないから、そんな注文が来るのさ——といったようなところから、さきほどの話になったわけ。

わたくしが中学生のとき、代数で因数分解というものが流行していた。入試問題でも花形だったから、わたくしたちは、かなり努力したもので、いま三十五六歳より上の人なら、めんどうな式がちょっとした技巧できれいに分解されてしまう快感を、なつかしく思い出すおかたが少なくないだろう。ところが、後で知りあいになった数学の世界的権威K博士と話していたら、因数分解なんかを中学で教えるのは、ばかげていますねという意見を示されたので、いくらか驚いた。なぜですかと尋ねたら、あんなものはごく末の末でして、数学にはもっと大切なことがたくさんありますという。でも、頭をきたえるには役だつのでありませんかと反問したら、いや、因数分解のかわりに、学校で碁か将棋を教えたとしても、たぶん同じぐらい頭は良くなるでしょうという答えであった。それから二十年ちかくすぎた現在、因数分解は、幸いにもどこかの片隅にひっこんでしまった。品詞分解も、たぶん幾年か後には、そんなことになるであろう。

高校で品詞分解をびしびし教えこむのがつまらないという理由は、第一に、品詞をどう分けるかという学説が、まだ確定していないからである。例えば、

あまり単調だから、デザインをすこし変えさせることにしたが、Q君の投げやりには悩まされるね。

という文章を「品詞に分解せよ」と要求したばあい、

単調だ (a) 形容動詞
　　　 (b) 名詞＋助動詞

変えさせる (a) 動詞＋助動詞
　　　　　 (b) 動詞＋接尾語

悩まされる (a) 動詞＋助動詞
　　　　　 (b) 動詞＋接尾語

という両説が出るであろう。いわゆる橋本文法に属する教科書で習った人は(a)、時枝文法の教科書で習った人は(b)となるわけ。どちらが適当であるかは、これから文法学者がいっしょけんめい議論して、何年かあるいは何十年か後に決まるであろう。途中で、別の学説が出て、それが適当だということになるかもしれない。専門の文法学者がまだ決めかねているような品詞分解を、函数や何かのあつかいと同様のきびしさで高校生に教えこむ必要が、はたしてあるだろうか。また、いわゆる橋本文法の系統に属するなかでも、例えば

「泣きたまふ」「聞えはべり」などの「たまふ」や「はべり」を助動詞とする説と、補助動詞とする説とがある。補助動詞という品詞があるわけでないから、補助動詞は動詞の使いかたのひとつであると考えなくてはならない。ところが、動詞は自立語だし、助動詞は付属語だから、ずいぶん違ってくる。そのほか、あつかいの違う点は、いくらでも出てくるのであって、なぜこの分類によるかという理由を生徒に説明するとき、良心的な先生ほどくるしむのではあるまいか。

第二に、仮に品詞分解の動かない規準ができたところで、ことばというものは生きている、法則ですっかり包んでしまうには、あまりにも複雑・微妙でありすぎる。どんなえらい文法学者——例えば佐伯梅友博士のような権威——でも、いきなり『源氏物語』のある部分を示されて、品詞に分解してくださいと要求されたばあい、いつも完全に分解できるかどうか。そんな実験をしてみたことがないから、どうなるかわからないけれど、佐伯さん自身は、たぶん「自信がないね」と微笑されるのでなかろうか。文法があって、それから後に「ことば」が生まれたのではない。「ことば」がさんざん自由に成長し、変化し、これからも動いてゆくあとを、文法が追っかけてゆくのである。品詞分解と限らず、文法で生きたことばがすっかり割り切れると考えるなら、それは迷信のひとつというべきだろう。

そんなわけで、品詞分解にばかり眼の色をかえてかじりつくのは、高校生としてはあまり感心できないけれど、品詞分解がまったく無用だというのではない。文法は、ことばがどんなふうに使われるかを、分析的に考えてゆくものだから、ことばを分ける作業は必要だし、分けたことばにそれぞれ名まえがついていないと、説明に不便である。だから、品詞に分けること自身は無視するにおよばない。しかし、どうせ割り切れない例外が出てくるのだとすれば、基本になる大すじがつかめたらよいわけで、品詞分解の練習をするにも、なるべくわかりやすい、文句の出ないような問題で結構。専門学者が首をひねるような難物は、たとえ征服したところで、そのため失なった時間と労力を考えるなら、たぶんマイナスの結果にしかならないであろう。

さて、これからお話しするのは、橋本文法の立場から考えた品詞分解だが、名詞とか接続詞とかいう術語を持ち出す前に、まず自立語と付属語との区別を御紹介しよう。

われ　心やすらかに　帰朝す。

わたし　すぐ　帰る。

などは、それぞれ単独に文節を作ることのできることばだけから成り立っている。これに対し、

われは　心やすらかにぞ　帰朝しぬる。

わたしは　すぐ　だって　帰ります。

などは、ほかの語に付いて、はじめて文節となることのできる「は」「ぞ」「ぬる」「だっ

て」「ます」を含む。前のようなことばを自立語とよび、後の「は」「ぞ」などを付属語とよぶ。その区別をもうすこしはっきりあげると、次のようなぐあいになる。

自立語

1 それだけで文節になれる。
2 いつも文節のはじめに位置する。
3 単独ではっきりした意味をもつ。

付属語

1 それだけでは文節になれない。
2 いつも文節の下部に位置する。
3 文節になったときだけ、はっきりした意味がもてる。

次に、自立語あるいは付属語が文節を作るとき、作りかたが問題となる。つまり、語形変化がおこるか、おこらないかである。文節を作るため語形の変化することが、すなわち、ながらく論じてきた**活用**にほかならない。もっとも、「雨（あめ）」や「酒（さけ）」が「傘（かさ）」や「樽（たる）」に結びつくと、それぞれ「あまがさ」「さかだる」というような変化がおこるけれど、これは、ふたつの単語が複合してひとつの単語になるときおこる「連音変化」であって、**文節を作るための語形変化**とは別ものである。ついでながら、「あめ」が「あま」に「さけ」が「さか」になるようなのを**転韻**《てんいん》とよび、「かさ」が「がさ」に「たる」が「だる」になるようなのを**連濁**《れんだく》とよぶ。

ところで、自立語にも付属語にも、活用するものとしないものとがある。自立語で活用するものを**用言**という。用言に動詞・形容詞・形容動詞があることは、すでに御承知のとおり。活用しない自立語のうちで、主格の文節を作ることのできるものは、**体言**である。体言は、すなわち名詞だが、名詞を分けて、普通名詞（春・水・ひばり）とか固有名詞（日本・杜甫・論語）とか数詞（ひとつ・三冊・五メートル）とか代名詞（ぼく・あなた・彼）とかにする学者もいるが、日本語のばあい、それらは、いずれも意味の上での違いにすぎず、文法的な用法はみな同じだから、しいて分ける必要はない。英語だと、例えばdogはいつも同じ形で、"A dog runs."とか"Bob bought a dog."とか言えるが、もし「彼」なら"He runs."とか"Bob likes his dog."とかのように形を変えなくてはならない。だから、NounとPronounとを区別するわけ。また、Common nounなら、ふつうArticleを必要とするが、Proper nounなら、特別のばあいのほかArticleを伴なわない。こういった使い別けがない日本語で、名詞をいろいろ区分するのは、あまり有意義だとも思われない。

活用しない自立語でいつも修飾語になる文節を作るものが、連体詞と副詞である。連体詞はいつも連体修飾の文節になるし、副詞はいつも連用修飾の文節になる。副詞については、説明の必要もなかろう。連体詞はもともとほかの品詞から変ってきたものばかりで、古典語にはたいへん少ない。「或《あ》る」「あらゆる」「いはゆる」ぐらいのものであろう。現代語には多いけれど、なかで、

この　その　かの　わが

等は、古典語のばあい「名詞＋助詞」としてあつかうから、御注意のこと。現代語では

「この」「その」「かの」「わが」という形で連体修飾になるほかの用法はないが、古典語では、「こは如何に」「そがもとに立ちて」「彼《か》は誰《た》そ」「我《わ》にこそは宣《の》らめ」など、「こ」「そ」「わ」だけで名詞に使われるからである。

活用しない自立語でいつも接続格の文節を作るものが、接続詞である。ごく古い時代は、主に接続助詞がこういった役目を受け持っていたけれど、漢文の影響で、ほかの自立語からだんだん接続詞ができてきたものらしい。漢文でしばしば「而」「又」「然」「乃」といったような接続詞が用いられることは、御存知のはず。ところで、接続詞には(接続助詞にも)、順接・逆接ということがある。**順接**とは、

ぼくは立ちどまった。するとKさんのことが、ふと頭に浮かんだ。

のように、上に述べたことから、下に述べることが、当然の結果のようにしておこるという気持で続けるもの。**逆接**というのは、

ぼくは立ちどまった。だが、そこにはもうKさんの姿はなかった。

のように、下に述べることが上に述べたことを裏切るとか、反対であるとか、別の趣旨になるとかいう気持で続けるもの。わかりやすい区別だが、この「順接」「逆接」という術語を知っていると、いろいろ便利なばあいが多い(四〇八頁参照)。

活用しない自立語でいつも独立の文節にしかならないものが、感動詞である。呼びかけ・おどろき・なげき・答え・問いかえし・疑い・あいさつ・かけ声などが表現される。

専門的にいうと、いろいろ大切な意味あいをもつ品詞だけれど、高校生むきの品詞分解としては、いちばん楽なもの。例なんかあげるにおよぶまい。

次に、付属語の方だが、これも簡単で、活用するのが助動詞、活用しないのが助詞である。両方ともかなりこまかく調べてきたから、いちいち説明することは省略してもよろしかろう。もっとも、活用するのが助動詞だという定義は、すこし問題がある。どんな問題だって？　一四一頁と一五〇頁をあけてくれたまえ。

		未然形	連用形	終止形	連体形	已然形 仮定形	命令形
古典語				らし	らし	らし	
				じ	じ	じ	
現代語				う	う		
				よう	よう		
				まい	まい		

という助動詞たちが顔を出すだろう。「ぼくたちは、いつも同じ形だ。何だって助動詞のなかまに入れたんだね」と、抗議を申しこむかもしれない。こまったな。わたくしの知識では始末がつかない。文法の神さま橋本進吉博士に電話をかけてみよう。

「もしもし、橋本先生ですか。ずいぶん御無沙汰しております。天界のお住まいは如何ですか」

「いやあ、なかなか快適ですよ。でもね、八百万からの神さまたちに文法を教えるというのは骨ですな。毎週講義の準備に追われています。いま特殊仮名づかいと活用の関係を話しているところです」

「お忙しいところをすみません。実は、語形の変らない「らし」なんかを、なぜ助動詞に入れるのだと訊《き》かれて、弱ってるんですが、どう説明したらよろしいんでしょう。はあ、はあはあ……」

橋本博士のお話は、こうである。「雪解《ゆきげ》の水ぞいま増《ま》さるらし」「ぬき乱る人こそあるらし」のように、係りを受ける「らし」は、それぞれ連体形・已然形と考えなくてはならない。そうすれば、形は変らなくても、用法の上からいって、活用と認めるべきだろう。また、現代語で「知ろうが知るまいが」「有るまいけれど」など言うが、逆接の仮定に使う接続助詞の「が」「けれど」は、用言および助動詞にしか付かない。したがって、上の「う」「まい」を助詞と考えるわけにはゆかない。つまり、助動詞としてあつかうのが適当だということになる——。

といったような次第で、品詞の分類は、どうやら片づいたらしい。念のため、表にまとめておこう。

- 単語
  - 自立語 単独で一文節をつくることができる。常に文節の初めにきて、はっきりした意味がある。
    - 活用する（用言） 単独で述文節をつくることができる。
      - 動詞——ウ列音で言い切る（ラ変をのぞく）。動作・存在をあらわす。
      - 形容詞——シで言い切る。性質・形状をあらわす。
      - 形容動詞——ナリ・タリで言い切る。性質・形状をあらわす。
    - 活用しない
      - 名詞（体言）——単独で主文節となることができ、事物の名称をあらわす。
      - 連体詞——常に単独で連体修飾文節となって名詞を修飾する。
      - 副詞——常に単独で連用修飾文節となって用言を修飾する。
      - 接続詞——常に接続文節となる。
      - 感動詞——常に独立文節となる。

付属語（単独では文節をつくれない。文節をつくるのに自立語にともなってはじめて意味をもつ。）
- 活用する ―― 助動詞
- 活用しない ―― 助詞

品詞の分類法がわかったら、それをどんどん応用して品詞分解の問題にぶつかってゆけるはずだけれど、その前に、もうすこし話しておきたいことがある。まあ、ひと休みしてから。

品詞にどんなものがあるか、ちゃんと知っているのに、なぜ品詞分解ができないか。

例題 一三

次の文章を品詞に分解せよ。（九分以内）

ばかでかい模型なんか作ってね。子どもらしいと思ったけれど、あまり大人ぶるのもいやだから、だまっていたよ。

答 ばかでかい（形）模型（名）なんか（助）作っ（動）て（助）ね（助）。子どもらしい（形）と（助）思っ（動）た（助動）けれど（助）、あまり（副）大人ぶる（動）の（助）

も（助）いやだ（形動）から（助）、だまっ（動）て（助）い（動）た（助動）よ（助）。

「先生。「ばか」を名詞、「でかい」を形容詞というように分けることはできませんか。それから、「子ども」が名詞で「らしい」が助動詞とはゆきませんか。体言に付く助動詞もありますからね」

「そこだよ。そういった疑問を無くするには、**接辞**と**複合語**のことを知っていないと、つごうがわるいんだ」

接辞といえば、何だか難かしいようだけれど、**接頭語**・**接尾語**といえば、はあ、あれかとうなずく諸君が多いだろう。それだけでは使われることがなく、いつもほかのことばと結びついて新しい単語を作り出すのが接辞で、前に付くのを接頭語、後に付くのを接尾語とよぶ。例えば、

接頭語——お米・御苦労・きまじめ・まっ白・こ憎らしい・第一。

接尾語——わたしたち・おじさん・五枚・丸める・古めかしい・厚さ。

のようなもの。こんなのなら、文句なしだが、実際は、どこまでを接辞と認めてよいか。首をひねることが少なくない。「ばかでかい」がその例。「ばかに付ける薬はない」と言えば、「ばか」はたしかに名詞である。しかし「ばかでかい」は、「ばか・に・付ける・薬・は・ない」というようには分けられない。もし、しいて「ばか・でかい」と切って発音すれば、大きなものを小さいと言った相手に対して“Oh, you fool! It is gigantic.”と抗議で

もするようなぐあいに聞える。「ばかでかい」だけで gigantic にあたるひとつの単語なのであって、「ばか」は fool というもとの意味を失ない、excessively といった感じの強めになっている。「子どもらしい」の「らしい」も接辞（接尾語）である。「あれで満足しているらしい」の「らしい」は助動詞だが、助動詞のばあいは用言に付くから、区別できるだろう。しかし、理窟を言うと、体言に付くから助動詞でないとは決められない。断定の助動詞が体言に付くことは、すでに御存知のとおり（一七四頁）。ほんとうのところは、どこまでが助動詞でどこまでが接尾語か、区別しにくいことも多いのである。たとえば、橋本文法で助動詞とされている「る」「らる」「す」「さす」「れる」「られる」「せる」「させる」は、時枝文法では接尾語となっている。どちらが正しいかなどは、もちろん高校生諸君の頭を悩ますにおよばないことで、本職の文法学者にまかせておけばよろしい。しかし、

接尾語なら上のことばと合わせて一語になるし、助動詞なら上のことばと区別して二語になる。

⒂

ということは、品詞分解の規準として、よく憶えておくがよろしい。実例でいえば、「子どもらしい」は一語だし、「行くらしい」は二語なのである。もっとも、同じ「子どもらしい」でも、childish の意味なら一語だけれど、

むこうで遊んでいるのは、子どもらしい。

というばあいは、「子どもであるらしい」の意味だから、この「らしい」は助動詞で、したがって「子どもらしい」は二語にあつかわなくてはいけない。これを、接尾語だけでなく、接頭語まで含めて言いあらわすと、

> 接辞は品詞分解のとき、それのついている単語のなかに入れて考え、一語とは認めない。 ⒃

ということになる。だから、「大人ぶる」「丸める」は、体言「大人」「丸」と接尾語「ぶる」「める」からできているけれど、品詞としては「大人ぶる」「丸める」というひとつの動詞にあつかうわけ。

次に、**複合語**というのは、いくつかの単語が結びついて、ひとつの単語と同じ資格で使われるもの。例えば「春風」「歩きまわる」「青白い」などである。品詞に分解せよと要求されたばあい、「春」と「風」をそれぞれひとつに数えない方がよいし、「歩きまわる」も同様である。

春風のなかを歩きまわる。

を品詞に分解するなら、

春風（名）の（助）なか（名）を（助）歩きまわる（動）。

となる。複合語は、付属語にもある。古典語の尊敬助動詞「せたまふ」「させたまふ」や、格助詞「をば」がそれである。「をば」は、格助詞「を」に副助詞「は」が付いたものだけれど、連濁（二一二頁）の現象をおこして「ば」になったもの。「ば」が単独で副助詞に使われることはないから、「をば」でひとつの複合助詞と考えてよかろう。

まず、この程度のことが頭に入っていれば、理窟の上では、どしどし品詞分解ができるはずである。もっとも、理論と実際とはなかなか一致しにくいものだから、簡単にはゆかないけれど。

まとめ

1 自立語と付属語とは、文節になるなりかたで区別する。
2 連音変化（転韻・連濁）は活用と別もの。
3 古典語と現代語とで、連体詞のあつかいが違う。
4 接続詞と接続助詞には、順接と逆接がある。
5 活用形の変らない助動詞もある。
6 接辞（接頭語・接尾語）は、品詞分解のとき、単位にならない。

（二）品詞分解の手順

一九五九年一月十五日、初場所四日め、若乃花が潮錦をぶん投げたとき、場内アナウンスは突き落しと告げていた。ところが、翌日の新聞を見ると、A紙は掬《すく》い投げ、B紙は巻き落し、そうしてC紙が突き落しと報じている。どれが正しい決まり手なのだろうか。行司だって、検査役だって、テレビの解説者だって、いつも絶対の自信をもって「決まり手は……です」と断言できる人なんか、ひとりも無いはずである。なるほど掬い投げとはこんな手、突き落しとはこんな手、巻き落しとはこんな手という定義は、ちゃんと決まっている。型どおり行ったときなら、誰だって掬い投げと突き落しをまちがえる人はない。ところが、実際は、どちらだか決めかねるばあいが、いくらも出てくる。六十八手という決まり手は、文法でいえば、動詞とか形容詞とかの区別にあたるわけだが、これは、もともと四十八手であった。それが、近年、六十八手に増やされたのだけれど、とたんに力士たちが新しく二十手おぼえたわけでなく、土俵の上で展開される角力は同じことであって、増えたのは、決まり手の「分類」にすぎない。しかも、分類をくわしくしたから決まり手がそれだけわかりやすくなったと言えないことは、さきに述べたとおり。

品詞分解も同様で、どんなによく分解の規準をのみこんだところで、どんなに新しい規準を考え出してみたところで、すべての文章がきちんと割り切れるものではない。だから、誰が見ても掬い投げとわかるようなのを突き落しと見そこなわなければよいのであって、難かしい例にぶつかったら、何とかひと理窟つけて、どちらかに決めてしまえばよい。その「理窟のつけかた」がいちおう筋のとおったものであれば結構。

そんなわけだけれど、実際に次のような問題があらわれたら、やはりまごつくことだろう。さあ、例によって鉛筆と紙だ。

例題 一四

次の文章を品詞に分解せよ。

板間《いたま》より月光《つきかげ》さへ漏《も》り来《き》ぬ。このあたりには、いと良からぬ事なむ多かる。秋もはや半《なか》ばにて、過ぎにしかたのみ恋しく、東《あづま》の果《はて》にしあれば、かく古《ふ》りなむ身こそいとほしけれと、都には聞えなむ。

（二十五分以内）

答 板間（名）より（助）月光（名）さへ（助）漏り来（動）ぬ（助動）。こ（名）の（助）あたり（名）に（助）は（助）、いと（副）良から（形）ぬ（助動）事（名）なむ（助）多かる（形）。秋（名）も（助）はや（副）半ばに（形動）て（助）、過ぎ（動）に（助動）し（助動）かた（名）のみ（助）恋しく（形）、東（名）の（助）果（名）に（助）し（助）あれ（動）ば（助）、かく（副）古り（動）な（助動）む（助動）身（名）こそ（助）いとほしけれ（形）と（助）、都（名）に（助）は（助）聞え（動）なむ（助）。

これで満点がとれたら、とても高校生程度ではない。掬い投げだか突き落しだか見当のつきかねるところが、いくらでも出てくるからである。しかし、「板間」や「月光」を動詞と答える人は、高校生なら、いないだろうし、まさか「いとほしけれ」を、

いと(副)ほし(形)けれ(助動)

と分解する人もないだろう。難かしいのは、

(a)
(1) 漏り来ぬ
(2) 良からぬ

(b)
(1) 事なむ多かる
(2) かく古りなむ
(3) 都には聞えなむ

(c)
(1) 秋もはや半ばにて
(2) 過ぎにしかた
(3) 東の果にしあれば

といったぐあいに、同じ形のことばがさかんに出てくるからだけれど、この辺に問題があるなと見ぬけたら、それだけで、そうとうの実力があると保証してよろしい。ところで、これらの見わけには、どこをつかまえたらよいか。

まず(a)については、七三頁と一〇二頁あるいは一七三頁の表を参照してくれたまえ。どちらの表でも、

動詞の未然形には打消の助動詞「ず」が付き、連用形には完了(確述)の助動詞「ぬ」が付く。

という法則を教えてくれるだろう。「ず」の連体形は「ぬ」で、完了の助動詞「ぬ」の終止形と同形だが、接続のしかたは違うわけだから、右の関係をパターン化すると、

ぬ
- （未然）＝打消「ず」
- （連用）＝完了「ぬ」

(17)

となる。これに似たパターンは、一四六頁にも出ているが、この考えかたでゆくと、

(1) 来《き》＝連用形。∴ ぬ＝完了。

(2) 良から＝未然形。∴ ぬ＝打消。

と簡単に処置できる。つまり、これまで勉強してきた「接続のしかた」がよくのみこめていれば、その応用でゆけるわけ。もっとも、品詞に分解せよと要求されたばあい、動詞とか助動詞とかの「品詞」に分ければよいのであって、助動詞のなかでさらに打消とか完了とかの区別を示すにはおよばない。しかし、品詞分解としては必要でなくても、文法を解釈のなかに生かしてゆくときには、なかなか役に立つから、ついでに憶えておいても損はない。

次に(b)は、**係り結び**の法則を思い出してくだされば（一九七頁参照）、連体形の「多かる」で結ばれている文なら、上に「ぞ」「なむ」「や」「か」の係りがありそうなものだと考え、まず(1)の「なむ」が副助詞（係助詞）であることをとらえるであろう。(2)と(3)の見わけは、

なむ
- （未然）＝終助詞「なむ」
- （連用）＝完了「ぬ」＋推量「む」

⑱

というパターンでつける。これも一七三頁および二〇三頁の表から出てくる法則で、完了（確述）の助動詞「ぬ」は連用形に付くから、動詞の連用形に付いている「な」は完了の「ぬ」の未然形と判断するわけ。希望の終助詞「なむ」は未然形に付くので、たいてい区別ができるだろう。もっとも、一段活用と二段活用のばあいは、未然形と連用形が同じだから、せっかくのパターンも利用できない。(b)の(2)(3)は、その例である。こういったばあいは、前後の意味関係をよく考え、全体のすじみちから判別するよりほかない。つまり、解釈の方から文法を処理してゆくのであって、「文法→解釈」「解釈→文法」という往復コースの勉強こそ、文法も生かし、解釈も生かす最善の途なのである。何でもかでも文法だけできれいに割り切れなくては気がすまないという文法マニアは、結局「文法ずきの文法しらず」ということになるだろう。

次に、(c)では「に」が三とおり出ているが、まず(2)は動詞「過ぎ」に付いており、しかも連用形だから、完了の「ぬ」の連用形と考えられる。(1)と(3)の「に」は厄介だけれど、現代語に言いかえてみると、(1)は「マダ半分デアッテ」、(3)は「関東ノ片田舎ナンカニイルノデ」となる。前者が形容動詞の連用形、後者が格助詞である。もっとも、現代語で「デアッテ」となる「に」は、形容動詞（ナリ活用）の連用形だけでなく、断定の助動詞「なり」の連用形にも「に」がある。この見わけは、一一四頁のパターンで片づけるよりないのだが、いちおう「秋の半ばは過ぎにけり」と「半ば」を主語にした言いかたが成り立つから、形容動詞でないと考えることもできそうである。しかし、例題のばあいは、

半ばは秋なり。

と言えない。「行楽季節の半ばは春にて、半ばは秋なり」といった使いかたなら、もちろん「半ば」を主語にした表現が成り立つけれど、そのばあいの「半ば」は、意味がすこし違ってくる。

学業半ばにて志を捨て帰国せむとす。

の「半ばにて」なども、やはり「半ばは学業なり」と言いかえることができない。「秋もはや半ばにて」はそれと同類の言いかたなので、この例題のばあいは、形容動詞と見ておきたい。つまり、同じ「半ばなり」「半ばに」が、場面によって、名詞プラス助動詞ともなれば、形容動詞ともなるわけで、掬い投げか突き落しかという式の議論が、こんなところに出てくる。もともと形容動詞という品詞を認めること自身に、すこし無理がともなっているのだから、微妙な点になると、議論が分かれるのも、やむを得ない。高校生諸君としては、自分が文法学者として一人まえになり、形容動詞否定論あるいは修正論を学界に

公表するまでは、先生が「これは形容動詞だ」とおっしゃれば形容動詞、「こちらは名詞プラス助動詞」とおっしゃれば名詞プラス助動詞と憶えておくことをお奨めしたい。どちらとも判定がつきにくいようなのは、理窟さえつけば、どちらに決めてもかまわない。しかし、何にもせよ、

に ┌ デアッテ＝形容動詞・断定助動詞
　 └ （……ニ）＝格助詞
(19)

というパターンは、まあ憶えておいた方がお徳用ですと申しあげておこう。

品詞分解という作業は、だいたい右のようなぐあいで、あまりおもしろいとも思われないが、百人に一人ぐらいは、これがおもしろくてたまらないんだと宣言するサムライもいないとは限らない。また、大学の教授諸公にも、ことしは品詞分解を出題しようかという人が無くなったわけでなし、高校の先生がたにも品詞分解こそ文法そのものなんだと思いつめておいでになる向きがまだ少なくないようである。だから、御迷惑でも、当分の間は品詞分解の知識と縁を切るわけにゆかないだろう。といって、こんなものに多くの頁数を費やすのもばからしいから、次に、まちがいやすい品詞の区別を、ひとまとめに実例で示

しておく。単に品詞に分解せよと要求されたのなら、助詞とか助動詞とか答えればよいわけで、格助詞とか回想の助動詞とかいうような種類まで示すにおよばないが、理解しやすいように、なるべくこまかい区別まであげることにする。

か

(1) 足あれば、いづくに**か**登らざらむ。 (徒然)

(2) 花散らす風の宿りは誰**か**知る我に教へよ行きて恨みむ (古今)

(3) 別るれど嬉《うれ》しくもある**か**今夜《こよひ》よりあひ見ぬ前《さき》に何を恋ひまし〈今晩カラハオ別レシテモ嬉シイコトダナア。オ会イシナイ前ハ、恋シク思オウトシテモ思エナイワケダカラ。〉 (古今)

(4) かくてのみ止《や》むべきものか**か**ちはやぶる賀茂の社の万代《よろづよ》を見む〈コレキリニナルハズダロウカ、イヤ、ナリハシナイ。〉 (後撰)

(1)副助詞(係助詞)・反語。(2)副助詞(係助詞)・疑問。(3)終助詞(強意)。(4)終助詞(反語)。

が

(1) 雀の子を犬君《いぬき》**が**にがしつる。 (源氏)

(2) 上《かみ》**が**上《かみ》は、うちおきはべりぬ。〈上ノ上ハ、別問題ニイタシマス。〉（源氏）

(3) 生田《いくた》の森をば源氏五万余騎で固めたりける**が**、その勢《せい》の中に武蔵の国の住人河原太郎・河原次郎とて兄弟あり。（平家）

(4) 別当湛増は平家重恩の身なりし**が**、たちまちに心変りして……、（平家）

(5) 甲斐《かひ》が嶺《ね》をさやにも見し**が**心《けけれ》なく横ほり臥《ふ》せる佐夜《さや》の中山〈甲斐ノ嶺ヲハッキリ見タイモノダ。意地ワルク寝ソベッテイル佐夜ノ中山ガ邪魔ダナア。〉（古今）

(1)格助詞（主格）。(2)格助詞（連体修飾格）。(3)接続助詞（順接）。(4)接続助詞（逆接）。(5)終助詞（希望）。

けれ

(1) 谷茂**けれ**ど、西は晴れたり。（方丈）

(2) かの家に行きて、たたずみありき**けれ**ど、かひあるべくもあらず。〈ソノ辺ヲウロツキ歩イタガ、効果ガアリソウニモナイ。〉（竹取）

(3) かたちありさまの優《すぐ》れたらむこそ、あらまほしかるべ**けれ**。（徒然）

(4) え留《とど》むまじ**けれ**ば、たださし仰《あふ》ぎて泣きをり。〈ヒキ止メラレソウニモナイノデ、タダ空ヲ見アゲテ泣イテイル。〉（竹取）

(5) 秋の野を艶《にほ》はす萩《はぎ》は咲**けれ**ども見るしるしなし旅にしあれば〈秋ノ野ヲイロドル萩

ハ咲イテイルガ、旅ヲシテイル身ナノデ、見ルカイガナイ。〉（万葉）

(1)形容詞「茂し」の活用語尾（已然形）。(2)助動詞「けり」の已然形。(3)助動詞「べし」の已然形の一部分。(4)助動詞「まじ」の已然形の一部分。(5)動詞「咲く」（四段）の活用語尾（已然形または命令形）と助動詞「り」の已然形。

し

(1) 何事も入り立たぬ様《さま》**し**たるぞよき。〈何事ニツケテモ、出シャバラナイ様子ヲシテイルノガ結構ナンダ。〉（徒然）

(2) 人ども出だ**し**求めさすれど、失《う》せにけり。（枕）

(3) おぼつかなきこそ、頼も**し**かなれ。〈心細イ様子デアルノコソ、頼モシイヨウデスヨ。〉（宇津保）

(4) うつせみの世にも似たるか花桜咲くと見**し**間にかつ散りにけり〈咲クト見タ間ニ、一方デハ散ッチャッタコトダナア。〉（古今）

(5) 春雨のふるは涙か桜花散るを惜しまぬ人**し**なければ（古今）

(1)動詞（サ変）の連用形。(2)動詞（四段）の活用語尾（連用形）。(3)形容詞の活用語尾の一部分。(4)助動詞「き」の連体形。(5)副助詞（強意）。

しか

(1) 何事の憂かりしぞ。官《つかさ》・位《かうぶり》、心もとなく思《おぼ》えし**か**。〈官位ガ心配ダッタノカ。〉 (栄華)

(2) さきざきも申さむと思ひし**か**ども……、 (竹取)

(3) 我も**しか**泣きてぞ人に恋ひられし〈ワタシモソンナフウニ、泣キナガラアナタニ恋サレマシタ。〉 (大和)

(4) 二十《はたち》ばかりの御齢にて、いとまだ**しか**るべき御事なれども、〈マコトニ早スギルヨウナ御次第ダケレドモ〉 (増鏡)

(5) いつ**しか**梅咲かなむ。〈早ク梅ガ咲イテホシイ。〉 (更級)

(1)助動詞「き」の連体形と終助詞「か」(疑問)。(2)助動詞「き」の已然形。(3)副詞。(4)形容詞「まだし」の活用語尾(連体形)の一部分。(5)副詞の一部分。〈副助詞とする説もある。〉

せ

(1) 心に思ふことを見るもの聞くものにつけて言ひ出だ**せ**るなり。 (古今)

(2) 文《ふみ》といふこと無からましかば、いかにいぶせく昏《く》れふたがる心ち**せ**まし。〈モシ手紙

トイウコトガ無イトシタラ、ドンナニクサクサシテマッ暗ナ気持ガスルダロウ。〉（枕）

(3) けふ割籠《わりご》もたせて来たる人、その名などぞや、いま思ひ出でむ。（土佐）

(4) これをのみ常に御覧じあそばせたまへば、他物《こともの》どもは籠《こ》められにけり。〈コレバカリイツモ御覧ニナリ、オ遊ビナサレルノデ、ホカノ玩具ハホウリコンダキリニナッタ。〉（大鏡）

(5) 世のなかにたえて桜のなかりせば春の心はのどけからまし（古今）

(1)動詞「出だす」（四段）の活用語尾（已然形あるいは命令形）。(2)動詞「心ちす」（サ変）の活用語尾（未然形）。(3)助動詞「す」（使役）の連用形。(4)助動詞「せたまふ」（尊敬）の一部分。〔尊敬助動詞「す」の連用形と考えてもよい。〕四七八頁参照。(5)助動詞「き」の未然形。一四四頁参照。

ぞ

(1) 作文《さくもん》の船にぞ乗るべかりける。（大鏡）

(2) さのみやはとて、うち出ではべりぬるぞ。〈ソウイツマデモコンナフウデイラレヨウカト思ッテ、オ打チ明ケイタシマスノヨ。〉（竹取）

(1)副助詞（係助詞）。(2)終助詞。

たまふ

(1) またの年、同じ博士《はかせ》を召して、秀才の題を**たまふ**。（宇津保）

(2) 御子《みこ》をば留《とど》めたてまつりて、忍びてぞ出で**たまふ**。〈皇子ヲ宮中ニオ残シ申シアゲテ、コッソリ御退出ナサル。〉（源氏）

(3) うちうちに思ひ**たまふ**るさまを奏したまへ。〈ヒソカニ思ッテオリマス様子ヲ奏上シテクダサイ。〉（源氏）

(1)動詞（四段）の終止形。(2)尊敬助動詞「たまふ」（四段）の終止形。(3)丁寧（または謙譲）の助動詞「たまふ」（下二段）の連体形の一部分。

たり

(1) 幾千《いくち》年《とせ》へ**たり**と知らず。（土佐）

(2) 六代は諸国の受領《ずりやう》**たり**しかども、殿上の仙籍をばいまだ許されず。〈六代ノ間ハアチコチノ地方長官ダッタガ昇殿ハマダ許サレナイ。〉（平家）

(3) 待つ人は障《さは》りありて、頼めぬ人は来**たり**……、（徒然）

(4) 閑庭に落葉みちて蕭蕭**たり**。（太平記）

(1)助動詞（完了あるいは存続）の終止形。(2)助動詞（断定）の連用形。(3)動詞

「来タル」（四段）の活用語尾（連用形）。(4)形容動詞の活用語尾（終止形）。

て

(1) 俊蔭、林のもとに立**て**り。（宇津保）

(2) 頼め来《こ》し言《こと》のはいまは返し**て**む我が身古《ふ》るれば置き所なし〈ワタシヲアテニサセテキタ御手紙モ、イマハモウ返シテシマオウ。ワタシ自身ガ古メカシクナッテイルノデ、置キ所ガナイ。〉（古今）

(3) いかがしけむ、女を得**て**けり。〈愛人ガデキタトサ。〉（大和）

(4) 常よりも思《おぼ》し出づること多く**て**、靫負《ゆげひ》の命婦といふをつかはす。（源氏）

(1)動詞「立つ」の活用語尾（已然形あるいは命令形）。(2)助動詞「つ」の未然形。(3)助動詞「つ」の連用形。(4)接続助詞。【注】(2)(3)の用法は「ば」「む」「まし」「き」「けり」に付くときだけ。

と

(1) 嵐のみ吹くめる宅《やど》に花すすき穂《ほ》に出でたり**と**効《かひ》なかるらむ〈出タトコロデ無駄デショウ。〉（蜻蛉）

(2) 生き**と**し生けるもの、いづれか歌を詠《よ》まざりける。（古今）

(3) 世の中《なか》にある人**と**住家**と**、またかくの如し。（方丈）

(4) もとより友**と**する人、一人二人して行《い》きけり。（伊勢）

(5) 北には青山峨《が》峨《が》**と**して、松吹く風索《さく》索《さく》たり。（平家）

(6) 重盛《しげもり》が子ども**と**て候はむずる者が、殿の御出に参り逢うて、乗物より下り候はぬ。（平家）

(7) 海の面《おもて》はうらら**と**凪《な》ぎわたりて……、（源氏）

(1)接続助詞（仮定）。(2)格助詞（強意）。(3)格助詞（並列）。(4)格助詞（指示）。(5)形容動詞の活用語尾（連用形）。(6)断定の助動詞「たり」の連用形。(7)副詞の一部分。

な

(1) おぼつか**な**いづれの山の峯よりか待たるる花の咲き始むらむ（山家集）

(2) 名のあがらむこともまさり**な**まし。〈名声ガアガルナドイウヨウナコトモ、イッソウダッタニチガイナカロウ。〉（大鏡）

(3) 花の色は移りにけり**な**いたづらに我が身世にふるながめせし間に（古今）

(4) この玉とり得では、家に帰り来《く》**な**。〈家ニ帰ッテクルナ。〉（竹取）

(5) 春日野《かすがの》はけふは**な**焼きそ若草の妻もこもれり我もこもれり（古今）

(6) そは心ななり。〈アナタノ心次第デアルヨウダ。〉（源氏）

(7) 家訊《き》かな宣《の》らさね〈オ宅ヲ承ワリタイ。言ッテクダサイ。〉（万葉）

(8) み山には松の雪だに消えなくに都は野べの若菜つみけり〈マダ消エナイコトダノニ〉（古今）

(9) たち別れいなばの山の峯に生《お》ふるまつとし聞かばいま帰りこむ（古今）

(10) 淡海《あふみ》の湖《うみ》夕浪千鳥なが鳴けば心もしのに古《いにしへ》思ほゆ（万葉）

(1)形容詞語幹の一部分。(2)助動詞「ぬ」の未然形。(3)終助詞（強意）。(4)終助詞（禁止）。(5)終助詞。三七一頁参照。(6)助動詞「なり」の連体形の一部分。一六九頁参照。(7)終助詞（希望）。(8)助動詞「ず」の古い未然形。二八八頁参照。(9)動詞「去《い》ぬ」（ナ変）の活用語尾（未然形）。(10)体言（代名詞）。

なむ

(1) 春立てば消ゆる氷の残りなく君が心は我に解けなむ〈春ガ立ツト残リナク消エル氷ノヨウニ残リナクアナタノ心ハ我ニヤサシク解ケテホシイ。〉（古今）

(2) 身は賤《いや》しながら、母なむ宮なりける。（伊勢）

(3) 若くて亡《う》せにし、いといとほしく、あたらしくなむ、〈タイソウ気ノドクデ、惜シイコトデスヨ。〉（増鏡）

(4) まろ空《むな》しくなりなば、親もいたづらになりたまひな**む**。〈ボクガ死ンジャッタラ、母《カア》チャンモキットダメニオナリダロウ。〉（宇津保）

(5) いづちもいづちも、足の向きたらむ方《かた》へ去《い》な**む**ず。〈ドチラノ方角ナリト、足ガ向クヨウナ方へ行コウトスル。〉（竹取）

(1)終助詞（希望）。三五二頁参照。(2)副助詞（係助詞）。(3)同上。〔下に「はべる」が省略された言いかた。〕(4)助動詞「ぬ」の未然形と助動詞「む」（終止形）。(5)動詞「去ぬ」（ナ変）の活用語尾（未然形）と助動詞「む」（終止形）。三二一頁参照。

なり

(1) 昔ありし家は稀**なり**。（方丈）

(2) いまは帰るべきに**なり**にければ……、（竹取）

(3) 秋の野に人まつ虫の声す**なり**我かと行きていざ訪《とぶ》らはむ〈声ガスルヨウダ〉（古今）

(4) めづらかなる児《ちご》の御かたち**なり**。〈タグイ稀ナ子ドモノ御顔デアル。〉（源氏）

(1)形容動詞の活用語尾（終止形）。(2)動詞「なる」（四段）の連用形。(3)助動詞「なり」（伝聞・推定）の終止形。(4)助動詞「なり」（断定）の終止形。

に

(1) 春霞かすみて去《い》**に**し雁《かりがね》はいまぞ鳴くなる秋霧の上に　（古今）

(2) げ**に**え堪《た》ふまじく泣いたまふ。〈ホントウニ堪エキレソウモナイホド〉　（源氏）

(3) 大方のやんごとなき御思ひ**に**て……、〈普通程度ニ大切ニナサル御思イデアッテ〉　（源氏）

(4) 阿部のみむらじは、財《たから》ゆたか**に**家ひろき人にぞおはしける。　（竹取）

(5) 舟こぞりて泣き**に**けり。　（伊勢）

(6) さても幾つ**に**かなりたまひぬる。　（大鏡）

(7) 日暮れかかる**に**、宿るべきところ遠し。　（十六夜）

(8) 雪ふり荒れまどふ**に**、ものの興もなくて……、〈雪ガフッテ、ヒドク荒レルノデ、何ノオモシロイコトモナクテ〉　（更級）

(1)動詞「去ぬ」（ナ変）の活用語尾（連用形）。(2)副詞の語尾。(3)助動詞「なり」（断定）の連用形。(4)形容動詞の活用語尾（連用形）。(5)助動詞「ぬ」の連用形。(6)格助詞。(7)接続助詞（逆接）。(8)接続助詞（順接）。

ぬ

(1) もみぢの錦着**ぬ**人ぞなき。　〈大鏡〉

(2) 秋来**ぬ**と眼にはさやかに見えねども風の音にぞおどろかれぬる　〈古今〉

(3) もとの人のがり往《い》**ぬ**。〈先妻ノトコロヘ行ク。〉　〈堤〉

(1)打消の助動詞「ず」の連体形。(2)完了（確述）の助動詞「ぬ」の終止形。(3)動詞「往ぬ」（ナ変）の活用語尾（終止形）。〔五七頁参照〕

ね

(1) はや舟出して、この浦を去り**ね**。〈キットコノ浦ヲ立チ去リナサイ。〉　〈源氏〉

(2) さらにこそ信ぜられ**ね**。〈テンデ信用ナンカデキナイ。〉　〈大鏡〉

(3) 往《い》**ね**。いま聞えむ。〈行キナサイ。〉　〈枕〉

(4) 我が背子《せこ》が古き垣内《かきつ》の桜花いまだ莟《ふふ》めりひとめ見に来《こ》**ね**〈チョット見ニイラッシャイ。〉　〈万葉〉

(1)完了（確述）の助動詞「ぬ」の命令形。(2)打消の助動詞「ず」の已然形。(3)動詞「往ぬ」（ナ変）の活用語尾（命令形）。(4)終助詞（希望）。

ば

(1) 心にかかることあら**ば**、その馬を馳《は》すべからず。〈気ニナルコトガモシアルナラバ〉

(2) はかばかしき御後見《おんうしろみ》しなければ、事とある時は、なほよりどころなく心細げなり。（徒然）
〈チャントシタ後ダテナンカ無イカラ、イザトイウ時ハ、ヤハリ頼リガナク心細イ様子デアル。〉（源氏）

(3) 君の仰《おほ》せ言《ごと》をば、いかが背《そむ》くべき。（竹取）
(1)接続助詞（仮定）。(2)接続助詞（既定）。(3)格助詞の一部分。〔格助詞「を」に副助詞「は」がつくと濁音「ば」になる。二二二頁参照。〕

ばや

(1) 別当入道の庖丁を見ばやと思へども……、〈見タイト〉（徒然）

(2) ひさかたの月の桂も秋はなほ紅葉すればや照りまさるらむ〈秋ハヤハリ紅葉スルカラ月光モイッソウ明ルイノダロウカ。〉（古今）

(3) 心あてに折らばや折らむ初霜の置きまどはせる白菊の花〈当テズッポウデ折ルナラ折ロウ、初霜ガ置イテドレガ白菊カワカラナイソノ白菊ヲ。〉（古今）
(1)終助詞（希望）。(2)接続助詞「ば」（既定）と副助詞（係助詞）の「や」。(3)接続助詞「ば」（仮定）と副助詞（係助詞）の「や」。

めり

(1) まさきの葛《かづら》、跡《あと》を埋《うづ》**めり**。（方丈）

(2) ぬしは幾つといふこと憶えずといふ**めり**。〈アナタハ何歳トイウコトヲ憶エテナイトオッシャルヨウダ。〉（大鏡）

(1)動詞「埋む」（四段）の活用語尾（已然形あるいは命令形）と完了（存続）の助動詞「り」（終止形）。(2)推量の助動詞（終止形）。

や

(1) よき人は、知りたる事とて、さのみ知り顔に**や**は言ふ。（徒然）

(2) 前《さき》の世にも御契《ちぎ》り**や**深かりけむ。（源氏）

(3) まどひ繰り入るるさまぞ、ことわりなる**や**。（枕）

(1)副助詞（係助詞）。〔反語の用法〕。(2)副助詞（係助詞）。〔疑問の用法〕。(3)終助詞。〔強意の用法〕。

よに

(1) されば**よに**恥かしきかたもあれど……、〈タイソウ〉（徒然）

(2) 生ける**よに**はいまだ見ず。（万葉）

(1)副詞。(2)体言の「世」と格助詞の「に」。【注】形容詞・形容動詞を修飾するときは(1)の用法。

らむ

(1) まことに知らぬ人も、などか無から**らむ**。（徒然）

(2) ぬしの御歳は、おのれにはこよなくまさりたまへ**らむ**かし。〈アナタノ御歳ハ、ワタシヨリモ、ズット上デイラッシャルダロウナ。〉（大鏡）

(3) 正月《むつき》に拝みたてまつ**らむ**とて、小野にまうでたる。（伊勢）

(4) 思はむ子を法師になしたら**む**こそは、いと心ぐるしけれ。（枕）

(5) いざ子ども早く日本《やまと》へ大伴《おほとも》の御津《みつ》の浜松待ち恋ひぬ**らむ**（万葉）

(1)形容詞「無し」の未然形の一部分と助動詞「む」。(2)助動詞「り」の未然形と助動詞「む」。(3)助動詞「たてまつる」の未然形の一部分と助動詞「む」。(4)助動詞「たり」の未然形の一部分と助動詞「む」。(5)推量の助動詞「らむ」。

らる

(1) かの大納言、いづれの船にか乗**らる**べき。〈ドノ船ニオ乗リニナルツモリカ。〉

(2) なほ梅の匂《にほ》ひにぞ、古《いにしへ》の事もたちかへり恋しう思ひ出で**らる**。（大鏡）
（徒然）

(1)動詞「乗る」の活用語尾（未然形）と尊敬の助動詞「る」。(2)自発（可能）の助動詞。

る

(1) 冬はいかなる処にも住**まる**。（徒然）

(2) 誰見よと花咲け**る**らむ白雲のたつ野とはやくなりにしものを（古今）

(1)可能の助動詞「る」（終止形）。(2)完了（存続）の助動詞「り」（連体形）。一四六頁参照。

れ

(1) 萩の露珠《たま》に貫《ぬ》かむと取**れ**ば消《け》ぬよし見む人は枝ながら見よ（古今）

(2) あだなりと名にこそ立て**れ**桜花年《とし》に稀なる人も待ちけり〈評判ニハナッチャッテイルガ〉（古今）

(3) ものはすこし覚《おぼ》ゆれど、腰なむ動か**れ**ぬ。（竹取）

(4) 交野《かたの》の少将には笑は**れ**たまひけむかし。（源氏）

(5) 心ひとつに思ひあまる事など多かるを、何にかは聞かせむと思へば、うちそむか**れ**て……、〈聞カセタトコロデシカタガナイト思ウト、自然、フイト後ヲ向クヨウナコトニナッテ〉（源氏）

(1)動詞「取る」の活用語尾（已然形）。(2)完了（存続）の助動詞「り」の已然形。(3)可能の助動詞（未然形）。(4)受身の助動詞（連用形）。(5)自発の助動詞（連用形）。

を

(1) 年**を**経て花の鏡となる水は散りかかる**を**や曇るといふらむ（古今）

(2) いとあつしくなりゆき、もの心細げに里がちなる**を**、いよいよあかずあはれなるものに思ほして……、〈心細イ様子デ私邸ニ退出ガチデアルノヲ〉（源氏）

(3) 八重桜は奈良の都にのみありける**を**、この頃ぞ世に多くなりはべるなる。（徒然）

(4) 萩が花散るらむ小野の露霜に濡れて**を**行かむさ夜は更《ふ》くとも（古今）

(5) 春の着る霞の衣《ころも》ぬき**を**薄み山風にこそ乱るべらなれ。〈横糸ガ弱クテ〉（古今）

(1)格助詞。(2)接続助詞（順接）。(3)接続助詞（逆接）。(4)終助詞（間投助詞）。(5)終助詞（間投助詞）。

どうも御苦労さま。この項に限って、鉛筆と紙の用意をあまり強調しなかったが、こんなことをまる暗記しろなど要求するのは、どう考えても教育的でないからで、諸君もいますぐ憶えてしまおうなどと無理をしない方がよろしい。ひとわたり見て、理解できたら、次に進んで結構。必要なことは、これからも繰りかえし出てくるから、そのうち、だんだん頭に入るだろう。まあ、ひと休みしてくれたまえ。

まとめ

1 品詞分解の急所は、助動詞・助詞の接続のしかた。
2 文法→解釈・解釈→文法。
3 迷うことがあるのは当然。いちおう決まれば結構。

四　文をどう考えるか

(一) 単語・文節・文

分解、分解、分解……と、分けることばかりに頭を使ってきたが、こんどは、反対に、まとめる方の頭をはたらかせてみることにしよう。わたくしの考えでは、こちらの方が、文法として、むしろ大切だろうと思われる。ところで、これまでにも、品詞分解のくだらなさをさんざんけなしてきたから、もう充分だという感じがあるかもしれないけれど、品詞分解万能病の患者は、数も多いことだし、なかなか全快しにくいものだから、いましばらく次の話にお付きあいねがいたい。

(a) かの生道心《なまだうしん》、殊勝げにも行なひ澄ましたりな。
(b) あの新米《しんまい》坊主、すっかりしおらしく修行しているねえ。
(c) あの若い坊《ぼん》はん、えろう感心に修行しとるなあ。

この傍線部分をくらべてみると、意味としてはだいたい同じことになるが、これまでのような「分解」という頭で観察するなら、それぞれ違ったところがある。まず(b)の傍線部分を品詞に分解すると、

修行し（動）て（助）いる（動）ねえ（助）。

となるだろう。しかし、(a)は、かならずしも動詞プラス助詞プラス動詞プラス助詞という構成でなく、

行なひ澄まし（動）たり（助動）な（助）。

となるわけで、構成からいえば、(c)の

修行し（動）とる（助動）なあ（助）。

と同じである。関西方言の文法はまだ誰もまとめていないから、助動詞「とる」を認めるかどうかは、いくらか問題だろうけれど、これはもともと「て・おる」が結びついて生まれ

たもので、その出来かたが「と・あり」の結びついた「たり」と同じであるばかりでなく、

わて、Aはんから本を借りとるねん。

あかん、あかん。雨が降っとるわ。

のように、連用形につく接続のしかたまで一致するから、古典語の「たり」にあたる助動詞と考えてよかろう。こんなふうに、万事、分けて考えるのが、これまでの文法でいちばん大切なことであったけれど、語学という立場からは、古典語の「行なひ澄ましたりな」に相当する現代語が「修行しているねえ」「修行しとるなあ」であること、つまり、この言いかたがこの言いかたに相当するという事実をとらえることの方が、もっと大切ではなかろうか。これは、外国語を勉強するばあいも同じことで、フランス語の voici が前置詞であり、英語の here が代名詞、また is や are が動詞であるということよりも、英語で here is あるいは here are と言うところをフランス語では voici と言うのだということを憶える方がずっと大切である（一九頁参照）。

ところで、言いかたを問題にするばあい、ひとつひとつの動詞とか助動詞とかを採りあげるよりも、いくつかの単語がひとまとまりになったものを相手にすることの方が多い。それが**文節**である。文節とは何ぞやということを議論しだすと、かなり厄介だけれど、次のような例はどうだろうか。

「君」

「何でしょうか」
「お茶だ」
「はい」

これらの文は、それぞれひと息に発音してしまい、こまかく区切らない。もし「何・でしょう・か」「お茶・だ」というように区切って発音すると、たいへん不自然になる。ところが、

H町は道にそうた細長い町で、生垣が多く、店屋は少なかった。

というような長い文になると、いくつかに区切って発音することができる。

H町は・道に・そうた・細長い・町で、・生垣が・多く・店屋は・少なかった。

しかし、これ以上こまかく区切ると、聞きにくいし、意味もかえってわかりにくい。こんなふうに、文を、不自然でない範囲で、できるだけこまかく区切るとき、その区切りのひとつひとつを文節とよぶ。文節は、ふつう、いくつかの単語がまとまっているものだけれど、さきの「細長い」「多く」のように、ひとつの単語で出来ている文節もある。文は、文節がいくつか集まって出来るのがふつうだけれど、さきの「何でしょうか」「お茶だ」のように、ひとつの文節で出来ている文もある。

文節ということを教科書ですでに習っている人は、わたくしのいま説明したことを、あたりまえの話だと思うにちがいない。しかし、文節をもとにして文法を考えるのは、文法

学の歴史からいうと、まったく画期的なことなのであって、文法の神さま橋本進吉博士のすばらしい着想から生まれた学説である。どんなにすばらしい考えであるかは、文節などいうものを誰も認識できなかった時代に学生であったわたくしにはよくわかる。石油ランプ時代の経験をもつ人が、蛍光灯のすばらしさをよく理解できるように……。それでは、どこがそんなに画期的なのか。

品詞分解の規準を説明したとき、自立語と付属語をはじめ、いろいろな品詞の区別が、単独で文節を作るとか作らないとか、あるいはどんな性質の文節を作るかというような点からおこなわれていたことを、思い出していただきたい（二二一頁以下）。つまり、さきの「君」「はい」などは、それだけでひとつの文節になっている。また「お茶だ」は、単に「お茶」だけでも、ちゃんと文節あるいは文になる。しかし「だ」だけでは、文節になれない。さきに述べたとおり、「お茶・だ」と区切って発音すると、たいへん不自然になるからである。このように、単独で文節になれる「君」「はい」「お茶」などを自立語、ほかの自立語と結びついてはじめて文節になれる「だ」の類を付属語とする。そうして、自立語のなかでも、単独で述文節になれるもの、主文節になれるもの、連体修飾文節になれるもの、連用修飾文節になれるもの、接続文節になれるもの、独立文節になれるものなど、なる文節の種類にしたがって、それぞれ用言・体言・連体詞・副詞・接続詞・感動詞に分かれる。すなわち、品詞分解の原理が、文節というものから出ているのである。

橋本文法がひろまる前は、こんな意味あいをもつことばが名詞だとか、こんな職能をもつことばが動詞だとかいうように説明されていた。しかし、文法的な意味あいとか職能とかは、ある共通の**形式**をもつことばについて帰納的に観察されるとき、はじめて正しくとらえられるのであって、あらかじめ意味や職能を考えておくのは、研究法として逆だというのが、橋本博士の主張である。そこで、いちばん「形式」という性質のはっきりした音。声をもとにして文法を組みたてたのが、いわゆる橋本文法なのである。発音の自然な区切りということから出てくる「文節」が、橋本文法のなかで、どんなに重要な位置をしめるか、おわかりだろう。文節を認めることによって、文法の研究は、ぐんと科学的な確かさを増したといってよい。もちろん、文節にもとづく理論ですべてが完全に割り切れるわけではない。つごうのわるい点もかなり出てくる。しかし、それかといって、橋本文法にかわる、もっと完全に近い文法がいますぐうち建てられるわけではないから、しばらくは、いまのところいちばん合理性の多い橋本文法に従っておくのがよかろう。文節にもとづく理論で割り切れない点をするどく批判したのが、時枝誠記博士で、文節を認めない立場から新しい体系をつくりあげた頭のさえは尊敬されてよいけれど、時枝文法が全体として橋本文法よりも完全に近いかどうかは、まだ確かでない。諸君は、当分のあいだ、安心して橋本文法つまりこの本で説明している文法を勉強することができる。

さて、文節を中心として、どんなふうに文法が組みたてられているか。これまでながなが述べてきた接続のしかた、あるいは品詞分解などは、文節という側から見ると、単語がどんなふうにして文節を作るかという作りかたを調べてきたことになる。このように文節と単語との関係を考えてゆくのが、文法におけるひとつのしごとであって、いろいろな名称でよばれるけれど、いまは佐伯博士にしたがって**単語論**とよぶことにする。もうひとつは、文節がどんなふうにして文を作るかという作りかたを調べるしごとで、これも佐伯博士にしたがって**文節論**とよぶことにする。つまり、

単語→文節→文

という形になるわけで、この単語論と文節論とが、文法研究の主要なふたつの部門になっている。ほかに文の種類わけとか、文と文とがどんなふうにもっと大きい「文章」を作るかという関係のしかたとかを調べる**文論**も、文法のひとつのしごとであるけれど、まだあまりよく研究されておらず、いくらか開店休業の感じがないでもない。

という次第で、文節を中心とした文法の「見わたし」は終り。

まとめ

1 分解するよりも、まとめて「言いかた」をとらえよ。

2 音声という「形式」から文法研究の決め手「文節」をとらえたのが、橋本文法の特色。

3 「文節↑単語」が単語論、「文節↓文」が文節論。ほかに文論。

(二) 文の組みたて

単語がどんなふうに文節を作るかは、すでに、いやというほど勉強してきたから、こんどは、文節がどんなふうに文を作るかを調べることにしよう。

さきの「君」とか「お茶だ」とかのように、文節ひとつで文ができていることも(特に会話のばあい)少なくないけれど、多くのばあい、文は

校庭の・桜が・きれいに・咲いた。

というように、いくつかの文節から出来ている。こんなとき、文節と文節との間には、きっと何かの関係がある。「校庭の」は「桜が」に、「桜が」は「咲いた」に、そうして「きれいに」も「咲いた」と関係している。これらの関係のしかたのうち、

桜が・咲いた。

というのは、

キャデラックが・来た。

あなたは・お美しい。

文法も・おもしろくない。

などいう例と同じわけで、

何が・どうである（どうする・どうでない）。

という関係になっている。このばあい、「何が」にあたる文節を**主語**（主語文節・主文節・主語節・主節）、「どうである」にあたる文節を**述語**（述語文節・述文節・述語節・述節）、そうしてこんな関係のしかたを**主述関係**とよぶ。次に、

校庭の・桜が

きれいに・咲いた。

は、「校庭の」が「桜」をどこの桜であるかわかるように説明し、また「きれいに」が「咲いた」をどんなふうに咲いたかわかるように説明している。この説明している「校庭の」「きれいに」を**修飾語**（修飾語文節・修飾文節・修飾語節・修飾節）、説明されている「桜が」「咲いた」を**被修飾語**（被修飾語文節・被修飾文節・被修飾語節・被修飾節）、そうしてこんな関係のしかたを**修飾関係**とよぶ。ところで、この修飾関係をもうすこし詳しく見ると、「校庭の」は「桜が」という文節のうちで特に「桜」という体言を説明しており、「きれいに」も「咲いた」という文節のうち特に「咲い」という用言を説明している。このように、同じ修飾関係でも、被修飾語の性質によって、すこし違うところがあるので、「校庭の」みたいなのを**連体修飾語**（連体語・連体修飾節・連体節）、「きれいに」みたいなのを**連用修飾語**（連用語・連用修飾節・連用節）とよぶ。次に、

いやなら、よしたまえ。
好きだから、やりぬきます。

などは、上の「いやなら」「好きだから」という文節が、それぞれ「よしたまえ」「やりぬきます」を説明しているわけだけれど、その説明のしかたは、修飾関係とちがい、下の文節のうち特に「よし」「やりぬき」だけを説明するのでなく、それぞれ「よしたまえ」という勧告や「やりぬきます」という決意ぜんたいに対する条件あるいは理由などを示すものである。下の文節ぜんたいに対する説明であることは、

わるくても、あきらめません。

というような否定形のとき、特にはっきりする。もし最後の「ん」が無いとすれば、上の「わるくても」は行先不明になってしまい、文ぜんたいの意味がおちつかない。こんなのを**接続関係**とよび、「いやなら」「好きだから」「わるくても」などの文節を**接続語**（接続節）とよぶ。次に、

数学だの・英語だの・苦労するよ。

では、「数学だの」と「英語だの」とが、対等の資格で「苦労するよ」を説明している。「苦労するよ」という文節に対する関係のしかたは、「数学だの」も「英語だの」も連用修飾だが、「数学だの」と「英語だの」とは平行線のように並んでおり、

数学だの
英語だの　苦労するよ。

という形で考えられる。こんなのを**並立《へいりつ》関係**とよび、「数学だの」と「英語だの」とを**並立語**（並立節）とよぶ。最後に、もうひとつ。

皆さん、これから申しますことをよく聴いてください。

合格、それこそぼくの光栄ある目標なんだ。

などにおいて傍線をつけた文節は、下のどの文節に対しても、これという結びつきがなく、わりあい切り離された感じである。この「皆さん」「合格」みたいなのを**独立語**（独立節）とよび、こういった使われかたを**独立関係**という。独立関係とは、何だか変なことばのようだけれど、ほかの文節に対する関係のしかたが独立的だという意味に理解しておいていただきたい。

こういった次第で、文節と文節とがどんなふうに関係するか、だいたいのみこめたかと思うので、次に、ひとつ腕だめしとゆこう。

練習　九

国語の文の主語述語の関係については、次のようなものがある。

イ　主語述語の関係が一回だけあるもの。

（例）　花咲く。

ロ　主語述語の関係があり、しかもその主語の中にさらに主語述語の関係が含まれているもの。

（例）　花の散るは早し。

ハ　主語述語の関係があり、しかもその述語の中にさらに主語述語の関係が含まれているもの。

（例）　梅はかをり高し。

ニ　主語述語の関係があり、しかもその連体修飾語の中にさらに主語述語の関係が含まれているもの。

（例）　花の咲く時近づけり。

ホ　主語述語の関係があり、しかもその連用修飾語の中にさらに主語述語の関係が含まれているもの。

（例）　花咲けど鳥歌はず。

次の各々の文（1～6）は、右の五種（イ～ホ）のうちのどれに当るか。イ・ロなどの符号を用いて答えよ。

1　神垣のみむろの山のさかき葉は神のみまへにしげりあひにけり
2　つくばねのこのもかのもにかげはあれど君がみかげにますかげはなし
3　行く末の命も知らぬ別れぢはけふあふさかやかぎりなるらむ
4　とびかよふをしの羽風の寒ければ池の氷ぞさえまさりける
5　むかしよりかしこき人の富めるはまれなり。
6　日数の早く過ぐるほどぞものにも似ぬ。

（東大）

主述関係を考えるためには、まず文節に分けるのが手順で、たとえば1なら、
神垣の・みむろの山の・さかき葉は、神の・みまへに・しげりあひにけり
となるわけ。このばあい、ひとつひとつの文節について考えると、

(a) 神垣の→みむろの山の＝連体修飾
(b) みむろの山の→さかき葉は＝連体修飾
(c) 神の→みまへに＝連体修飾
(d) みまへに→しげりあひにけり＝連用修飾
(e) さかき葉は→しげりあひにけり＝主述

となる。しかし、もっと大きくながめるなら、いちばん基本になっているのが(e)の主述関係で、主語「さかき葉は」を「神垣のみむろの山の」が連体修飾し、述語「しげりあひにけり」を「神のみまへに」が連用修飾しているのだと考えることができよう。つまり、1を大きく分解すると、

(連体修飾) 主語→(連用修飾) 述語

となるわけ。このばあい、主語「さかき葉は」に対してひとまとまりの連体修飾になっている「神垣のみむろの山の」を**連文節**とよぶ。いくつかの文節が集まって、ひとつの文節がほかの文節に関係するのと同じようなはたらきをしているという意味である。「神のみまへに」も同じく連文節である。ところで、これらの連文節をそれぞれ単独の文節に分け

ると、(a)および(c)という連体修飾の関係になっているわけだが、連文節がその内部でどんな関係になっているかは、文のできかたによっていろいろである。たとえば、6を大きく分解すると、

日数の早く過ぐるほどぞ→ものにも似ぬ。

という主述関係になるが、主語になっている「日数の早く過ぐるほどぞ」という連文節は、

(a) 日数の早く過ぐる→ほどぞ＝連体修飾
(b) 日数の→早く過ぐる＝主述
(c) 早く→過ぐる＝連用修飾

と複雑な文節関係を含むわけである。こうした何重かにかさなっている文節関係をとらえよというのが、問題の趣旨である。しかし、はじめの例示をよく見れば、

答 1＝イ。2＝ホ。3＝ハ。4＝ホ。5＝ロ。6＝ニ。

という結論は、だいたい無理なく出るだろう。

ところが、次のような問題になると、いくらか汗が出るかもしれない。

練習 一〇

次の文について、それを組み立てている根幹をなす成分の排列は、それぞれ、左の表のどれに最も近いか。符号(イ～リ)を用いて答えよ。

イ	連体修飾語—主語—連用修飾語—述語
ロ	連用修飾語—述語—独立語
ハ	連用修飾語—連体修飾語—主語—述語
ニ	連用修飾語—主語—述語
ホ	独　立　語—述語
ヘ	連用修飾語—述語
ト	連体修飾語—独立語
チ	連用修飾語—連体修飾語—述語
リ	連体修飾語—主語—主語—述語

1　暁になりやしぬらむと思ふほどに山の方より人あまた来る音す。
2　秋風にたなびく雲のたえまよりもれ出づる月のかげのさやけさ
3　送りに来つる人びとこれより皆帰りぬ。
4　おもしろく咲きたる桜を長く折りて大きなる瓶《かめ》にさしたるこそをかしけれ。
5　池の尾に住みける禅珍内供は鼻長かりけり。
6　わたの原やそ島かけて漕ぎ出でぬと人には告げよあまのつり舟

（東大）

やはり連文節のあつかいかたであるが、いちばん簡単なもので小手しらべをしてみよう。

(a) 池の尾に住みける禅珍内供は↓鼻長かりけり＝主述
(b) 池の尾に住みける↓禅珍内供は＝連体修飾
(c) 池の尾に↓住みける＝連用修飾
(d) 鼻↓長かりけり＝主述

これならリにあたることは明らか。といった調子で、

答 1＝ハ。2＝チ。3＝イ。4＝ニ。5＝リ。6＝ロ。

となるわけ。

「先生。ぼくは1＝へと考えたいのですが、いけませんか」
「なぜだい」
「前のやりかたで分解してみますと、

(a) 暁になりやしぬらむと思ふほどに↓山の方より人あまた来る音す＝連用修飾
(b) 暁になりやしぬらむと↓思ふほどに＝連用修飾
(c) 暁に↓なりやしぬらむと＝連用修飾
(d) 山の方より↓人あまた来る音す＝連用修飾
(e) 山の↓方より＝連体修飾
(f) 人あまた来る↓音す＝連体修飾

(g)　人↓あまた来る＝主述
(h)　あまた↓来る＝連用修飾

となるでしょう。そこで、これをイ〜リのパターンに当てはめてみますと、述語の連文節「山の方より人あまた来る音す」を連用修飾の連文節「暁になりやしぬらむと思ふほどに」が修飾していると考えられますから、へになるでしょう」

「だが(b)以下を当てはめて、もっとこまかく分解した形のパターンを採るわけにゆかないものかね」

「適当なパターンがないんです。たとえばハを採りますと、下半分の主語―述語に当てはまりません。なるほど(g)の部分に主述関係がありますけれど、それは(f)の内部の話ですからね。(d)ぜんたいについて見れば、主述関係はないわけです」

「なるほどね。しかし、君の(f)に対する分解は、ちょっと問題だな。わたしなら、

(f)　人あまた来る音↓す＝主述

と考えるね」

「でも、先生、この「音す」はサ変動詞でしょう。「心地す」「紅葉す」なんかと同じわけですから、それを「音」と「す」に分けるのは、無理じゃありませんか」

「えらい。なかなかよく考えているね。しかし、それなら訊《き》くが、どうして(f)を連体修飾と認めたんだい」

「だって「来る」という連体形を「音」で受けているなら、どうしたって連体修飾でしょう」

「そこだよ。もし「音す」というサ変動詞に考えるなら、当然「人あまた来る」は連用修飾になるわけだ。用言を修飾するのだからね。だけど連体形で連用修飾になるという例はないぜ。さっき君は「来る」という連体形を「音」で受けると言ったね。どうして「音す」で受けると言わなかったか、自分で気がついていたかね」

「はあ……、なるほど」

「さきに言ったように(f)を主述関係と認めるなら、

　暁になりやしぬらむと思ふほどに（連用修飾語）→人あまた来る（連体修飾語）

　山の方より（連用修飾語）→音（主語）→す（述語）

となって、ハのパターンに合う。もちろん、大まかな分けかたをすれば、「人あまた来る音す」ぜんたいを述語の連文節と見ることになるのだから、へも誤りではない。何点かはもらえるだろう。だがね、問題に「どれに最も近いか」とあるのを見のがさないこと。へが正解になれないわけは、まあ、こんなところかね」

2＝トとした本もあるけれど、わたくしは変だと思う。独立語というのは、6の「あまのつり舟」みたいに、ほかの文節と主述・修飾・並立・接続などの関係をもたないものでなくてはならない。「月のかげの」という連体修飾を伴なった独立語なんか、そもそも「独立」とよぶこと自身がおかしい。もし、しいて独立語と考えたければ、2ぜんたいを独立の連文節とし、そのなかで「さやけさ」が被修飾語、ほかの部分が連体修飾語というようにあつかうのがよかろう。それなら、筋がとおる。しかし、残念ながら、問題のなかにそんな形のパターンが示されていないのである。そうすれば、「秋風にたなびく雲のたえまより」という連文節を連用修飾語、「もれ出づる月のかげの」を連体修飾語、「さやけさ」を述語として、チに当てはめるよりほかかない。体言が述語になることは、別にめずらしくない。

そんな妥協案なんか、ぼくは反対。

わたくしたちのめざすのは、もちろん、合格の栄冠。

など。4は、「さしたる」という連体形の下に体言「こと」があるのと同じに見て、連文節「大きなる瓶にさしたるこそ」を主語とすれば、あまり厄介でもない。

まとめ

1 文節の関係しあう型は、主述・修飾（連用・連体）・接続・並立・独立の五種である。

2 文節と文節とが関係しあうほか、いくつかの文節がひとまとまりになって、たがいに主述・修飾・接続・独立という関係をもつことが少なくない。そのひとまとまりを連文節とよぶ。

3　まず、いちばん大きい連文節を単位として、主述とか修飾とかの関係をとらえ、さらにその連文節のなかで、文節どうしが修飾とか並立とかの関係に在ることをとらえるといったようなぐあいに、だんだん小さい単位に分解してゆくのが手順である。

(三)　文の種類わけ

英文法を勉強したとき、諸君はおそらくSimple sentence（単文）とかComplex sentence（複文）とかCompound sentence（重文）とかいう分けかたを教わったにちがいない。たとえば、

I have a book in my hand.（Simple sentence）
If you don't mind, I will show you a letter.（Complex sentence）
I am reading a book and she is writing a letter.（Compound sentence）

のようなぐあいに。国文法を組みたてるのに、いっしょけんめい英文法をまねていた時代、これにならって、**単文・複文・重文**という区別をしたことがある。つまり、

(1) 単文——主述関係が一回だけしか含まれない文。
校庭の桜が美しく咲いた。
(2) 複文——主述関係が対等でなく二回以上あらわれる文。
君が行くのは、あまり感心しない。
あの男は、口が堅い。
(3) 重文——主述関係が対等に二回以上あらわれる文。
色もよく、香りも結構です。
風は吹くし、雨はふるし、日も暮れてきた。

複文のなかで、小さい方の主述関係を含む部分、たとえば「君が行く」「集まりが良い」に対して、**従属句**という名まえをつけることがある。Subordinate clause の直訳である。この主述関係にもとづく分類は、ちょっと見ると、たいへん整然としていて合理的な感じだけれど、実は、日本語では主語のあらわれないことが多いため、あまりよく当てはまらない点があり、近ごろは流行しなくなってしまった。

そのかわり、内容の方から分類するのが、いまでは普通になっている。**感動文・希望文・疑問文・平叙文**という区別がそれで、次のようなぐあい。

(1) 感動文——心のなかで思ったことが、説明的でなく言い切られている形の文。
あら！

いやだこと。

いろいろ修飾文節を伴なっていても、主となる部分が感動文であれば、全体を感動文としてあつかう。たとえば、

鈴虫の声のかぎりをつくしても長き夜あかずふる涙かな

などは、連文節「鈴虫の声のかぎりをつくしても長き夜あかずふる」が「涙かな」を連体修飾しており、主となる「涙かな」が感動文なので、全体を感動文と認める。

(2) 希望文――話の相手に「こうしてください」とか「こうしてくれるな」とか頼むためのきまった形をもつ文。

はやく来てちょうだい。

ばかなことをするな。

きまった形とは、用言の命令形や、希望・禁止をあらわす終助詞が伴なわれるもので、古典語なら、

この人の本意かならずとげさせたてまつれ。

すこし見ばや。

はかなく見えし我と知らなむ。

なうとみたまひそ。

など、希望文では、主語の省略されることが多い。しかし、「世のなかにさらぬ別れ

のなくもがな」などは、主語「さらぬ別れの」が含まれている。

(3) 疑問文――疑問あるいは反語の意味をあらわす形の文。

何だね、その本は。

そんなばかな話があるものか。

古典語なら、「たれ」「いつ」「なに」「いかに」「いづこ」など、あるいは助詞「や」「か」などが伴なわれる。しかし、

今はたれもたれもえ憎みたまはじ。

のような文は、いちおう「たれ」という疑問のことばを含むけれど、全体としては相手に問いかけているわけでなく、自分の意見を述べたものであるから、平叙文である。

(4) 平叙文――感動文・希望文・疑問文のどれにも属さないもの。

ところで、それぞれの定義をあたえるとき、「説明的でなく言い切られている形の文」とか「頼むためのきまった形をもつ文」とか「疑問あるいは反語の意味をあらわす形の文」とか言ってあるところには、よく注意してほしい。つまり、これらは「形」にもとづく区別なのである。だから、意味としては感動や希望や疑問をあらわしていても、文の種類としては感動文・希望文・疑問文などに入らないことがある。たとえば、

フランス語の動詞変化は、やけに難かしいなあ。

は、感動の意味をあらわすけれど、文の種類としては平叙文であり、希望の意味で、
約束したことはきっと守りましょう。
と言っても、文の種類としてはこれも平叙文である。また、
岸のやつも、とうとう退陣か。
は、文の種類からいえば疑問文だけれど、意味あいは感動である。
こんな分類を頭において、ひとつ小手しらべをやってみよう。

練習 一一

次の文をそれぞれ感動文・希望文・疑問文・平叙文に分けよ。

(1) よろづのことは、月見るにこそ慰むものなれ。（徒然草）
(2) いで、あな幼《をさな》や。（源氏物語）
(3) いふかひなうものしたまふかな。（源氏物語）
(4) わらはべと腹立ちたまへるか。（源氏物語）
(5) 母君なくてだにらうたうしたまへ。（源氏物語）
(6) あかなくにまだきも月の隠るるか山の端《は》にげて入れずもあらなむ（古今集）
(7) こちふかばにほひおこせよ梅の花主《あるじ》なしとて春な忘れそ（大鏡）
(8) あさぼらけ在明《ありあけ》の月と見るまでに吉野の里にふれる白雪（古今集）

(9) 白雪のともにわが身はふりぬれど心はきえぬものにぞありける　（古今集）

答 (1)平叙文。(2)感動文。(3)感動文。(4)疑問文。(5)希望文。(6)「隠るるか」までは疑問文、「山の端」以下は希望文。(7)希望文（二文）。(8)感動文。(9)平叙文。

七分以内なら、まあ上出来だろう。

なお、文の種類わけについて、おもしろい事実が出てくるから、紹介しておこう。それは、古典語に、

感動文・希望文	係り結びがない
疑問文	「や」「か」の係り結びだけ
平叙文	「ぞ」「なむ」「こそ」の係り結びだけ

(20)

という区別があらわれることである。わたくしは、文を種類わけすることなど、あまり興味がなかった。文法学者というものは、何でもやたら分類したがる閑人だなぐらいに考えていたのだが、佐伯梅友博士が係り結びとの関係をあきらかにされたのを見て、はじめて「なるほどね」と感心した。これなら、分類にも意味がある。分類のための分類なら、わ

たくしは願い下げだけれど、こんなふうに、分類をもとにして文法的なきまりを発見してゆくのは、よく味わってほしいところである。

まとめ

1 文の種類わけは「形」を主とするものであり、意味と一致しないことがある。

2 感動文・希望文・疑問文・平叙文という区別は、古典語のばあい、係り結びの使いかたに対応する。

第二部　文法と古典解釈

一　古典語の世界

(一) 古典語とは何か

これまで述べてきたところで、文法のお話はお終いである。「あら、もうお終いなの?」と眼をまるくする人もあるだろうけれど、たしかにお終いなのである。安心したまえ。なぜなら、文法は、文節がどんなふうにして文を作るか(文節論)、文節は単語がどんなふうに関係しあって出来るものか(単語論)という両面を調べるしごとであって(二五二―二五三頁)、第一部で両方とも勉強したから、お終いなのである。

それなら、助動詞の「む」に勧誘の用法があるとか、回想の「けり」は伝承の用法だとかいうような話はどうしたのか。そういった説明をしてもらわないと、何だか文法をやったような気がしないと言う諸君も少なくないだろう。しかし、こういう説明は、実は文法の範囲でない。厳密にいえば、意味論とか意義学とかいわれる部門の研究なのである。もっと近づきやすいことばでいうなら、解釈の領分であって、文法の本に顔を出すのは筋ちがいだろう。だけれど、高校生諸君にとって、そうした縄《なわ》ばり論はつまらないだろうし、部門とか名目とかはとにかく、解釈に役だつような知識をもつことは、けっしてマイナスになると思われないから、次に、文法の応用という意味で、文法が解釈のなかにどう生かされるかをお話しする。

というわけだが、これからのお話は、実はもっぱら「古典解釈と文法」になるはずである。なぜなら、文法を知っていなければ現代文の解釈がうまくゆかないというような人は、外国人ならともかく、諸君のなかにいるはずがないからである。もっとも、現代語でも、自分で何か書くという段になると、文法の利用法を知っている方がよいのだけれど、その話は、別に本を一冊かくほどの分量になるし、自分で工夫しても、ある程度までやれないわけではないと思われるので、古典解釈に焦点を合わせようという次第。

ところで、古典の解釈に、文法はどれだけ役だつだろうか。人によっては、文法万能みたいなことを言う。文法さえしっかり勉強しておけば、どんな古文でもまちがいなく解釈できるという印象をもたせるような説きぶりである。しかし、それは本当でない。古典語の文法を知っていたところで、それが解釈に生かされるのは、わりあい限られた範囲にすぎない。わたしの言うことを信用しない人は、どうか次の文章を見ていただきたい。

枇杷《びは》の皇太后宮かくれたまひて後《のち》、古き御帳《みちやう》の内に、菖蒲《さうぶ》・薬玉《くすだま》などの枯れたるがはべりけるを見て、「をりならぬ根をなほぞかけつる」と弁《べん》の乳母《めのと》の言へる返事《かへりごと》に、「菖《あや》

蒲《め》の草はありながら」とも江侍従《がうじじゆう》が詠《よ》みしぞかし。（徒然草・一三八段）

枇杷の皇太后宮とは、三条天皇の中宮で、万寿四年（一〇二七）におかくれになった方。江侍従は女房で、大江匡衡《まさひら》のむすめ、母は赤染衛門である。だから、この話は、兼好の時代よりもおよそ三百年前にあたるわけで、彼が直接に見たわけでないから、伝承回想の言いかたで「枯れたるがはべりけるを」と述べたのは当然だけれど、あとで「詠みしぞかし」と経験回想を使ったのは何だか変なようである。変だと思うのは、

き――経験回想（であった）
けり―伝承回想（だった由）

(21)

という古典語の文法を知っているからだが、実は変でない。このばあい、古典語の文法で割り切ろうというのが、そもそも無理なのである。なぜか。この点を理解していただくためには、まず「古典語とは何か」ということからお話しする必要がある。

わたくしが「古典語」というのは、伊勢物語・源氏物語・枕冊子・更級日記といった類の作品に出てくることばである。言いかえれば、十世紀・十一世紀を中心とする時代の和文における語法なのである。この時代の和文は、ずっと後世まで文章の模範と考えられ、美しく正しい文章を書こうとするなら、どうしてもそれをまねなくてはならないと意識さ

れていた。したがって、江戸時代このかた、文法研究も、十世紀から十一世紀ごろの和文を主な材料として組みたてられてきたわけ。

しかし、ことばというものは、時代によって変ってゆく。これは、何人も否定できない事実である。だから、十世紀・十一世紀の文法で八世紀ごろの作品を理解しようというのは、そうとう無理であり、十八世紀ごろの作品に当てはめようというのは、もっと無理である。源氏物語がうまく解釈できたからといって、その文法で徒然草がすっかり割り切れると限らないのは、むしろ当然であろう。まして、「き」と「けり」の使い別けを憶えたからというわけで、

ひそかに思ふに、世にあるほどの願ひ、何によらず、銀徳にてかなはざること、天《あめ》が下に五つあり。それより外《ほか》はなかりき。これにましたる宝船のあるべきや。

（日本永代蔵・一ノ一）

世上に金銀の取りやりには、預り手形に請判《うけはん》、たしかに何時《なんどき》なりとも御用次第と相さだめしことさへ、その約束をのばし、出入《いでいり》になることとなりしに、空《そら》さだめなき雲を印の契約をたがへず、その日切《ひぎり》に損徳をかまはず売買せしは、扶桑《ふさう》第一の大商人の心も大腹中にして、それ程の世を渡るなる。

（日本永代蔵・一ノ三）

などの「き」（し）を経験回想で解釈しようと頑ばるにいたっては、ナンセンス以外の何ものでもない。この「き」は、西鶴がよく使う語法で、習慣的な事実や動かない道理をあ

らわす。「それより外はなかりき」は「それ以外にはないというものだ」、「相さだめしこと」は「とり決めたりすること」、「出入になることとなりしに」は「もめ事になったりするものなのに」、「売買せしは」は「売り買いするものであるのは」など訳するところ。回想とか過去とかには関係がない。

十世紀・十一世紀ごろの文法で十七世紀の小説を割り切ろうとすることがどんなに無理であるかは、もう疑おうというお方もあるまい。しかし、十世紀・十一世紀の作品だって、かならずしも古典語の文法で割り切れるとは限らない——と言ったら、本当かしらと首をかしげる人が少なくないだろう。が、本当なのである。それは、さきに古典語とは「十世紀・十一世紀を中心とする時代の和文における語法」だと申しあげたことから理解していただけよう。つまり、源氏物語のような女流の作品に見られる文章が「和文」であって、それに使われている言いかたが古典語なのである。しかし、源氏物語の時代には、源氏物語のようなことばしか無かったかというと、そうではない。和文に対立する有力な文体として、漢文訓読体がある。当時、漢文が正式の文体であり、公文書がみな漢文でしるされ、男性の教養としてシナの詩文が学ばれていたことは、どなたも御存知だろう。その漢文を日本流によみくだす訓読が、男性がわのことばを反映し、また、教養のない人たちのことばと違い、学者めいた文語調であることは、容易に理解できる。その漢文訓読体に属する作品では、和文とかなり違った言いまわしが出てくる。たとえば、「き」と「けり」の使い別けが見られないのである。今昔物語集なんかはその好い例だが、同じ系統の文体に属する平家物語でも、次のような例がある。

中ごろ、大宰権帥《だざいのごんのそつ》季仲卿といふ人ありけり。あまりに色の黒かりければ、みる人黒帥《こくそつ》とぞ申しける。その人、いまだ蔵人頭なりし時、五節《ごせち》に舞はれければ、それも拍子をかへて「あなくろぐろ、くろき頭《とう》かな。いかなる人の漆《うるし》ぬりけむ」とぞはやされける。

蔵人頭であったのと五節で舞ったのとは同時なのに「き」と「けり」を使っているのだから、使い別けがなかったと考えるよりほかない。

これは**文体**の違いだが、そのほか、**文語**と**口語**との差も考えなくてはならない。口語とは、実際の話しことば、文語とは、文章にだけ使われる言いかたである。ところで、注意ぶかい諸君は、わたくしがこれまで「古典語の助動詞」とか「現代語の活用」とか言い、けっして「文語の助動詞」とか「口語の活用」とか言わなかったことに気がついていられるのでないかと思う。なぜか。つまり、古い時代のことばを文語とよび、いまのことばを口語というのは、たいへん拙いからである。十世紀ごろでも文章に使うことばと話しことばとは、けっして同じでなかったと考えられる。ただ、文章は書きものとして現代まで伝わっているのに対し、話しことばの方はそのときどきに消えてゆき、充分には残らなかったので、十世紀ごろの口語文法をまとめることができないだけである。また、いまのことばにも、文語と口語がある。たとえば、話しことばで「……である」という調子を使ってみたまえ。相手は変な顔をするにちがいない。デアル調は、いまの文語なのである。だから、古典語・現代語と文語・口語とを区別する方が適切だと思う。もちろん、文語と口語とは切り離されているわけでない。どの時代の文語だって、口語にもとづいている。口語が変れば、文語もそれにつれて変ってゆく。しかし、口語の変りかたにくらべ、文語の変りかたは速度がおそい。そこに、大きな距離が生まれがちである。十世紀ごろの文語で書かれた作品にもとづいた文法が、十五世紀から十六世紀の口語を使った作品（たとえば狂言）にさっぱり通用しないのは、むしろ当然すぎる話だろう。

それなら、同じ時代の文語どうし、あるいは口語どうしのばあい、同じ文法で割り切れるかというに、そうとばかりは限らない。つまり、身分とか職業とかの違い、あるいは使われる場面の差などによって、いろんな種類の言いかたがある。貴族と庶民《しょみん》、学者と実業家、子どもと大人、女性と男性、あるいは公式な演説とうちとけた談笑、和歌を詠むときと小説を書くときなど、それぞれことばづかいが違ってくる。こうした違いを、**位相**による差という。たとえば、宇津保物語のなかに出てくる滋野真菅《しげののますげ》という人物は、たいへん変ったことばづかいをする。

汝《なんぢ》らが首を、ただ今とりてむ。汝らは、わが敵《かたき》とする大臣《おとど》の方《かた》によりて、謀《はか》らしむる奴《やつ》なり。〈貴様ドモノ首ヲ、タッタ今ブチ落シテクレヨウ。貴様ドモハ、ワガ輩《ハイ》ガケンカ相手ニシトル大臣ノ味方ヲシオッテ、ダマソウチュウ奴ラジャ。〉（宇津保「貴宮」）

「敵とする」「方によりて」「謀らしむる」などの言いかたは、宇津保物語のなかでも、ほかの登場人物は使わないし、もちろん地の文には出てこない。おそらく、若いころ大学で漢籍を詰めこまれ、ずっと地方官などしていて、都の垢ぬけしたことばに慣れない、そのくせ威ばりかえっている男を写し出すため、こんなことばづかいをさせたのであろう。

時代・位相のほか、**方言**による差も大きい。方言の差つまり地方によることばの違いは、交通の不便な時代ほど大きかったはずで、十世紀ごろには標準語などいうものはなく、方言だけが存在したと考えてよかろう。だから、橋本進吉博士によって確かめられた万葉時代の特殊仮名づかいも、東国地方の方言で詠まれた歌には認められないのである（五〇〇頁参照）。

こんなふうに見てくると、いわゆる古典語の文法は、京都や奈良を中心とする地方の、上流の、女性語を主とした、十世紀から十一世紀ごろの、和文とよばれる文体の、書きことばにだけ、安心して当てはめることができるのだという「限界」が、はっきりしてくる。この限界を知っていることは、たいへん重要である。いわゆる「古典語」の限界さえ心得ておれば、平家物語に出てくる「き」「けり」まで経験回想と伝承回想で解釈しようとするようなヘマはやらないですむ。

そこで、ひとつの考えかたが出てくるかもしれない。つまり、そんな限られた「古典語の文法」でなく、どのような時代の、どのような種類でも解釈できる方法を教えてもらえないかという注文である。それは、できないわけではない。しかし、ひとつの文法だけでは、だめである。奈良時代の文法、平安時代の文法、院政鎌倉時代の文法、室町時代の文法、江戸時代の文法というように、時代ごとの文法を勉強しなくてはいけない。また、同じ江戸時代でも、上方《かみがた》の文法と江戸の文法というような差を勉強しなくてはいけない。さらに、同じ上方で、同じ時代の作家でも、近松と西鶴とでは、同じ文法だといえない点がある。だから、本当は、どうしても「土佐日記の文法」「源氏物語の文法」「徒然草の文法」、あるいは「芭蕉の文法」「三馬の文法」「馬琴の文法」「紅葉の文法」といった個別的な文法にまで進まないと、文法と解釈とがぴたりとしない。しかし、こんなのは、専門学者のしごとであって、高校生諸君がそこまで深入りするのは、ばかげている。というよりも、専門学者だって、実は、そこまで研究が行きとどいているわけではない。まあ、あきらめた方がお徳ですと申しあげておこう。

文法は魔法でない。どんな作品を持ってきてもぴたりと割り切れるような文法なんか、もし有ると思うなら、それは迷信である。しかし、多くの作品について、わりあいよく当てはまるという文法なら、無いわけではない。それが、すなわち古典語の文法なのである。ちょうど外国人が日本語を習うばあい、東京ことばを習うのがいちばん能率的であるのと同じで、十世紀・十一世紀ごろの和文にもとづく文法をマスターしておけば、芭蕉や西鶴にもだいたいは通用する。時代別・作者別の文法を勉強することが高校程度として愚だとすれば、いちばん通用範囲のひろい「古典語」の文法を習うのが得策だということに、しぜん落ちつくであろう。そこで、古典語の解釈文法をお話しする段どりになるが、その前に、古典語が日本語の歴史においてどんな位置をしめるかということをすこし述べておきたい。それは、古典語で書かれていない作品にぶつかったとき、いくらか助けにもなるであろうから。

まとめ

(1) 文法は単語・文節・文の関係を調べるのが役目で、意味の研究は、本来、文法のしごとではない。

(2) 古典語・現代語という区別は、文語・口語の区別と同じでない。

(3) 古典語とは、十世紀から十一世紀ごろの和文に使われていることばで、古文を書くときの標準語として、後の時代まで、ひろくおこなわれたもの。

(4) しかし、時代・位相・地方などの差によって、用語が違ってくるのは当然であり、本人は古典語で書いたつもりでも、正しい古典語でないことが少なくない。

(5) だから、古文の解釈にあたって、古典語の文法をマスターしていることは必要だが、それですべてが割り切れると思ってはいけない。

(二) 文法の移りかわり

古典語の文法をいっしょけんめい勉強してきたが、それですべての古文が解けると限らないことは、前項に述べたとおりで、さっそく行きあたるのが、

姉《いも》を思ひ寝《い》のねらえぬに秋の野にさを鹿鳴きつ妻《つま》思ひかねて　（万葉・十五）

ほととぎす此《こ》よ鳴きわたれともし灯《び》を月夜《つくよ》になぞへそのかげも見む　（万葉・十八）

のような万葉時代の用法であろう。そこで、まず、奈良時代あるいはそれ以前の文法が、古典語すなわち中古のことばとどんな点で違うかを、ざっとお話しすることにしよう。

古代

【一】動　詞

(1) 活用の種類は古典語では九種類であるが、古典語で下一段活用に属した「蹴る」が古代語においてはワ行下二段に活用すると思われるため、古代語動詞の活用には下一段

活用がなく、八種類である。

(2) 後世では下二段活用に属する「隠る」「忘る」「垂る」「触る」「分く」「埋む」「生く」や、上二段活用に属する「帯ぶ」「紅葉《もみ》づ」などが、古代語では四段に活用した。

(3) 命令形には後世「よ」をつけて用いたが、古代語においては、かならずしも「よ」をつけない。

(4) 順接をあらわすとき、後世は已然形に「ば」をそえたが、古代語では、「ば」を用いず已然形だけであらわすこともあった。そのばあい「こそ」「ぞ」「や」「か」などの副助詞を伴なうことが多い。

〔例〕かく恋ふれ（ば）こそ。
　　いかさまに思ほしめせ（ば）か。

(5) 古代語の動詞では音便現象がみられない。

【二】形容詞

(1) 已然形はまだあまり発達せず、係りの「こそ」に対する結びも連体形が用いられている。

〔例〕草こそ茂き。

(2) 「け」「しけ」という形が、未然形にも已然形にも用いられている。

〔例〕なかなかに死なば安けむ。（未然形）

命惜しけどせむ術《すべ》もなし。(已然形)

(3) カリ活用は少ない。「貴かり」「めでたかり」といった用例はあるが、「貴くありけり」のような形の方が多い。したがって、活用表を作ると、次のようになる。

	未然形	連用形	終止形	連体形	已然形	命令形
安	く け	く	し	き	けれ け	
惜	しく しけ	しく	し	しき	しけれ しけ	

なお、形容動詞も、あまり発達していない。

【三】助動詞

(1) 受身・可能・自発の助動詞として「る」「らる」のほかに「ゆ」「らゆ」がある。活用は、

	未然形	連用形	終止形	連体形	已然形	命令形
(ゆ)	え	え	ゆ	ゆる	ゆれ	
(らゆ)	らえ	らえ	らゆ	らゆる	らゆれ	

で、接続のしかたは「る」「らる」と同じと考えられる。つまり、「ゆ」は四段・ナ

変・ラ変の未然形に、「らゆ」はそれ以外の動詞の未然形につくわけ。

〔例〕音《ね》のみし泣かゆ。〈声ニ出テ泣ケテクル。〉

　夜を長み寝《い》のねらえぬに。〈ヨク寝ツケナイノニ。〉

「らゆ」の用例は、実際には未然形しか出てこないのだが、ほかの活用形もたぶん「ゆ」に対応するものがあったのだろう。九世紀より後にも「あらゆる」「いはゆる」という言いかたが見られる。この「ゆる」は「ゆ」の連体形がイディオムのなかに化石のようなふうに残ったものである。

(2) 使役には、もっぱら「しむ」が用いられる。「す」「さす」はまだ現われない。その「しむ」も、尊敬の助動詞としては用いられない。

(3) 推量の「らし」は、古典語では終止・連体・已然ともに「らし」という形だが、古代語では連体形が「らしき」で、已然形がない。

	未然形	連用形	終止形	連体形	已然形	命令形
(らし)			らし	らしき		

(4) 推量の「まし」は、次のように活用した。

〔例〕古昔《いにしへ》もしかなれこそ現代《うつせみ》も妻を争ふらしき。

	未然形	連用形	終止形	連体形	已然形	命令形
(まし)	ませ		まし	まし		

(5) 推量の「まじ」は、まだ現われない。そのかわり「ましじ」が使われている。

	未然形	連用形	終止形	連体形	已然形	命令形
(ましじ)			ましじ	ましじき		

〈例〉忘らゆましじ。〈忘レラレマイ。〉

(6) 動作の継続をあらわす助動詞「ふ」があった。

	未然形	連用形	終止形	連体形	已然形	命令形
(ふ)	は	ひ	ふ	ふ	へ	へ

〈例〉雲だにも心あらなも隠さふべしや〈隠シテバカリイテヨイモノダロウカ。〉

「足らふ」「散らふ」「霧《き》らふ」「歎かふ」など、用例は多い。また「祈《ね》ぐ」という動詞に「ふ」のついた「ねがふ」や、「語る」に「ふ」のついた「語らふ」などのように、ひとつの動詞として後世まで用いられたものも少なくない。

(7) 打消には「ず」系統のものと「ぬ」系統のものとがある。

	未然形	連用形	終止形	連体形	已然形	命令形
(ず)	ず	ず	ず			
(ぬ)	な	に		ぬ	ね	

〔例〕わが泣く涙いまだ乾《ひ》なくに。〈乾カナイコトダノニ。〉

草枕旅にしあれば思ひやるたづきを知らに。〈手段ヲ知ラナイデ。〉

未然形「な」は「く」を伴なった用法しか見られず、連用形「に」もあまり用例は多くない。九世紀より後、どちらもほとんど使われなくなったのと、「ず」の方に連体形・已然形がないので、「ず」系統の未然・連用・終止と「ぬ」系統の連体・已然とを合併して、古典語の

(ず)	ず	ず	ず	ぬ	ね	

という活用ができたのである。なお、古代の東国方言には、打消の助動詞「なふ」があった。

	未然形	連用形	終止形	連体形	已然形	命令形

（なふ）	なは	なへ	なふ	なへ	なへ	

〔例〕夫《せ》ろに逢はなふよ。〈アンタニ逢ワナイワネ。〉

いまでも関西方言では、「宝塚と来たら、うち、行かずにおれんわ」のように、「ず」系統の打消助動詞を使うが、関東ではふつう「ない」を用いる。これは、古代の東国方言「なふ」の連体形「なへ」が後に「なえ」となり、それが形容詞「なし」の連体形（音便で「ない」となる）に混同されて生じたものだろうといわれる（橋本進吉博士説）。

【四】助　詞

(1) 連体格助詞として「つ」が、「の」「が」と同じに用いられていた。

〔例〕天つ日《ひ》嗣《つぎ》。
　沖つ白浪知らねども。

(2) 「ゆ」「ゆり」「よ」という助詞が「より」と同じ意味の起点・経由をあらわす格助詞として用いられた。

〔例〕田子の浦ゆ打ち出でて見れば。
　難波の津ゆり船よそひ。
　佐《さ》韋《ゐ》川よ雲立ちわたり。

(3) 主格をあらわす助詞「い」が用いられている。

〔例〕毛野の若子《わくご》い笛吹きのぼる。〈坊チャンガ〉

動詞「い」の下に副助詞「は」や「し」の加わることもある。「あるいは」ということばは、動詞「ある」の連体形を体言のようにあつかい、それに格助詞「い」と副助詞「は」を加えたものが、ひとまとまりの形で固定したのである。だから、歴史的仮名づかいで書くばあいでも、「あるひは」としては誤り。間投助詞に「い」を使うこともある。

〔例〕玉の緒の絶えじい妹と結びてしことは果さず。

【五】接　辞

(1) 接頭語「か」「い」が語調を整えるため使われる。

〔例〕か寄り合はば。
　山の際《ま》にい隠るまで。

「か」はいろいろな語につくが、「い」は動詞だけ。

(2) 接尾語「く」「らく」が名詞形を作るときに使われる。

〔例〕安くあらねば歎かくを止《とど》めもかねて。〈歎クコトヲ〉
見らく少なく恋ふらく多き。〈アウコトガ少ナク恋イシタウコトガ多イ。〉
君を吾《あ》が待たなくに。〈待タナイコトダノニ。〉
梅の花散らまく惜しみ。〈散ルカモシレナイコトガ惜シイノデ。〉

四段とラ変は未然形に「く」がつき、上一段は未然形に「らく」がつき、そのほかは終止形に「らく」がつく。助動詞も同様。現代語の「いわく」「おもわく」は、この言いかたが残ったものである。「待たなくに」の「な」は打消助動詞「ぬ」の未然形（二八八頁）、「散らまく」の「ま」は推量助動詞「む」の未然形である。古代における「む」の活用は、

	未然形	連用形	終止形	連体形	已然形	命令形
（む）	ま		む	む	め	

と考えられる。この「まく」に形容詞「欲《ほ》し」が結びついた「まくほし」（「ふかみるの見まくほしけど」等）から、古典語の希望助動詞「まほし」が生まれたのであろうといわれる。用言に「く」がついて体言化するところは、動詞に ing がついて名詞化した Gerund によく似ている。

中世

次に、いわゆる中古の文法については、これまでさんざん説明したし、これからもお話しするはずだから、ぬかすことにするけれど、中古と中世との境についてはすこし説明が

いる。つまり、文学史で中世といえば、ふつう十三世紀以後をさすけれど、ことばの歴史では、十二世紀も中世に含める方が適当である。学者たちは、よく「院政鎌倉時代」というよびかたをする。また、大きくいえば室町時代も中世に入るが、院政鎌倉時代とすこし違った点もあるので、その違いを特にとり出して説明するときは、院政鎌倉時代を中世前期、室町時代を中世後期とよぶこともある。

【一】動　詞

(1) 活用の種類は平安時代と同じだが、中世後期になると、二段活用が一段化し、ナ変とラ変が四段化する傾向を生じた。それだけ現代語に近づいたわけ。

(2) 逆に、もともと上一段活用である「用ゐる」「率ゐる」「試みる」「鑑《かんが》みる」などを二段化して「用ふ」「率ゆ」「試む」「鑑む」のように活用させた例も、しばしば見られる。

(3) 連体形で終止する言いかたが見えるようになった。中古にも「連体止め」といわれる言いかたがあった。多くは会話に現われるのであるが、中世になると地の文にも見える。連体形が終止形を吸収するようになったのは、二段活用の一段化とともに、中世における動詞変遷の大きな傾向である。

【二】形　容　詞

(1) 動詞と同じように、終止形の代りに連体形を用いることが多くなった。

(2) その連体形に音便の「い」「しい」が用いられ、それだけ現代語に近づいて、ク活用とシク活用の区別がなくなった。

(3) 連用形も音便による「う」「しう」が中古よりも多く用いられるようになった。

【三】形容動詞

(1) タリ活用のものは、中世になって勢を得た。タリ活用の形容動詞は、もともと「泰然と」「断乎と」のように、漢語プラス助詞「と」の形がさらに動詞「あり」と結びついて出来たものが多いため、漢文調のまじった説話集や軍記物語がもてはやされた中世にたくさん現われるわけ。

(2) ナリ活用の連体形は「な」という形に移りはじめ、中世末期には終止形にも及んで「むざんな」「ふびんな」という形で文を終止する例も現われてくる。

【四】助動詞

(1) 受身・可能の助動詞「る」「らる」は本来下二段活用であったが、中世になると、動詞や形容詞などの連体形が終止形の代りに用いられたように、この助動詞も連体形が終止形の代りに用いられ、「るる」「らるる」となり、さらに活用が一段化して、「れる」「られる」という現代語の形で用いられはじめた。

(2) 回想の「き」「けり」、完了の「つ」「ぬ」「たり」「り」のうち、現代まで承けつがれているのは「たり」だけであるが、この傾向は、中世から始まっている。「き」と「り」がまず姿を消す。「けり」は、軍記物語などに「てンげり」の形で用いられているが、これも後期になると「たり」がとって代る。「つ」と「ぬ」では、「ぬ」の方が先に衰えはじめ、「つ」の方は中世末期まで生きのびていた。「たり」が最後まで生き残るのであるが、これも連体形「たる」が終止形の代りになり、さらに語尾「る」が脱落して「た」となるのである。

(3) 推量の「む」には「う」がとって代る。

〔例〕粟田口をくらべさせられうとのお事でござる。（狂言「粟田口」）

「らむ」も同様「らう」になる。

〔例〕何として憂世《うきよ》をめぐるらう。（閑吟集）

(4) 打消の助動詞「ず」も連体形「ぬ」が終止形として用いられるようになった。

(5) 古代語の「まじ」は中古では「まじ」となり、中世では連体形「まじき」が終止形にとって代り、さらに音便形の「まじい」となった。また、これとならんで「まい」という形の助動詞が用いられるようになった。

(6) 断定の助動詞としては「なり」「たり」があるが、中世後期さかんに用いられたのは、「である」「であ」「ぢゃ」「だ」「です」などである。

【五】助　詞

(1) 打消の意味をもった接続助詞として「いで」が用いられる。中古語の「で」にあたる。

〔例〕聟《むこ》入りの辞儀作法を知らいで、習ひに参った。（狂言「雞聟」）

(2) 助詞「は」を強めたものとして、「ばし」が用いられた。これはものごとを区別する意の副助詞「は」が「ば」となったものに、「名にし負はば」というときの強めの副助詞「し」がそったものである。

〔例〕「吉次めに目ばし放すな」とて、わめいてかかる。（義経記）

(3) 方向を示す格助詞「へ」が、地点を示す格助詞「に」の代りに用いられるようになった。

(4) 副助詞「だに」「すら」が衰えて、その代りに「さへ」を用いるようになった。

(5) 係りのうち、連体形で結ぶ「ぞ」「なむ」「や」「か」は、中世になって用言や助動詞の連体形が終止形と同形になった結果、係り結びという関係を失うことになった。「こそ」だけは、中世においても、已然形で結ぶというきまりを保っていた。

近世

十七世紀ごろから十九世紀まで、いわゆる江戸時代から明治の初期までを近世とする。中世におこったいろんな現象がいっそう徹底し、現代語にいっそう近づいたというのが、この時代の特色である。

【一】動　詞

(1) 中古語で九種の活用が現代語では五種になるが、中世から近世にかけてこの傾向は次第に著るしくなってきた。つまり、二段活用がすたれて、それらの活用をしていたものが一段化してくるようになった。

(2) また、ナ変・ラ変の活用もすたれて、それらに活用していたものは四段化した。下一段の「蹴る」も四段活用に近づいてきた。

(3) ウ音便がおとろえて、撥音便がさかんになってきた。

頼うだ──→頼んだ。忍うで──→忍んで

【二】助動詞

(1) 推量の助動詞「よう」、打消の助動詞「ない」、断定の助動詞「だ」、丁寧な断定の助動詞「です」などが、さかんに用いられるようになった。

(2) 推量の「う」は、四段活用以外の動詞にも接続していたが、近世になると、四段に「う」、四段以外には「よう」が用いられている。

【三】助詞

(1) 中古には、疑問の「たれ」「何」「いかに」などが上に来ると、そのあと助詞「か」を用いるのが普通であった。ところが、中世になって、その「か」を使うはずのところにも「や」が用いられ、近世に入って、それがますます著るしくなった。

(2) 接続助詞「とも」「ども」は、だんだん「ても」「けれども」がとって代るようになった。

文法の移りかわりを詳しく述べると、何千頁かの巨大な研究書になるはずだけれど、そんな本を書いた学者はまだ存在しないし、当分は出現しそうもない。わたくしが述べたのは、たいへん簡単な見わたしにすぎないけれど、もともと「古典語がほかの時代のことばに対してどんな位置をしめるか」ということを理解していただくための説明だから、この程度でもいちおうの役には立つであろう。そこで、ひとつ復習問題をやってから、この項を切りあげることにしよう。

復習 五

鎌倉室町時代は、国語の歴史において、古語から近代語への過渡期にあたるといわれる。例えば、この時代には、動詞の活用語尾が一段化、または四段化する傾向が著るしくなった。即ち、従来、上二段活用であった動詞はａ□の例に見られるように、また下二段活用であった動詞はｂ□の例に見られるように、それぞれの活用が一段に変化し始めた。下二段に活用した受身・可能・使役・尊敬等をあらわす「る」「らる」「す」「さす」などの語も、例えば尊敬のばあいにはｃ□と言い、使役のばあいにはｄ□と言うように変化した。その結果、四段活用の動詞と「れる」とが結合して約《つづ》まった下一段活用で、可能の意味をもった動詞もあらわれるようになった。これは今日わたくしたちがｅ□など言うばあいに実際用いているものである。またラ行変格活用の終止形がｆ□の例におけるように変化し、ナ行変格活用の連体形もｇ□の例におけるように変化して、いずれも変格たる資格を失った。つまり、この時代は、文語における x〔　〕種類の動詞が口語の y〔　〕種類に減少する一大変遷の時期であったわけである。

問一 右の問題文の説明に用いる例文として適当なものを左の中から選び、その番号を□の中に一つずつ記入せよ。

(1) 今度まゐれとおほせらるるぞ。（古今著聞集）
(2) 歌は秀句を思ひえたれど、本末をいひかなへるがよきなり。（無名抄）
(3) 九の巻のそこそこの程に侍ると申したりしかば、あなうれしとてもてまゐらせ給ひき。（徒然草）
(4) えさらぬ事のみいと重なりて、事の尽くる限りもなく、思ひ立つ日もあるべからず。（徒然草）
(5) この鎌を下において飛びかかって死ぬに、死なれぬといふ事はあるまい。（狂言記）
(6) 大骨を折らせ、大汗を流させる前代未聞のくせ者。（狂言記）
(7) いせ島や月の光のさびる浦は明石には似ぬかげぞすみける。（山家集）
(8) ぼくは英語を読むことができる。
(9) ぼくは英語が読めない。
(10) そのくらいの英語ならば、ぼくにも読まれる。

問二 問一で選んだ例文の中のどの語について説明がなされているか。該当する語を示せ。

問三 問題文の〔　〕の部分に数を示して幾種類であるかを明らかにせよ。　（九大）

答

問一		問二	問三	
a	7	さびる	x	九
b	2	かなへる		
c	1	られる		
d	6	せる	y	五
e	9	読めない		
f	3	侍る		
g	5	死ぬ		

第一部でいやというほど勉強した「活用」が頭に入っていれば、文法史の知識なしでも解けるはずで、特に説明しなくてはならないところもない。

まとめ

1 用言の活用は、だいたいあとの時代ほど種類が少なくなる（八種→九種→五種）。

2 用言の音便形は、古代にはなく、中古に発達したが、中世にはいっそう多く用いられ、特に形容詞は現代語に近づいた。近世になって、ウ音便がおとろえ、撥音便が進出した。

3 中世より後、用言の連体形が終止形の役目をつとめるようになり、それだけ現代語に近くなった。

4 ナリ活用の形容動詞は中古から発達したが、中世末期から連体形に「な」の形が用いられ、現代語に近づいた。タリ活用の方は中世から多く使われ、もっぱら文語として現代まで残っている。

5 古代の助動詞「ゆ」「ふ」、助詞「い」、接尾語「く」などは、中古に入ると、ふつう使われなくなったが、特殊なことばのなかに化石のような形で保存され、現代まで残っている。

二 古典語の言いかた

(一) 用言をどう使うか

さて、いよいよ古典語の「具体的な言いかた」に入るわけだが、まず用言がどんなふうに使われるかを調べてみよう。用言が文のなかで使われるばあい、多くは助動詞と結びついて実際の意味あいをあらわすので、しぜんこの項は助動詞の話が主になるであろう。

〔イ〕完了

英文法でPerfect tenseを習っていると、国文法の教科書に助動詞「つ」「ぬ」「たり」「り」は完了をあらわすと説かれていても、あたりまえだと感じがちである。しかし、それは、本当だろうか。完了の助動詞が使ってあれば、いつも「……テシマッタ」という式に訳するのが文法的解釈であるかのように思いこんでいる諸君も少なくはなかろう。しかし、それは、本当だろうか。ためしに、次の文章を現代語訳してみたまえ。

紫だちたる雲の、細くたなびきたる。

おなじみの枕冊子だが、これを「紫がかってしまった雲が」「たなびいてしまった」と訳したら、完全に誤訳である。どんな注釈書を見ても、「紫がかった」「たなびいている」というふうに訳してあるはず。解釈の方では誰も完了にあつかわないのに、文法の方ではなぜ申しあわせたように完了として説明するのか。解釈と一致しない文法は、はたして本ものなのであろうか。

答は簡単である。むかし国文法をこしらえた学者たちが、かんちがいしたのである。英語でいうPerfect tenseは、何も「終る」ことを意味しているわけでない。たとえば、

"Have you ever been to France?"

"Yes, I have."

を訳してみたまえ。「あなたはフランスへ行ってしまいますか」「はい、行ってしまいます」とやったら、完全に誤訳である。正解はもちろん「フランスに行ったことがありますか」「はい、行ったことがあります」でなくてはならない。わたくしがアメリカの大学で使っていた文法教科書によると、

The present perfect expresses activities that began sometime in the past, but that are related in the mind of the speaker with the moment of speaking.〈現在完了は、いつか過去に始まり、しかも話し手の心に今という意識で結びつけられている事がらをあらわす。〉

と定義されており、どこにも「終る」などという説明はない。これが、Present perfect に対するいちばん適切な理解のしかたであろう。だから"I have been in Paris for two years."と言えば、パリにおけるわたくしの滞在は二年前に始まり、現在まで続いていることを意味する。しかも、その滞在は、終るどころでなく、これからさき十年も続くかもしれないのである。もっとも、さきの"Have you ever been to France?"は、副詞 ever が伴なわれていることでわかるように、未来までずっと続くという意味にはならない。このばあいは、事がらが過去のある時におこっていたけれど、現在としてはそれがいつおこなわれたか、明らかでない、または示されていない(The activities have existed or have occurred sometime in the past before the moment of speaking, but the exact time of the activity is either not known or not indicated.) ということなのである。したがって、もし“I went to Paris.”と言うなら、そのあと last month とか two years ago のような時をはっきり示すことばが来るのに対し、もし“I have been to Paris.”なら、あとに来るのは several times とか before とかのように不定時のことばでないといけない。もし“I have been to Paris last summer.”など言ったら、まちがいである。だが、

He has bought a car.

はどうか。これは、不特定の過去に自動車を買ったことがあるという意味ではない。しかも、買うという事がらは終っているわけだけれど、これは、

He bought a car.

とくらべてみればわかるように、もし has bought と言えば、なるほど「買う」という事がら自身は以前に終ったが、買ったことの結果、つまり自動車の所有という事がらは現在まで続いているのである。これに対して、もし bought なら、買ったという過去の事がらを示すだけで、あとの結果はどうだかわからない。つまり、その後、売ってしまって、現在はもっていないかもしれないのである。買ったあとで売りとばしたのなら、もちろん has bought とは言えない。それでは、

He has just returned from U.S.

はどうか。これなら、帰国するという事がらがちょうどいま終ったことを示すのではない

か——と質問されるかもしれない。しかし、これも、帰国という行動が何日か（船なら）あるいは何時間か（飛行機なら）続いて、その結末が現在よりもほんのすこし前だといった気持なのであり、訳するならば「アメリカから帰った（ところだ）」「アメリカから帰った（ばかりだ）」など言うところ。「アメリカから帰ってしまった」と訳したら、まさに落第もの。要するに、どのばあいにも「事がらの続くこと」が基本的な意味あいになっている。完了といえば「……テシマッタ」と訳さないと気のすまないシマッタ病患者は、よく洗脳しテシマウ必要があるだろう。

「国文法の勉強をしているつもりだったら、いつの間にか英文法の話を聴かされテシマッタ」とこぼすにはおよばない。何の本でよもうと、知識は知識である。これぐらいの英文法の知識をもちあわせていたところで、別に邪魔にもなるまい。というよりも、実は、いまあげたPerfect tenseの意味あいをよくのみこんでいただくと、古典語の「たり」「り」を理解するのにたいへんぐあいがよいのである。

(1) 事がらの存続（I have been in Paris for two years.）

梅の花さきたる園の青柳《あをやぎ》はかづらにすべくなりにけらずや　（万葉・巻五）

「さく」という事がらが数日前に始まり、現在まで続いている。これからも続くと予想される。

(2) 不特定の過去における存続（I have been to Paris before.）

春ごろ、鞍馬にこもりたり。（更級日記）

今年の春とか去年の春とか、はっきりした過去の時ではない。「ある年の春のころ」と訳する。

(3) 結果の存続（He has bought a car.）

酒・よきものども持て来て、船に入れたり。（土佐日記）

持ちこむという動作はすでに終っているが、結果（酒や肴《さかな》のあること）は続いて存在する。

(4) 現在ちかくまでの存続（He has just returned from U. S.）

あそび三人、いづくよりともなく出で来たり。（更級日記）

出てくるため歩くという動作が現在のほんのしばらく前までおこなわれていたようだという気持。

現代語訳するばあい、(1)を「……テイル」、(2)を「……タコトガアル」もしくは「……タ」、(3)を「……テアル」もしくは「……タ」、(4)を「……タ」とすれば、だいたい適当だろう。もちろん、前後の関係で、いろいろ言いかえなくてはならないこともある。たとえば(4)の用法などは、英語なら、たいてい just とか right now とかを伴なうので、その気持を生かすため、単に「……た」と訳するよりも「……たところだ」「……たばかりだ」と言う方がぴたりとするように、さきの「出で来たり」も、意訳すれば「ひょっこり出てきた」

といった感じであろう。

練習　一二

次の文章における傍線部分を現代語訳せよ。　（出典「更級日記」）

また聞けば、侍従の大納言の御むすめ、亡《な》くなりたまひぬなり。殿の中将のおぼしなげくなるさま、わがもののかなしき際《をり》なれば、いみじくあはれなりと聞く。（イ）上り着きたりし時、「これ、手本にせよ」とて、この姫君の（ロ）御手をとらせたりしを、「さ夜ふけて寝ざめざりせば」など書きて、

鳥辺山《とりべやま》谷に煙《けぶり》のもえたたばはかなく見えし我と知らなむ

と、いひしらずをかしげにめでたく（ハ）書きたまへるを見て、いとど涙をそへまさる。

（十分以内）

答　（イ）京都に着いたばかりの時。（ロ）御書きものをくれたのだったが。（ハ）お書きになってある、それを見て。

（イ）は⑷の用法で、just の気持を「ばかりの」と意訳した。（ロ）（ハ）は⑶の用法。「御手」すなわち書きものをあたえるという事がらは終ったが、結果として書きもの自身はこの日記の作者のところに残っているわけであり、侍従大納言（藤原行成）のむすめがそれを書いたのは生前のことだけれど、書いた結果すなわち筆跡は死後もながめられているの

である。

「たり」と「り」は、意味のうえでは、ほとんど違いがない。もともとの出来かたからいうと、「たり」は「て・あり」が結びついて連音変化をおこしたものである。ときどき、

母、尼になりて、同じ家の内なれど、方異《かたこと》に住み離れてあり。（更級日記）

のように、本来の形で使われるのを見ても、さきの「……テイル」「……テアル」という訳語がよくのみこめるだろう。「り」は、元来、

林の下《もと》に立ちあり→立てり。

ゆくりなくも対面しあり→対面せり。

というように、四段およびサ変の連用形と「あり」が結びついて連音変化をおこしたものだけれど、この形はすでに古代からあったので、それぞれ「立て」「対面せ」に「り」がついたのだと見なし、「り」を助動詞にあつかうのである。これも成立に「あり」が参加しているので、「……テイル」「……テアル」の訳語が当てはまるわけ。なお、現代語の助動詞「た」は、たいへん意味がひろく、いろいろな場面に使われるが（三一一頁参照）、「たり」「り」の訳語としても、わりあいよく当てはまることが多い。

「たり」と「り」とは、英語の Perfect tense にたいへん似ているが、「つ」「ぬ」の方はそうでない。「つ」と「ぬ」とはたがいに似ているけれど、「つ」「ぬ」対「たり」「り」の間には、著るしい差が見られる。だから、もし「われ能を観つ」を"I have seen a nohplay."と訳したら、誤訳である。もちろん、ばあいによっては「つ」「ぬ」を「……テシマッタ」と訳することもある。しかし、それは、かならずしも動作や状態がうち切られたという意味でなく、強めの言いかたのひとつにすぎない。たとえば、「やっちまえ」とか「弱っちまうなあ」とか言うときの「ちま……」にあたる。「つべし」「てまし」「つめり」「てむ」「つらむ」「てけむ」「つらし」あるいは「ぬべし」「ぬらむ」「なむ」「にけむ」「ぬらし」「なまし」「ぬめり」のように、推量の助動詞と結びついた場合は、単なる強めであることが特にはっきりする。これらの場合は、副詞「きっと」をおぎない、〈キット……ダロウ〉といったふうに訳するのがよろしい。また、回想の助動詞と結びついて「てき」「てけり」あるいは「にき」「にけり」となる場合は、過去において確かにそうだったという回想を強く述べるのであり、訳文では〈……シテシマッタ〉〈……ナッテシマッタ〉とすることが多いけれど、ほかに強めを示す適当な言いあらわしがあるなら、かならずしも〈……シマッタ〉にこだわるにはおよばない。終るという意味が根本でないことは、それが未来の事がらについて使われている点からも理解できるだろう。任期を終えて帰京する土佐守が、着任した新土佐守とパーティをする場面で、新土佐守は旧土佐守に対して、

都出でて君にあはむと来《こ》しものを来《こ》しかひもなく別れぬるかな〈都ヲ出テ、アナタト愉快ニヤロウト思ッテ、ハルバル来タノニ、来タカイモナク、モウ今オ別レナンデスナア。〉　（土佐日記）

という歌を詠んでいる。しかし、ほんとうに別れたのはその翌日なのであって、この席上では、ふたりとも顔を合わせているわけだから、別れるという事がらが終ったとは解釈できない。つまり、未来の事がらについても、それを特に強く印象づけたいときは「ぬ」「つ」が使われるのである。熊の穴と知らずに入りこんでしまった仲忠が、帰ってきた熊に、

されど、かく領じたまへる所なれば、まかり去りぬ。〈ダケレド、コンナフウニ持主デオイデニナル所デスカラ、マチガイナク出テマイリマス。〉（宇津保「俊蔭」）

とあやまっている例、明石入道が都へ帰る妻子にむかって、

今日ながく別れたてまつりぬ。〈今日コソ、コレッキリオ別レデス。〉（源氏「松風」）

と言っている例、あるいは、

この後も讒奏《ざんそう》する者あらば、当家追討《ついたう》の院宣《ゐんぜん》を下されつとおぼゆるぞ。（平家「教訓」）

など、みな同様。特に平家物語の例は、上に「あらば」と仮定の形があるのをうけて「下されつ」と言っているのだから、事がらの終ったという意味はまったく無いはず。

今日はその事をなさむと思へど、あらぬ急ぎまづ出できてまぎれ暮らし、待つ人はさはりありて、頼めぬ人は来たり、頼みたるかたの事はたがひて、思ひよらぬ道ばかりはかなひぬ。（徒然草・一八九段）

「かなひぬ。」は、きっとうまくゆくのがお定まりだといった感じ。そんな事態が過去にあったとか現在あるとかいうのでなく、時を超越した一般的な真理を強調しているのである。「つ」と「ぬ」の区別は、あまり気にしないでもよろしい。「つ」の方がいくらか存続の意味あいを含むようだけれど、実際の用例にあたってゆくと、区別のはっきりしないことの方が多いようである。両方ひっくるめて「確述」のはたらきをすると考えてよかろう。「ぬ」が自動詞につき「つ」が他動詞につくという傾向も、よく言われることだが、確定的な法則と認められるほど著るしいわけではない。事実をはっきり強調して言う助動詞だと憶えておけば、たいていの用例は解釈できる。自動詞・他動詞のことは八四頁以下参照。

こんなふうに見てくると、いわゆる完了の助動詞のうち、「たり」「り」を**存続**の助動詞、「つ」「ぬ」を**確述**の助動詞として、別あつかいにする方が適切なようである。しかし、まだ文法教科書の多くは完了といっているから、混乱させてはいけないと思って、これまでも完了という名まえを使ってきた。が、解釈のときは、存続と確述に分けて考える方が、万事うまく行く。

まとめ

1 紫だちたる雲の、細くたなびきたる。
〔誤訳〕紫ガカッテシマッタ雲ガ、細クタナビイテシマッタノ。

〔正訳〕　紫ガカッタ雲ガ、細クタナビイテイルノ。

2　時鳥なきつる方《かた》をながむればただ在明《ありあけ》の月ぞ残れる

〔拙訳〕　鳴イテシマッタ方角ヲ見ヤルト。

〔適訳〕　タシカ鳴イタ方角ヲ見ヤルト。

〔ロ〕回　想

われわれ日本人は、時に関しておそろしくデタラメである。わたくしのいる大学の教授会なんか、定刻どおり始まったことがいちどもない。将来もきっと同様だろう。いったん約束したが最後、ぜったい時間を守らなければ相手にしてもらえなくなるイギリスやアメリカの頭で考えると、ふしぎな国にちがいない。それが、ことばにも反映しているらしく、日本語には、時をはっきり示す言いかたがない。フランス語のように、過去でも、複合過去・単純過去・前過去・半過去・大過去などいった類が目白おしにならんでいるのとくらべてみたまえ。現代語の助動詞「た」が、どんなに不安定であるか、すぐおわかりだろう。「昨日、能を観に行った」と過去の事がらに使う「た」を、「明日、行ったら、いちばん手順がよかろう」と未来にも使うあたり、フランス人なんかに理解しにくいところだろう。結局、助動詞「た」には時（Tense）を示すはたらきがないのであって、過去とか未来とかは、このばあい連用修飾語「昨日」「明日」によって言いあらわされているわけ。

もっとも、古典語では、いくらか時をまともに言いあらわすことができる。たとえば、回想の言いかたがそれである。回想の助動詞「き」「けり」を未来の事がらに対して使うことはない。しかし、この「き」と「けり」も、実は回想をあらわすのであって、過去というTenseそのものを示すのではない。つまり、過去の事がらを心のなかでふりかえるのが「き」「けり」なのであり、過去というTenseをはっきりさせたければ、やはり「昔、男ありけり」といった式に連用修飾語を使うよりほかない。

ところで、同じ回想でも、「き」と「けり」では違った点がある。すなわち、

き——目睹《もくと》回想（自分で経験したこと）
けり——伝承回想（他人から聞いたこと）

という使いわけである。この区別をはじめて言い出したのが、国文法の学者でなく、英文法の学者細江逸記博士だったのは、ちょっと皮肉ではないか。目睹といっても、何も目で見るだけではなく、自分が直接に経験したことをひろく意味するのだし、睹という字がいまの高校生諸君には難かしいだろうから、この本では**経験回想**とよびかえることにしよう。

実例でいうと、

はやう、まだいと下臈《げらふ》にてはべりしとき、あはれと思ふ人はべりき。〈ズット以前、マダゴク下ッパデゴザイマシタトキ、好キナ人ガゴザイマシタ。〉　（源氏「帚木」）

のようなもの。このばあい、経験回想の「き」が使ってあるから、もちろん話し手みずからのことに違いなく、したがって〈ワタクシガマダ……〉あるいは〈ワタクシニハ好キナ人ガ……〉というように主語を補なって訳する技巧も、ちょっとわるくない。

これに対して、**伝承回想**の「けり」は、間接に知っているという気持の回想である。だから、同じ竹取物語のなかに、

(a) 今は昔、竹取の翁といふ者ありけり。野山にまじりて、竹を取りつつ、よろづのことに使ひけり。名をば讃岐《さぬき》の造《みやつこ》となむいひける。

(b) ある時は、風につけて知らぬ国に吹き寄せられて、鬼のやうなるもの出で来て殺さむとしき。ある時には、来しかた行く末も知らず、海にまぎれむとしき。

と「けり」「き」が使い別けられているのなどは、注意して訳さなくてはいけない。つまり、(a)は物語の地の文であり、(b)は車持皇子《くらもちのみこ》が蓬萊《ほうらい》の玉の枝を探しに行ったときの苦労を話しているところだから、同じ回想でも性質が違う。(a)の「ありけり」は、昔話の形式で言いおこしたところだから、〈アッタトサ〉と訳するのがよかろう。あとの「けり」は、そのたびごとに〈使ッタソウダ〉とか〈イッタトノコトダ〉とか訳していると、すこしうるさいから、単に〈……タ〉としておいてよいけれど、もっと長文のばあいは、ところどころ人から聞いたという感じの出るような訳語をまじえるとおもしろい。ところで、こうした「き」と「けり」のはっきりした使い別けが、いわゆる中古文の言いかた（この本で

は古典語といってきたもの）にだけ見られるものであって、漢文よみくだしの文体や中世以後の作品ではかなり怪しいことは、すでに述べたとおりで（二七五頁以下）、気をつけなくてはいけない。

「けり」について、もうひとつ注意を要するのは、いわゆる**詠歎**の用法である。たとえば、

よそにのみあはれとぞ見し梅の花あかぬ色香《いろか》は折りてなりけり〈離レタトコロカラ梅ノ花ヲミゴトダト見ルダケダッタガ、マッタク何トモイエナイ色香ダトイウ実感ハ、折リトッテノコトダナア。〉（古今・巻一）

などは、「し」（「き」の連体形）といっしょに「けり」が使われているから、Tenseで考えると変なようだけれど、詠歎の方にとれば、解釈としておかしい点はない。しかし、同じ「けり」が伝承回想と詠歎の両方に使われるということは、ちょっと割り切れない感じがあるかもしれない。もともと「けり」は「来・あり」が結びついて連音変化をおこしたものと考えられ、以前からずっと現在まである状態が続いてきているという感じの言いかたらしい。もっとも、「たり」や「り」の存続とは同じでない。「たり」「り」が存続している事実そのものを外からながめる言いかたであるのに対し、「けり」の方は以前にあった事実を時間の流れにそいながら頭のなかで思いうかべるのが中心である。それが回想である。そうして、回想にともなう気持がふっと出てくるとき、重点がそちらに移って、いわゆる詠歎の用法になる。だから、回想とか詠歎とかいっても、もともと別ものではないわ

けで、

けり＝｛伝承回想―〈ダトイウコトダ〉
　　　｛詠　　歎―〈……コトダナア〉　　　(22)

というパターンにとらわれすぎて、この両者がまるきり縁のない用法だというように考えない方がよろしい。回想のなかに詠歎を含み、詠歎のなかに回想を含むという用例も、ずいぶん多い。たとえば、

思ひわびさても命はあるものを憂きにたへぬは涙なりけり〈ツレナイ人ヲズット恋イシタイ、歎イテ、トテモ保チソウモナイヨウニ感ジテイタガ、ソレデモ死ニモセズ、コウシテ生キテイルノニ、ツラサヲ辛抱デキナイノハ涙ノヤツデ、ドウモコボレヤスクテコマルナア。〉　（千載・巻十三）

などは詠歎の用法だが、その底には「前からこんなぐあいだったのを、いま気づいた」という心持があり、「かな」であらわされる詠歎とは同じでない。詠歎にともなわれたばあい、伝承回想の「伝承」という性質はうすくなるが、むかしその事を自分が経験したという意味あいもそれほど強くはない。たいてい〈……タナア〉〈……コトダナア〉と訳しておけば、そういった感じが出るであろう。

まとめ

1　ある時には糧《かて》尽きて、草の根を食ひものとしき。
〔凡訳〕食べモノトシタ。
〔適訳〕食べモノトシタコトガアル。

2　昔、男、初冠《うひかうぶり》して、奈良の京、春日《かすが》の里に知る由《よし》して、狩《かり》にいにけり。
〈昔、アル男ガ元服シテ、奈良ノ京ノ春日ノ里ノ知人ノトコロへ……〉
〔凡訳〕狩ニ行ッタ。
〔適訳〕狩ニ行ッタトイウ。

3　かぐや姫てふ大ぬす人のやつが、人を殺さむとするなりけり。
〔誤訳〕殺ソウトスルノダッタ。
〔正訳〕殺ソウトスルノダナ。

〔八〕推　量　――その一――

日本語には、過去というTenseが確立していないのと同様、未来をあらわすはっきりした言いかたもない。助動詞「べし」「む」などを使った言いあらわしも、未来というTense自身よりは、まだおこっていない事がらに対する**自分の考え**をあらわす。

しかし、そうした「考え」の内容はいろいろだから、同じ「べし」でも、用法をいくつかに分けて説明するのが普通である。文法の教科書によく出てくるのは、

推量　秋くれば野べにたはる女郎花《をみなへし》いづれの人かつまで見るべき〈摘マナイデ見ルダロウカ〉

意思　一方の先陣を承はるべし。〈サセテイタダキマショウ〉

可能　吾《わ》が宅《やど》の花橘《はなたちばな》のいつしかも珠に貫くべくその実なりなむ〈トオセルヨウニ〉

当然　かくばかり恋しきものと知らませば他《よそ》に見るべくありけるものを〈ヨソナガラ見テオクノガヨカッタンダノニナア〉

命令　そのほかは思ひ捨てて、一事をはげむべし。〈ヒトツノ事ニ精ヲ出シタマエ〉

などである。が、これらは、わかりやすい例をあげたから、うまく分類ができているのであって、実際の用例にあたってみると、どちらだか見わけのつかないものが多い。たとえば、

丈夫《ますらを》は名をし立つべし後の代に聞きつぐ人も語りつぐがね　（万葉・巻十九）

などは、〈当然功名ヲ立テナクテハナラナイ〉と訳したらよいか、それとも〈功名ヲ立テナサイ〉と訳したらよいか、決めかねる例である。

もともとの意味あいからいうと「いろいろ考えた結果、こうであるのがどうも本当だろう」とおしはかるところに、「べし」の基本的な性質があるらしい。単純な推量である

「む」と違って、「べし」の方は、いくらか理論的に考えるような趣をもっている。そこから、

推量〈ドウモ……デアルラシイ〉
意思〈……ウ〉〈……ヨウ〉
可能〈……デキヨウ〉〈……デキルダロウ〉
当然〈……ノハズダ〉〈……シナクテハナラナイ〉
命令〈……ナサイ〉〈……スルガヨイ〉

といったような意味が生まれるのだけれど、「考えたうえでの推量」という気持さえ出ていれば、訳語はその場面に適するようなのをえらぶのがよろしい。

「べし」は、ほかの助動詞と結びついて用いられることが多い。そのひとつが「べかんめり」で、連体形「べかる」に「めり」がついて連音変化をおこしたもの。「べかめり」と表記されるのが普通である。「多かめり」「稀なめり」の類と同様（一六九頁参照）。また「つべし」「ぬべし」の例も多い。このばあいは、「つ」「ぬ」を強めの副詞にかえて、〈キットト……ダロウ〉〈タシカニ……ノハズダ〉〈カナラズ……ヨウ〉など訳するのが定石である（三〇八頁参照）。

「べし」の別な形に「べらなり」がある。平安時代にだけ用いられたもので、

未然形	連用形	終止形	連体形	已然形	命令形
（べら）	に	なり	なる	なれ	

と活用する。もともと漢文よみくだしの文体に多く用いられたものらしく、すこしあらたまった感じの語のようだが、意味としては〈……シソウダ〉〈……スルヨウダ〉などいったところ。それが、歌のなかで、ちょっと学者めかした気分を出すために使われた。

風吹けば浪うつ岸の松なれやねにあらはれて泣きぬべらなり〈風ガ吹クト浪ダッテ根ヲアラウ岸ノ松ナノカ、ワタシハキット声ヲアゲテ泣キソウダ。〉（古今・巻十三）

見てもまたまたも見まくのほしければ馴るるを人はいとふべらなり〈ワタシハ、逢ッテモマタマタ逢イタクナルノデ、ナジムノヲアノ人ハキラウヨウダ。〉（古今・巻十五）

北へゆく雁《かり》ぞ鳴くなる連れて来《こ》し数は足らでぞ帰るべらなる〈北ノ国へ帰ッテ行ク雁ガ鳴イテイルヨウダ。イッショニ来タ数ヨリハ少ナクナッテ帰ルノダロウ。〉（古今・巻九）

など。しかし、十一世紀ごろより後は、ほとんど使われなくなった。学者語として形式ばった文章のなかに使われることは、稀にあったらしく、山田孝雄博士によって、

知らぬ茸と思すべらに、独り迷ひたまふなりけり。（今昔物語集・巻二十八ノ十九）

という用例が見つけられている。

よくよく考えたうえでの推量である「べし」に対し、「む」の方は、さきにも述べたとおり、単純な推量である。これも、用法を分けて説明するときは、

推量　春日野《かすがの》に時雨《しぐれ》ふる見ゆ明日よりは紅葉《もみぢ》かざさむ高円《たかまと》の山〈紅葉デ頭ヲ飾ルダロウ〉

意思　あをによし奈良の家には万代《よろづよ》に吾《われ》も通はむ忘ると思ふな〈ワタシモ通オウ〉

勧誘　とくこそ試みさせたまはめ。〈早クヤッテゴランナサイマセ〉

などにするが、学者によっては、意思のほかに決意・希望をあげたり、勧誘のほかに当然・命令をあげたりする。しかし、ある用法のなかにひっくるめて考えられるなら、なるべく名まえの種類は少なくした方がよろしい。「べし」のばあいも同様だが、推量・意思・勧誘などの用法があっても、ほかの「つ」「ぬ」や「き」「けり」などに対してよぶときは、「べし」「む」を推量の助動詞という。つまり、推量ひとつでほかの用法も代表させるわけ。同様、意思というなかに、決意や希望を含めてしまっても、あまりさしつかえはあるまい。用法の分類を詳しくしたら、それだけ解釈がうまく行くとは限らない。むしろ、たくさんの名目を憶えているため、かえって解釈に迷うことだってある。用法の分類などに頭を使いすぎるのは、高校生諸君のばあい、感心できない。それよりも、「む」の基本になっている意味あいが「まだおこっていない事がらに対する自分の考えをあらわす」と

いう点にあり、その「考え」が推量とか意思とか勧誘とかになるのは、前後の関係から決まってくるのだと理解しておくのがよろしい。パターン化するなら、

未然の事実
→
自分の考え
｝む（＋前後の関係＝）｛推量 意思 勧誘｝ ⑵③

というわけ。助動詞の意味といっても、助動詞自身がもっているものよりも、全体との関《かか》わりあいから生まれることが多いのだから、いつも「前後の関係」から考えていちばん適切な訳をするように心がけていただきたい。英語だって、shall とか will とかに決まった意味があるわけでなく、使われかたによって、

推量――It will rain tomorrow.
意思――I will wait for his return.
勧誘――Shall we go to the theater?

のようになるのだから。

「む」の変形として、「むず」（んず）がある。「むとす」が連音変化したものだから、意味も、それで考えればよい。英語の be going to とよく似ている。もともとはあまり上品

な言いかたでなかったらしく、枕冊子「ふと心おとりとかするものは」の段に、

何ごとを言ひても、「そのことさせむとす」「言はむとす」「何とせむとす」といふ「と」文字をうしなひて、ただ「言はむずる」「里へ出でむずる」など言へば、やがていとわろし。まいて文《ふみ》に書いては、言ふべきにもあらず。〈何ゴトヲ言ッテモ、「ソノ事サセムトス」「言ハムトス」「何トセムトス」ノ「ト」トイウコトバヲ抜イテ、タダ「言ハムズル」「里へ出デムズル」ナドト言ウト、トタンニヒドク下品ニナル。マシテ手紙ノナカデ使ッタノデハ、オ話ニモ何ニモナラナイ。〉（三巻本・一八八段）

とある。だから、竹取物語や土佐日記あたりから出てくるけれど、みな対話のなかだけである。ところが、院政時代つまり十二世紀ごろになると、地の文にも使われ、さらに助動詞「む」が「う」に変ってゆくのと併行して「うず」という形になり、十七世紀（江戸時代初期）ぐらいまで使われていた。訳するときは、〈……ヨウトスル〉〈……ウトスル〉を基本として、場面に応じた言いかたを与えればよい。竹取物語に、

「いづちもいづちも足の向きたらむ方《かた》へ往なむず。かかるすき事をしたまふこと」と謗《そし》りあへり。〈「ドチラノ方角へデモ、足ガ向クナラソッチへ行クコトニシヨウゼ。コンナモノズキヲナサルナンテ」ト皆デコキオロシテイル。〉

とある。従者どうしで内緒ばなしをしている場面なので、くだけた感じの「むず」が使われたわけなのだろう。

まとめ

1　あひ見ずば恋しきこともなからまし音にぞ人を聞くべかりける
〔誤訳〕ウワサニダケアナタノコトヲ聞ケタロウニナア。
〔正訳〕ウワサニダケアナタノコトヲ聞イテイレバヨカッタナア。（当然）

2　秋の夜の月の光し明《あか》ければくらぶの山も越えぬべらなり
〔誤訳〕越エテシマウヨウダ。
〔正訳〕チャント越エラレソウダ。（可能）

3　頼めつつ逢はで年経《ふ》る偽《いつはり》に懲《こ》りぬ心を人は知らなむ
〔誤訳〕アナタハ知ッテシマウダロウ。
〔正訳〕アナタハゼヒ知ッテチョウダイ。（勧誘）

4　「何せむに斯《か》くはするぞ」と言へば、「遊びにせむずる」と言ふ。
〔誤訳〕「何ヲスルダロウトイウノデ、コンナコトヲスルノ？」トキクト、「遊ビニシソウダ」ト答エル。

〔正訳〕「何スルツモリデ、コンナコトヲスルノ？」トキクト、「遊ビニスルツモリ」ト答エル。（意思）

〔二〕推　量　——その二——

「む」は単純な推量で、あまり Tense には関係しないけれど、推量ということの性質からいって、しぜん未来の話になりやすい。しかし、現在の推量あるいは回想的な推量をあらわす言いかたもできる。そのときは、助動詞「らむ」および「けむ」が用いられる。

「らむ」は**現在推量**をあらわす。その基本的な用法としては、佐伯博士のあげていられる、

(1) 眼に見えていない事がらについては、〈イマゴロハ……テイルダロウ〉と推量する。

(2) 眼に見えている事がらについては、その原因・理由あるいはその行なわれる範囲などを推量する。

という使いわけを、よくのみこんでいただきたい。「らむ」の意味について、いろんな文法書にめんどうな説明がしてあるけれど、わたくしには、さっぱり理解できなかった。それが、右にあげた佐伯説でパッとわかってしまった。おそらく諸君も「なるほど！」と机をたたくにちがいない。実例で説明しよう。

憶良らは今は罷《まか》らむ子泣くらむそれその母も吾を待つらむぞ　（万葉・巻三）

「それその」という本文について疑問をおもちの諸君もあるだろうが、いまは「らむ」の用法を考えるわけなので、万葉集にはいろいろよみかたがあるのだとだけ申しあげておこう。さて、山上憶良は、いまパーティの席上にいる。当然、彼の子も、妻君も、見えてい

ないはず。したがって⑴の用法で、〈イマゴロハ子ドモガ泣イテイルダロウ〉〈イマゴロハ小生ヲ待ッテイルダロウ〉ということになる。

今もかも咲き艶《にほ》ふらむ橘《たちばな》の小島の埼《さき》の山吹の花〈イマゴロハマア、橘ノ小島ノ埼ノ山吹ノ花ハ美シク咲イテイルダロウナ。〉（古今・巻二）

駒《こま》並めていざ見にゆかむ故里《ふるさと》は雪とのみこそ花は散るらめ〈ミナ連レダッテ馬デ花見ニサア行コウ。故里ハイマゴロ雪トシカ見エナイホド花ガ散ッテイルダロウナア。〉（古今・巻二）

これも⑴の例。次に⑵の例をあげる。

吹くからに秋の草木の萎《しを》るればむべ山風をあらしといふらむ（古今・巻五）

秋のころ草木が萎れてゆくのを見ている人が、なるほど、山風を「あらし」（嵐）というわけだと、理由を推量しているわけ。

春立てば花とや見らむ白雪のかかれる枝に鶯《うぐひす》の鳴く〈春ニ入ッタカラ、コノ白雪ヲ梅ノ花トカンチガイシテイルノダロウカ、雪ノ積モッテイル梅ノ枝デ鶯ガ鳴ク。〉（古今・巻一）

秋の夜のあくるも知らず鳴く虫はわがごとものや悲しかるらむ〈秋ノ長イ長イ夜ガアケルノモ気ガツカナイデ鳴キアカス虫ハ、ワタシノヨウニ悲シイノダロウカ。〉（古今・巻四）

これも(2)の例。「見らむ」という接続のしかたは、一六六頁の表で「らむ＝終止形接続」と憶えている人にとって異様だろうが、これは特例で、古代語では、動詞「見る」に限り未然形につくのが例であった。「見《み》」は古い時代の終止形だとする新説もあるが、諸君にはたいした問題でない。古代語の特例で、古今集時代にはほとんどすたれていた言いかたであるということだけ、頭の片隅にでも入れておいてくれたまえ。次の例は、虫を見ているわけではないが、声を聞いているのだから、見るばあいと同じあつかいになる。目睹回想といっても、眼で見るだけでないのと同様。これらは、原因や理由が示されている例だが、

やどりせし花橘《はなたちばな》も枯れなくになど郭公声たえぬらむ〈ナゼ声ガシナクナッタノダロウカ。〉　（古今・巻三）

白露の色はひとつをいかにして秋の木《こ》の葉を千《ち》ぢに染むらむ〈ドウシテイロイロニ染メルノダロウカ。〉　（古今・巻五）

のように不明の原因・理由を推量するばあいもある。やはり(2)の用法である。こんなときは、疑問をあらわす「何」「など」「いかに」「誰」「いづこ」「いつ」「や」「かは」などを伴なうのが普通だけれども、何とかすると、それを省略することがある。そこで、

例題 一五

次の歌を、助動詞「らむ」に注意して現代語訳せよ。

(イ) ひさかたの光のどけき春の日に静心なく花の散るらむ
(ロ) 春の色の到り到らぬ里はあらじ咲ける咲かざる花の見ゆらむ
(ハ) 別れてふことは色にもあらなくに心にしみてわびしかるらむ
(ニ) わが宅《やど》に咲ける藤なみ立ちかへり過ぎがてにのみ人の見るらむ

(二十分以内)

というような問題にぶつかったとき、(2)の用法で疑問語を省略することがあると知っていれば、

答 (イ) 春の光がおだやかな美しさをあふれさせているこんな日に、どうして心せわしく桜が散ってゆくのだろうか。
(ロ) 春げしきがやって来る里と来ない里とがあるわけではなかろう。それなのになぜ咲いた花もあればまだの花もあるのだろう。
(ハ) 「別れ」という事がらは、べつに色でもないわけだのに、何だってわたしの心にしみこんで、しみじみつらいのだろう。
(ニ) わたしの所なんかに咲いている藤の花を、どうして通りすぎにくそうに立ちもどって来てはながめるのだろうか。

というように答えることは、あまり難かしくあるまい。以上の用法をひっくるめると、

らむ
- (1) 見えない――〈イマゴロ……テイルダロウ〉
- (2) 見える（聞える）
  - (a) 原因・理由を示す――〈……テイルノダロウカ〉
  - (b) 原因・理由を示さない
    - (イ) 疑問語がある――〈……ノダロウカ〉
    - (ロ) 疑問語がない――〈ナゼ……ノダロウカ〉

(24)

となる。しかし、ばあいによると、右のようなパターンで割り切れない例も出てくる。

鳥は、異処《ことどころ》のものなれど、鸚鵡《あうむ》いとあはれなり。人の言ふらむことをまねぶらむよ。（枕冊子）

こういった「らむ」は、慣習とか性質とか、いつも変らないものを推量的に言うのだと、佐伯博士は説明される。清少納言の時代、鸚鵡はまだ日本に来ていなかったはずだから(1)の用法に入るわけだが、〈イマゴロ人ノ言ッテイルダロウコトヲ、マネテイルダロウヨ〉ではおかしい。〈イツモ人ノ言ウコトヲ、マネテバカリイルヨウダ〉と訳したいところ。

夏と秋の行き交《か》ふ空のかよひ路《ぢ》はかたへ涼しき風や吹くらむ〈夏氏ト秋氏ノスレチガウ空ノ道路ハ、イツモ片側ダケ涼シイ風ガ吹クコトダロウ。〉（古今・巻三）

などもこの用法にとりたい。しかし、これらの「らむ」は、「自分はよく知らないけれど……」という気持で、言いかたをやわらげたものと解することもできる。それなら、〈人ノ言ウヨウナコトヲ、マネルモノダトカ〉あるいは〈片側ダケ涼シイ風ガ吹クワケナンダロウ〉のように訳せばよかろう。

「らむ」が現在推量であるのに対し、「けむ」は**回想推量**である。「らむ」における現在という意味あいを回想に置きかえれば、用法は同じようなことになる。つまり、

(1) 以前にあったことを回想的に推量する。

(2) そうなった原因・理由あるいは範囲などを回想的に推量する。

というのが基本的な用法である。「らむ」とすこし違うのは、見えているとか見えていないとかを区別しないことだろう。これは、相手が過去の事実だから、推量のばあい、話し手が直接に見たり聞いたりできないのは当然で、区別しないわけなのだけれど、用法そのものは、やはり(1)と(2)に分けることができる。だから、両者の関係は、

む＋現在＝らむ
む＋回想＝けむ

と考えてよろしい。実際の用例でいうと、

君や来《こ》し我や行きけむ思ほえず夢か現《うつつ》か寝てかさめてか〈アナタガオイデニナッタノダロウカ、ワタシガ行ッタノダロウカ、ヨクオボエテイナイ。夢ダッタノカ、ソレ

トモ現実ノコトカ。〉　（古今・巻十三）

上に「来し」と回想の助動詞が使ってあり、それに合わせて「行きけむ」と言っているところに御注意ねがいたい。英文法でいうSequence of tensesにあたるもので、たとえば、

They were still waiting when I got there.

において、gotという過去形であらわされる時に、were waitingという継続の事がらがおこっていたのであるから、"They have been still waiting when I got there."とは言えない。同様に「君や来し我や行くらむ」とは言えないわけ。これは(1)の用法で、単なる回想推量だが、

あかずありけむ、二十日の夜の月出づるまでぞありける。〈ソレダケデハ気ガスマナカッタカラダロウカ〉　（土佐日記）

前《さき》の世にも御契《おんちぎ》りや深かりけむ、世になくきよらなる玉の男皇子《をのこみこ》さへ生まれたまひぬ。〈前世ニモヤハリ帝ト更衣トノ御宿縁ガ深カッタカラダロウカ〉　（源氏「桐壺」）

などは(2)の用法で、このばあいは過去における理由を推量している。また、

神風の伊勢の国にもあらましを何しか来けむ君もあらなくに〈アナタモオイデニナラナイコトダノニ、何ダッテ来タノダロウ。〉　（万葉・巻二）

あひ見ねば恋ひこそまされ水無瀬川《みなせがは》何に深めて思ひそめけむ〈顔ヲアワセナイデイルト、ダンダン恋シサガツノルノダガ、何ダッテコンナニ深ク心ニシミツクホドアナ

タヲ恋スルコトニナッタノダロウ。〉（古今・巻十四）

などは疑問語「何しか」「何に」が使われていることからわかるように、過去における不明の原因・理由を推量している。こうした疑問語をあらわさない言いかたとしては、

よそにのみ聞かましものを音羽川わたるとなしに見なれそめけむ〈ウワサニダケ聞イテイタラヨカッタノニ、何ダッテアナタトナジムコトニナッタノダロウ。〉

（古今・巻十五）

などがある。「ひさかたの光のどけき春の日に静心なく花の散るらむ」の「らむ」に対応する用法で、上に「どうして」の類を補なって解釈するがよろしい（三二六頁参照）。「らむ」と対応させて「けむ」の用法をまとめるなら、基本的なものとして、

けむ
- (1) 事がらの推量――〈……タノダロウ〉
- (2) 原因などの推量
  - (a) 原因・理由を示す――〈……タカラダロウ〉
  - (b) 原因・理由を示さない
    - (イ) 疑問語がある――〈……タノダロウカ〉
    - (ロ) 疑問語がない――〈ナゼ……タノダロウカ〉

(25)

をあげることができる。このほか、「らむ」と同じように、言いかたをやわらげる「けむ」がある。

須磨には、いとど心づくしの秋風に、海はすこし遠けれど、行平の中納言の「関吹きこゆる」といひけむ浦波、夜よるはげにいと近く聞えて、またなくあはれなるものは、かかる所の秋なりけり。（源氏「須磨」）

どなたも御存知の有名な文章だが、作者は、もちろん在原行平の「旅人の袂涼しくなりにけり関吹きこゆる須磨の浦風」を知っている。それなのに「けむ」を使ったのは、やはり「自分はよく知らないけれど……」という気持で、やわらかな感じをこめたのである。もし歌ぜんたいを引くなら、「けむ」は使えない。そのばあいは「ける」になる。

まとめ

1　山の井の浅き心も思はぬに影ばかりのみ人の見ゆらむ
〔誤訳〕イマゴロ、ホンノチョットダケ、アナタガ見エテイルダロウ。
〔正訳〕ナゼ、ホンノチョットダケ、アナタガ見エルノダロウ。

2　顕基中納言のいひけむ配所の月罪なくて見むこと、さも思《おぼ》えぬべし。
〔誤訳〕顕基中納言ガイッタカラダロウカ。
〔正訳〕顕基中納言ガイッタヨウナ。

〔ホ〕推　量　――その三――

自信のつよさということを中心にして、相反する性格をもつのが、推量の「らし」と「めり」である。「らし」は自信のある推量、「めり」は自信のない推量ということになるわけ。

「らし」の方は、自信がつよいから、確実な事がらに対して用いられる。「試験はいかにはべるや」と訊《き》かれて、もし「いでや、合格すらし」と答えるつもりなら、よほど実力をたくわえておかなくてはならない。古文に出てくるときは、たいてい推量のよりどころが示されている。

竜田川《たつたがは》もみぢ葉ながる神南備《かむなび》の三室《みむろ》の山に時雨《しぐれ》ふるらし　（古今・巻五）

「三室の山では、たしかに時雨がふっているらしい。その証拠に、竜田川には紅葉が流れてくる」というのである。

ふる雪はかつぞ消《け》ぬらしあしひきの山の激《たぎ》つ瀬音まさるなり　（古今・巻六）

瀬音が高まって聞えるという事実から、山奥では雪が降るそばからどんどんとけているにちがいないと推量するのである。

「らし」の用法としては、このように根拠を示した推量が大部分だけれど、示さないこともある。

わが夫《せこ》がかざしの萩《はぎ》におく露をさやかに見よと月は照るらし　（万葉・巻十）

しかし、「月の照るらむ」にくらべると、ずっと断定の気持がつよい。

こういった性格のことばだから、「らし」が疑問語たとえば「や」「か」「何」「いづこ」の類といっしょに使われることは、ほとんどない。

聞きつるや初音なるらし時鳥老《お》いは寝ざめぞうれしかりける　（後拾遺・巻三）

のような例も、稀には出てくるが、これは平安時代中期より後のことである。もともと「らし」は奈良時代に多く使われたもので、平安時代には古語という感じだったようである。だから、散文には出てこず、歌だけに用いられている。それが、平安中期より後、元来の意味あいをよく知らない歌人によって、変なぐあいに使われたのであろう。この歌の作者は、忠命という あまり名の知れていない坊さんである。

「らし」が「あり」「けり」「なり」「かり」の連体形について連音変化をおこすと、「ある・らし→あらし」「ける・らし→けらし」「なる・らし→ならし」「かる・らし→からし」などとなる。発音のうえで変ったにすぎず、意味はもとの「あるらし」「けるらし」「なるらし」と同じことだから、解釈のときはそのつもりで訳せばよろしい。英語ならみな must be になるところ。

み吉野の吉野の宮は山故《から》し貴くあらし川故《から》し清《さや》けくあらし　（万葉・巻三）

桜花さきにけらしなあしひきの山の峡《かひ》より見ゆる白雲　（古今・巻一）

世のなかはかくのみならし犬じもの道に臥してや命すぎなむ　（万葉・巻五）

秋の夜は露こそことに寒からし叢《くさむら》ごとに虫のわぶれば　（古今・巻四）

「らし」の反対に、ごく自信のない推量が「めり」である。「らし」が must be なら、助動詞「めり」は it seems to me that のような気持であろう。小松登美氏の研究によると、助動詞「めり」は、動詞「見」に「あり」がついて連音変化をおこしたものから生まれたという。英語の seem も see と同じもとから生まれたのであろうから、感じが似ているのは当りまえかもしれない。

「めり」は、奈良時代の用例がひとつしかない。それも東国方言の歌に見えるもので、

をぐさ男《を》とをぐさすけ男《を》と潮船《しほふね》の並べて見ればをぐさ可知馬利　（万葉・巻十四）

とある。「可知馬利」は「勝ちめり」か「刈りめり」か、学者の間で議論がある。あとの説は、「知」を「利」の誤りと考えるわけ。しかし、どちらにしても、助動詞「めり」の存在は認めてよいようである。平安時代に入って、土佐日記・竹取物語・伊勢物語・大和物語などにすこし出てくるけれど、小松氏の研究によれば、いずれも「見る」というはたらきに関係した事がらを言いあらわすときに使われている。源氏物語や枕冊子のころからさかんに用いられた。この時代から、かならずしも「見る」というもとの意味に拘わらないで、ひろく使われている。だから、盛衰という点から観ると、「らし」と「めり」はちょうど反対のコースをたどっているが、意味はかなり違ったものだから、「めり」が「ら

し」にとって替ったのだと簡単に片づけるわけにはゆかない。むしろ、奈良時代の人たちは、ものごとをずばりと言うのが好きであったから、しぜん「らし」が多く用いられ、平安時代の人たちは、なるべく遠まわしに表現するのが上品だと思っていたから、ひかえめな「めり」が流行したのだというふうに考えるのが適切であろう。

意味は、話し手があまり自分の意見を加えないで、外からながめているような感じの推量なのだが、これをぴたりと訳し出す現代語がない。たぶん現代人も、ずばりと言う方が好きなのであろう。しいて訳するなら、〈……ヨウダ〉〈……ヨウデス〉ぐらいのものではあるまいか。

「若宮は、いかに思《おも》ほし知るにか、参りたまはむことをのみなむ思《おぼ》し急ぐめれば、理《ことわり》に悲しう見たてまつりはべる」など、うちうちに思ひたまふる様《さま》を奏したまへ。（源氏「桐壺」）

桐壺更衣の母が、天皇の使いに述懐して「若宮（光源氏）は、どうお考えになっていらっしゃるのか、宮中へおいでになることばかり、まだかまだかと思っていられるようなので、御もっともな話だと悲しく存じあげておりますなど、わたくしの心中をそっと帝《みかど》にお申しあげください」と言っているところ。おさない光源氏の君が「いかに思ほし知るにか」、よくわからないので、その心のなかを、自信のない「めれ」で推量しているのである。現代語訳のばあい、「どうお考えになっていらっしゃるのか」の後に「よくはわかりませんが」とでも補なえば、下の「めれ」がよく生かされるだろう。

この自信がないような感じを生かして、言いかたをやわらげる用法が、「めり」には多い。

竜田川もみぢ乱れて流るめり渡らば錦中《なか》や絶えなむ　（古今・巻五）

水に散った紅葉が流れてゆく景色は、眼前にながめているのだから、何だか「めり」と推量するのはおかしいようだけれど、あまり直接的な断定になるのを避けたものである。

身にあまるまでの御志のよろづにかたじけなきに、人げなき恥をかくしつつ交《まじ》らひたまふめりつるを……。〈身ニアマルホドノ帝ノ御情ガ万事ニツケテモッタイナイホドナノヲ頼リニ、人ナミデナイヨウナ恥ヲ包ミナガラ、宮仕エヲサセテイタダイテオリマシタヨウナグアイデゴザイマスガ〉　（源氏「桐壺」）

これも、桐壺更衣の母が天皇の使いに述懐しているところ。「人げなき恥をかくしつつ交らひたまふ」ことは、確かな事実なので、確述の「つる」を使ったのだけれど、「交らひたまひつる」では、帝に対してあまりずけずけ言う感じになるため、それに「めり」を加えて、すこしやわらかな言いかたにしたものであろう。

まとめ

1　ぬき乱る人こそあるらし白珠の間《ま》なくも散るか袖の狭《せば》きに

〔拙訳〕緒ニトオシテアルノヲハズシテバラバラニスル人ガアルヨウダ。
〔適訳〕緒ニトオシテアルノヲハズシテバラバラニスル人ガアルニチガイナイ。

2 かぐや姫の、皮衣《かはぎぬ》を見ていはく「うるはしき皮なめり。」
〔誤訳〕「リッパナ皮デショウ」。
〔正訳〕「リッパナ皮ノヨウデス」。

〔ヘ〕 仮想 (Subjunctive mood)

未来をあらわす助動詞 shall や will などが、使いかたによって Subjunctive mood をあらわすことは、よく御存知のはず。そのなかで、事実でない事がら（unreal, contrary to fact, or hypothetical conditions in present or future time）を仮想する言いかたがあることも、英文法でお習いだろう。たとえば、

If she should win the contest, we would be much surprised.

と言うとき、だいたい「あの御面相でねえ……」といった気持である。美人コンテストに通るなどいうことはぜったい有り得ないと当人以外は誰でも認めているのだが、彼女はだんぜん応募した。でも、奇蹟ということも無いとはきめられないから、万一……といったた

感じがshouldであらわされている。これを古典語に訳するなら、

かの君かたちくらべに勝たましかば、いとあさましかりなまし。

といったところだろう。推量の助動詞「まし」は、このような「事実でない事がらの仮想」に使われる。仮定条件の方はたいてい「ましかば」が使われるので、標準的な形としては、

ましかば……まし＝should……would……　(26)

と憶えておくのがよろしい。

しかし、ばあいによっては「ましかば……まし」の形にならないことがある。

ひとりのみながむるよりは女郎花《をみなへし》わが住む宅《やど》に植ゑて見ましを　（古今・巻五）

条件を示す方の「ましかば……」がないけれど、これは「植ゑましかば……」という気持が省略されているものと考えられる。英語でも、次のような言いかたがある。

He might transfer to another university next year.

彼の転任がnext yearなのにmightと過去形を使うのはおかしいようだけれど、これも仮想のひとつであって、裏にif he could do soという気持がある。

「まし」を使った仮想は「事実でない事がら」に対するものだが、奈良時代では特に「事

実と反対の事がら」を仮想する。たとえば、

大船に妹《いも》乗るものにあらませばはぐくみもちて行かましものを （万葉・巻十五）

新羅《しらぎ》へ使者にゆく人が、妻と別れを惜しんだ歌である。妻はいっしょに行くことができない。それは明らかな事実である。その事実をちゃんと認めたうえで「仮にいっしょに船に乗れるものなら」と、反対のことを仮想しているのである。ある学生が、

If I were the professor, I would give easier tests.

となげいたとする。彼が先生でないことは明らかな事実である。その事実をちゃんと認めたうえで「仮に先生であったなら」と反対のことを仮想しているわけ。もちろん、その先生がやさしい問題を出してくれないという事実も、はっきり認めているのである。なお、「ませ」は「まし」の未然形だが、平安時代より後は消えてゆくから、一四〇頁の活用表には省いてある。

奈良時代の「まし」は"If I were……"にあたるような「事実と反対の仮想」だが、平安時代より後の「まし」には、かならずしも「事実と反対」とまではゆかない程度の仮想が出てくる。たとえば、内大臣藤原伊周《これちか》からまだ何も書いてない冊子（綴じ本）をおもらいになった中宮定子が、そばの者たちに、

「これに何を書かまし。」

と話しかけられた（枕冊子跋文）。このばあいの「まし」は、別に contrary to fact という

ほどでもなく、まだ事実になっていない事がらを仮想したものである。学者によっては、こんなふうに疑問語をともなった「まし」は「む」と同じ意味になると説明されるが、そうではない。やはり、裏に「もし書くとしたら」という気持がこめられているのであって、単なる推量である「む」とは同じでない。もっとも、いわゆる院政時代（十二世紀）になると、

行き暮れて木《こ》の下蔭《したかげ》を宿とせば花や今夜《こよひ》の主《あるじ》ならまし　（平家物語）

のような例が出てくる。院政時代から、だんだん中世語法になってゆくことは、前に述べたとおりで（二九一―二九二頁）、古典語としてはあまり気にしなくてもよい例外だけれど、この例だって、しいて説明するなら、裏に「もし主を求めるとすれば」といった気持があるのだといえないこともない。要するに、「まし」がひとつだけ使われているときは、何か仮定条件がないかと考えてみる癖をつけていただきたい。たとえ訳文には出てこなくても、きっと得るところがあるだろう。

仮想法は、「まし」だけでなく、助動詞「む」によっても言いあらわされる。もっとも、このばあいは、**連体形**に限るから、よく注意していただきたい。

思はむ子を法師になしたらむこそ、心ぐるしけれ。　（枕冊子）

これを「かわゆく思う子を坊さんにしているのこそ、つらいものだ」と訳したら、まちがいである。それなら、原文が「思ふ子を法師になしたるこそ、心ぐるしけれ」でなくては

ならない。これらの「む」は、どちらも仮想をあらわすものであり、仮にかわゆく思う子があるとして、もしもその子を坊さんにしていることがあるとすれば、それは……」という気持なのである。つまり、事実としては、思う子もなければ、法師にしているということもない。その事実と違うことを仮想するのが「む」のはたらきである。

けふこの山造る人には、日《ひ》三日《みか》賜《た》ぶべし。また、参らざらむ者は、また同じ数とどめむ。〈今日コノ雪山ヲコシラエル人ニハ、休ミヲ三日クダサルハズデス。マタ参上シナイヨウナ者デモアレバ、同ジ三日間ダケ外出禁止ニシマショウ。〉（枕冊子）

命令にそむく者なんかあるはずがないけれど、仮にそむく者があるとするなら……という気持が「む」に含まれている。「とどめむ」の「む」は終止形だから、仮想ではない。

練習 一三

次の文章における傍線部分を現代語訳せよ。（出典「堤中納言物語」）

女、使ふ者とさしむかひて泣き暮らす。「心うきものは世なりけり。(イ)いかにせまし。(ロ)おし立ちて来むには、(ハ)いとかすかにて見えむも、いとみぐるし。いみじげにあやしうこそはあらめ、かの大原のいまこが家へ行《い》かむ。かれよりほかに知りたる人なし。」かく言ふは、もと使ふ人なるべし。「それは片時おはしますべくもはべらざりしかども、(ニ)さるべき所の出で来むまでは、まづおはせ」など語らひて、家のうち清げに掃かせなどする心ちも、いと悲しければ、泣くなく恥づかしげなるもの焼かせなどする。

（二十分以内）

答 （イ）どうしたら、よいでしょう。（ロ）もし強引におしかけてくるようなばあいには。（ハ）ひどくみすぼらしい様子で出てあうようなことになっても。（ニ）ぐあいのよい所がみつかるかもしれませんから、それまでは。

ある男が、ほかの女性と仲よくなり、彼女と結婚するため、いまの妻と離婚しようという気になった。そのため、親密になっている女性を同居させたいと、妻に申し入れた。これは離婚するための工作だとさとった妻が、侍女と悲歎にくれながら相談しているところ。（イ）は「もし何か手だてを考えるとすれば」といった気持が省略されている。（ロ）は「いまは押しかけてきているわけでないけれど」という気持が、（ハ）は「いまのところ、みすぼらしい様子であうという事態はおこっていないけれど」という気持が、（ニ）は「いまは見こみがないけれど」という気持が、それぞれ裏に含まれており、Subjunctive moodである。「む」は終止形と連体形とが同じ形だから、その下に「こと」「もの」「とき」などいう体言を補なうことができるかどうか、よく吟味していただきたい。

連体形の「む」は仮想になるけれど、かならずしも仮想とまでは言い切れない「む」も、ときどき出てくる。つまり、言いかたをやわらげる「む」である。

そのうちとけて、かたはらいたしと思《おぼ》されむこそ、ゆかしけれ。（源氏「帚木」）

頭《とう》の中将が光源氏のところに来ているラヴレターをさかんに見たがるので、源氏が「構わない分だけ見せてあげよう。冷汗ものが交っているかもしれないから……」と渋るので、頭の中将が「そのプライヴェイトな、見られてはこまるようなのこそ、ぜひ拝見したいね」と責めたてるところ。この「む」も、しいて説明すれば、見られてこまるかどうか現にわかっているわけでないけれど、もしそんなふうにお感じになるなら、その手紙を……といった気持のSubjunctive moodになるが、実際には、そういった気持をどこかに匂わせて、言いかたをやわらげたものである。英語でも、

I wish you would change the topic.

というようなwouldの使いかたがある。もしほかのことを話していただけるなら、そう願いたいといった気持をどこかに匂わせて、やわらかに頼むわけ。

Would you please change your topic?
Would you mind changing your topic?
Could you change your topic?

などのwouldやcouldも同様で、ふつう

Could softens **can** in much the same way as "**Would** you please……" softens "**Will** you please……" in making requests.

と説明されている。推量の「む」に勧誘という用法があることは前に述べたけれど（三二

○頁)、推量がすぐ勧誘に変るのではなく、このような Subjunctive mood にもとづいた「やわらげる言いかた」をとおして勧誘になるのだと考えられる。

さむべきかたなく堪へがたきは、いかにすべきわざにかとも、問ひあはすべき人だになきを、忍びて参りたまひなむや。〈気分ノ転ジヨウモナク、タマラナイノヲ、ドウシタラヨイノダロウト、相談デキル相手サエイナイノダカラ、ソットオイデニナリマセンデショウカ。〉 (源氏「桐壺」)

「参りたまひなむや」の「な」は、確述の「ぬ」の未然形で、つよく誘いかけた言いかたであるが、同時に「む」を使ってそれをやわらげたもの。Arthur Waley の訳では、

Will you not come to me secretly?

となっているが、直訳すれば、

Would you mind coming to me secretly?

の方が近いかもしれない。もうひとつ源氏物語の例。

鳴りたかし。鳴りやまむ。はなはだ非常《ひざう》なり。座をひきて立ちたうびなむ。〈サワガシイ。オ静カニナサレマショウ。マコトニ不届キデゴザル。御退席ニ相ナリマショウ。〉 (源氏「少女」)

光源氏のむすこに字《あざな》をつける儀式の席で、儒者のしかつめらしい様子を皆がおかしがって笑うので、儒者がしかりつけることばだけれど、貴族にくらべれば身分のひくい儒者のこ

となので、遠慮して「む」を使ったのである。ふつうなら"Be quiet!" "Get out!"とどなりつけるところだが、特に

Would you please be quiet?

Would you mind leaving your seats?

のような言いかたをしたわけ。そこにまた儒者らしいおかしさが出ている。これらのwouldは、裏に「もしおさしつかえなければ」という気持が含まれており、たいへん丁寧な言いかたになる。

言いかたをやわらげる「む」は、ばあいによって、いろいろに訳するけれど、〈……ヨウナ〉を使うと、わりあい当てはまることが多い。

今夜《こよひ》来む人にはあはじ織女《たなばた》の久しき程に待ちもこそすれ〈今晩来ルヨウナ人ニハアウマイ。〉（古今・巻四）

さてこそは、上襲《うはおそひ》きたらむ童《わらは》も参りよからめ。〈ソレデコソ、ウワッパリヲ着テイルヨウナ子モ、アガリヤスイデショウ。〉（枕冊子）

前後の関係で〈……ヨウナ〉を使うと不自然になるときは、「来む人」を〈来ル人〉と訳し「着たらむ人」を〈着テイル人〉と訳するような工夫も、もちろん必要である。

まとめ

1 秋の野に道もまどひぬ松虫の声する方に宿やからまし
〔凡訳〕松虫ノ声ガスルアタリニ宿ヲ借リヨウカ。
〔適訳〕ドウセ宿ヲ借リルナラ、松虫ノ声ガスルアタリニ借リヨウカ。

2 さ言はむにかしこく、言はざらむにもわろかるべきことかは。
〔拙訳〕ソウ言ウノガスグレテオリ、言ワナイノガワルイナドイウハズノコトガアロウカ。

〔適訳〕ソウ言ッタトコロデ、ソレガスグレテオリ、ソウ言ワナイトシテモ、ソレガ劣ッテイルナドイウハズノコトガアロウカ。

3 言ひそめつることは、さてこそあらめ。
〔誤訳〕イッタン言イ出シタコトハ、キットソウアルダロウ。
〔正訳〕イッタン言イ出シタコトハ、ソレデ押シトオシタラドウ?

〔ト〕 希望

わたくしの宅にお客を招待しているとき、コーヒーか紅茶をめしあがりませんかというのに、

Would you like some coffee or tea?

とたずねるのが、いちばん普通の言いかたである。このwouldは、さきにも述べたとおり、Subjunctive moodから出た丁寧な勧誘だが、それを受けて、

Yes, I would. Coffee please.

と言えば、同じwouldでも、こんどは「もしいただけるなら、いただきましょう」という気持で、丁寧に自分の意思をあらわすわけ。

同様に、仮想の「む」が丁寧な勧誘に用いられることは、前の項で述べた。ところで、こんど御返礼にわたくしが招待してもらったとき、主人役である某君が、

茶など参りたまはむや。

と言ったのに対し、わたくしがその「む」を受けて、

さは、得てむ。

と答えたら、丁寧に自分の意思をあらわすことになり、正しいことばづかいである。しかし、

さは、得まほし。

と答えたら、どうだろうか。某君および某君夫人は変な顔をするにちがいない。また、

さは、得てしかな。

と答えたら、失礼なやつだという表情をかすかに示すかもしれない。なぜだろうか。助動

詞「まほし」や助詞「かな」（がな）は、自分の希望をあらわすわけだけれど、どちらもいますぐ実現しそうもない事がらに対して「そうしたい」「そうなってほしい」と願う気持が含まれている。

添ひ臥したまへる御灯影《おんほかげ》、いとめでたく、女にて見たてまつらまほし。〈クツロイダ姿勢デイラレルノヲ灯火ノ光デ拝見シタトコロガ、マコトニ魅力的デ、愛人トシテカワイガッテイタダキタイホドダ。〉（源氏「帚木」）

「女にて」は、光源氏を女であってほしいと願う気持に解する人が多いけれど、佐伯博士の説に従って"I hope I could be his girl."の意味にとった。どちらにしても、ちょっと実現しそうもない事がらに対して「まほし」と希望しているわけ。

乳母《めのと》なる人は、夫《をとこ》なども亡《な》くなして、境にて子産《う》みたりしかば、はなれて別《べち》にのぼる。いと恋しければ、行かまほしく思ふに、兄《せうと》なる人、抱きて率《ゐ》て行《い》きたり。〈行キタク思ッテイルト〉（更級日記）

これは、間もなく実現しているが、希望してすぐ実現したわけでなく、旅中のことで、外出にもいろいろ不便があり、兄さんが工夫《くふう》して連れていってくれたのだから、はじめ「行きたい」と思ったときは、すぐ何でもなく実現するとは考えていなかったはずで、厄介な事情のもとに在ることを知っているから、「まほし」を使ったのである。もし何でもなく行けるのだったら、「行かむと思ふに」とあるところ。

「さは、得てむ」と言うのも、どこか if I could という Subjunctive mood の気持を含みはするが、儀礼的にちょっと遠慮したような感じを見せたにすぎず、お茶を接待してもらえることは、確定的の事実だとおたがいに考えている。ところが、もし「得まほし」「得てしかな」を使うと、「あなたがお茶をふるまってくれるかどうか」という気持になり、いますぐ期待はできないけれど、自分としては頂戴したいと願っている、いますぐ期待はできないけれど、相手に対して失礼になる。そこに「む」と「まほし」の差がある。「まほし」を**希望**の助動詞として分類するのは、そういった意味あいである。

希望をあらわすのは、何も助動詞だけではなく、助詞を使っても希望の言いかたになる。「かな」(がな)がそのひとつである。これは「か」(が)に希望の意味があり、「な」はそれに付いて意味を強めるだけである。

まそ鏡見しかと思ふ妹《いも》もあはぬかも〈アイタイト思ウアナタモ〉（万葉・巻十一）

しづたまき数にもあらぬ身にはあれど千年にもがと思ほゆるかも〈千年モ生キテイタイト〉（万葉・巻五）

これらは「な」の付いていない例。しかし、平安時代より後は、たいてい「かな」「がな」の形で使われている。「な」だけではなく、「もや」「もな」の付くこともある。

いかでこのかぐや姫を得てしかな、見てしかなと、音に聞きめでて迷《まど》ふ。〈何トカシテコノカグヤ姫ヲモノニシタイ、イッショニナリタイナト〉（竹取物語）

世のなかにさらぬ別れの無くもがな千代《ちよ》もと祈る人の子のため〈死別トイウコトガ無イノデアッテホシイナ〉　　（伊勢物語）

甲斐《かひ》が嶺《ね》を嶺ごし山ごし吹く風を人にもがもや言《こと》づてやらむ〈人デアッテホシイナア〉　　（古今・巻二十）

世のなかは常にもがもな渚《なぎさ》こぐ海人《あま》の小舟《をぶね》の綱手かなしも〈イツマデモ生キテイタイナア〉　　（新勅撰・巻八）

どれも強めが加わっただけで、根本の意味は変らない。訳の〈……ナ〉〈……ナア〉が「な」「もや」「もな」等にあたるわけ。ところで、希望をあらわす「見しか」「見てしかな」は、ふつう「見しが」「見てしがな」と教えられているのでないかと思う。しかし、武田祐吉博士の研究によると、副助詞「し」に付くばあいは清音「か」、副助詞「も」に付くばあいは濁音「が」というのが、奈良時代のきまりであった。平安時代に入ると、清濁どちらか決定しにくいけれど、奈良時代と同じだったと考えておくのが、まあ穏当だろう。もっとも、この「か」と「が」は別ものでなく、もともと「か」なのだろうが、上の音との続きぐあいで、「も」の方は「が」に発音されたのだろうと、佐伯博士は言われる。文法としては、どうでもよいようなことだけれど、自分の習った事とすこしでも違うと、すぐ「でも、先生。学校では……」というハガキを書きたくなるのが高校生心理らしいから、念のため。要点は、

か＝｛しか→しかな
もが→もがな｝｛もがもや
もがもな｝　(27)

ということである。

助詞を使った希望の言いかたとして、ほかに「ばや」「なむ」「こそ」等がある。「ばや」は、もともと

心あてに折らばや折らむ初霜の置きまどはせる白菊の花〈折ルナラ折ロウ〉（古今・巻五）

のように、接続助詞「ば」に副助詞「や」がついてSubjunctive moodの気持であるのを「……む」と受けた言いかたから、下の「……む」にあたるものが省略されて生まれたのだと言われる。右の歌のばあいは、まだ希望の終助詞「ばや」になり切っていないが（二四二頁参照）、

五月来《さつきこ》ば鳴きも古りなむ郭公《ほととぎす》まだしきほどの声を聞かばや〈ウブナ頃ノ声ヲ聞キタイ。〉（古今・巻三）

のように、「ばや」だけで言い切られることになると、説明としては「聞かばや」の下に「聞かむ」の気持が省略されているのだと言えても、文法的には希望の終助詞「ばや」が

使われていると考えなくてはならない。

そこにこそ多く集《つど》へたまふらめ。すこし見ばや。さてなむ、この厨子《づし》も心よく開くべき。〈スコシミタイナア。〉（源氏「帚木」）

相手にむかって「見ばや」と言うと、自分の希望を述べるという形で頼むことになる。だからArthur Waleyはこの所を“But you too must have a large collection. Show me some of yours, and my desk will open to you with better will.”と訳している。「見ばや」を直訳すれば“I want to see”だが、場面を考えて“Show me”と意訳したのだろう。もちろん“Show me”の方が適切である。なお、

思ひつつ寝《ぬ》ればや人の見えつらむ夢と知りせば覚《さ》めざらましを（古今・巻十二）

のような「ばや」は、終助詞でなく、接続助詞「ば」に疑問の副助詞「や」が付いたものだから、解釈のとき注意しなくてはいけない。つまり、

(28)

ばや	未然形＋（＝……タイナア）
	已然形＋（＝……タメ……カ）

ということである（二四二頁参照）。

相手に頼む気持で使われる終助詞に「なむ」がある。奈良時代には多く「なも」であっ

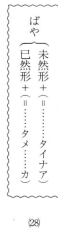

た。

今朝《けさ》来鳴きいまだ旅なる郭公《ほととぎす》花たちばなに宿は借らなむ〈ケサ山カラ来テ鳴イテイル郭公ヨ、来タバカリデヨソニイル感ジダロウガ、ドウカワタシノ家ノ花タチバナニ泊ッテオクレ。〉（古今・巻三）

この「なむ」は〈ドウカ……テオクレ〉〈……シテホシイ〉〈……デアッテモライタイ〉など訳せばよいが、同じ形の「なむ」に、副助詞（係助詞）のものや、完了（確述）の「ぬ」の未然形に推量の助動詞「む」の付いたものなどがあるから、解釈のとき、注意を要する（二三八頁参照）。

参りては、いとど心苦しう、心肝《ぎも》も尽くるやうになむ。〈参リマシタトコロ、イッソウオ気ノドクデ、胸モツブレソウデゴザイマス。〉（源氏「桐壺」）

この「なむ」は副助詞（係助詞）で、下に「はべる」というようなことばが省略されている。〈ゴザイマス〉がそれにあたる。英訳するなら、"My heart is torn with pity." といったふうに is を補なうところ。体言・体言あつかいのことば・副詞・ほかの助詞などに付き、用言の未然形や連用形には付かない。

かの頼もし人は、ゆくさき短かかりなむ。〈ソノ頼ミニシテイル人ハ、アマリ長ク生キテハイナイダロウ。〉（源氏「帚木」）

これは完了（確述）の「ぬ」の未然形に「む」が付いたもの。このばあいは、上に連用形

が来る。終助詞の「なむ」は未然形を承けるから、たいてい区別できる。つまり、

未然形＋なむ↓終助詞
連用形＋なむ↓助動詞（な＋む）
体言等＋なむ↓副助詞

(29)

となるわけだが、一段活用と二段活用のときは、未然形と連用形が同じ形なので、区別しにくい。このばあいは、前後の関係で判断するよりほかない。

ずっと古い時代には「こそ」で相手に〈……テクダサイ〉と希望する使いかたがあった。

現《うつつ》にはあふよしもなしぬばたまの夜の夢《いめ》にをつぎて見えこそ〈ズット見エテホシイ。〉（万葉・巻五）

鶯の待ちかてにせし梅が花散らずありこそ思ふ児がため〈散ラズニイテホシイ〉（万葉・巻五）

これは副助詞（係助詞）の「こそ」を終助詞のように使って相手への希望をあらわすものだと説明する学者が多いけれど、

吉野川ゆく瀬の早みしましくも淀《よど》むことなくありこせぬかも〈吉野川ノ瀬ノ早イ所ハ、シバラクモ留マルコトガナイ、チョウドソノヨウニ、ワレワレノ仲モグアイヨク進

ンデクレナイモノカナア。〉　（万葉・巻二）

霞たつ春日の里の梅の花山のあらしに散りこすなゆめ〈ゼッタイ散ラナイデクダサイ。〉　（万葉・巻八）

などの例から、活用を認め、

	未然形	連用形	終止形	連体形	已然形	命令形
（こす）	こせ		こす			こそ こせ

という特殊型活用の助動詞だと考える学者もいる。高校程度としては、助詞か助動詞かなど、どうでもよいことで、奈良時代の「こそ」には相手への希望をあらわす用法があるということだけ、頭の片隅にほうりこんでおけばよかろう。それよりも、助動詞は助動詞、助詞は助詞とはっきり区別してしまい、そのワクのなかでしか考えられないようなコチコチ頭でなく、助動詞であろうが助詞であろうが「希望をあらわす言いかた」にこれこれがあるのだと理解してゆく柔軟な頭をもつことの方がはるかに大切だと思われる（一八頁参照）。

これらのほか、終助詞「な」「ね」「がね」「に」などを使って自分の希望を述べたり、ほかの人に頼んだりする言いかたがあるけれど、高校程度としては、ぜひ記憶しなくては

ならないとも思われない。ただ、万葉集の巻頭に出ている「籠《こ》もよみ籠《こ》もち」の歌に、

家訊《き》かな告《の》らさね〈家ヲ訊キタイ、オッシャイナ。〉

と使われているから、「な」と「ね」は知っておいた方がよいだろう。また、やはり有名な

熟田津《にぎたづ》に船乗りせむと月待てば潮《しほ》もかなひぬ今は漕《こ》ぎ出でな　（万葉・巻一）

にも出てくるが、この「な」は希望よりも決意の気持で〈船出シヨウ〉と訳するところ。現代語でも、たとえば「ぼくはもう御免こうむりたいね」と言うとき、希望の助動詞を使って決意をあらわしているのである。

いわゆる院政鎌倉時代（十二世紀以後）からは、助動詞「たし」があらわれる。現代語の「たい」のもとである。

いかに妓王《ぎわう》。その後《のち》何事かある。さては舞をも見たけれども、それは後《のち》の事、まづ今様ひとつうたへ。　（平家「祇王」）

いや、某《それがし》は飲みたうもおりない。〈飲ミタクアリマセン。〉　（狂言「鶯」）

いや、まうし、まうし。饅頭《まんぢゆう》が食ひたいと仰せられまする。　（狂言「金津地蔵」）

さて、整理かたがた、練習をひとつやってみよう。

練習　一四

次は安永七年（一七七八）に刊行された文法書に見える見解である。これをよんで、あとの問

に答えよ。（ただし和歌に濁点が省いてある。）

（1）泣く涙雨と降らなむ渡り川水まさりなは帰りくるかに　（古今集）

（2）今年より春しりそむる桜花散るといふことはならはさらなむ　（古今集）

右の「なむ」はa里言に「……てくれよ」といふ。世にこれを「願ひのなむ」といひつけたれど、b願ひにはあらでただそっとあつらふる詞なり。「散らば散らなむ」〔注〕といへる詞を思ふべし。この「なむ」を、

（3）見る人もなき山里の桜花ほかの散りなむ後そさかまし　（古今集）

（4）惜しむから恋しきものを白雲の立ちなむ後はなにここちせむ　（古今集）

の如き「なむ」にまがはすべからず。ただし、うけ詞によりてわかちがたきことあり。そのことわりを知らぬ人は心えあやまりやすし。その中にも「いひなむ」「きなむ」と「いはなむ」「こなむ」とのたがひは、歌よむ人の心えぬはなし。また「せなむ」「あらなむ」などは、あつらへとみやすきを、「みだれなむ」「うきめみえなむ」などいふ時は、cまことにあしくよみたる歌ならば、よみ人みづからいひとかぬかぎりはわかるまじきやうなり。始め終りをよく見合せて、心えわきまふべし。

〔注〕　桜花散らは散らなむ散らすとて故里人の来ても見なくに　（古今集）

（A）傍線aの部分において「里言」とはどんな意味か。次のうち、最も適当と思うものの符号を記せ。

（イ）口語　（ロ）方言　（ハ）俗語

（B）(3)の歌の下句の解釈は、次のうちいずれか。

イ　ほかの桜が散ってしまう後に咲いただろう。
ロ　ほかの桜が散ってしまう後に咲いてほしい。
ハ　ほかの桜が散ってしまう後に咲いたらよいのに。
ニ　ほかの桜が散ってしまう後では咲かないだろう。
ホ　ほかの桜が散ってしまう後では咲きそうにもない。

（C）傍線bの部分において、

1　論者のいう「願ひ」の意味の助詞を二つ記せ。
2　論者は「あつらへ」を「願ひ」とどのように区別しているか。三十字以内で記せ。

（D）傍線cの部分において、何故「わかるまじきやうなり」と言ったのか。次のうち、正しいと思うものの符号をすべて記せ。

イ　例えば「みだれなむ」は「みだれてしまうだろう」の意とも、「みだれてくれよ」の意ともとれるから。
ロ　例えば「みだれなむ」は「なむ」があつらえの意の終助詞とも、強めの意の係助詞ともとれるから。

ハ 例えば「みだれなむ」は「なむ」が推量の意の助動詞とも、強めの意の係助詞とももとれるから。
ニ 例えば「みだる」は未然形・連用形が同形で、「みだれなむ」という形からは「なむ」の判別が文法上できないから。
ホ「あしくよみたる歌」は、文法上の誤りがあるから。
ヘ「あしくよみたる歌」は、作者の示そうとする内容がはっきりしないから。
(E) 問題文の見解についての左記の批評のうち、適当と思うものの符号を記せ。
イ 妥当である。
ロ 根本において誤っている。
ハ 根本においては正しいが、部分的にはかなりの誤りがある。　(神戸大)

答 A＝イ。B＝ハ。C1「がな」「ばや」。C2「あつらへ」は他にちょっと頼む。「願ひ」は自分の希望を述べる。D＝イ・ニ・ヘ。E＝イ。

Bは「咲かまし」と Subjunctive mood で、裏に「もし咲くなら」の気持がある。「咲かまほし」でないことに注意。Dの選択肢ヘも注意を要する。意味は、文法や用語だけで決まるのではなく、そこに述べられている表現ぜんたいから決まってくるのである。問題文に「始め終りをよく見合せて、心えわきまふべし」とあるのがそれで、わたくしが「前後の関係で判断するよりほかない」と言ったのも、そこから出ている。「単語プラス文法」という知識でいつも作品が解釈できると思うのは、迷信のひとつである。なお、「言ひなむ」「来《き》なむ」と「言はなむ」「来《こ》なむ」との差は、未然形に付いているか連用形に付いているかで、どなたも「心えぬはなし」だろう。

まとめ

1 郭公《ほととぎす》なかる国にも往《ゆ》きてしかその鳴く声を聞けばくるしも
〔誤訳〕 イナイ国へ行ッタ。
〔正訳〕 イナイ国へゼヒ行キタイ。

2 見せばやな志賀の唐崎ふもとなる長柄《ながら》の山の花のけしきを
〔誤訳〕 見セルノナラバ、マア。
〔正訳〕 見セタイモノダナア。

3 ひとめ見し君もや来ると桜花けふは待ちみて散らば散らなむ
〔誤訳〕 散ルノナラ散ッテシマオウ。
〔正訳〕 散ルノナラ散ッテオクレ。

4 梅の花夢《いめ》に語らく雅《みや》びたる花と吾《あれ》思ふ酒に浮べこそ
〔誤訳〕 梅ノ花ガ夢ノナカデ告ゲルコトニハ「風流ナ花ダト自分ナガラ

思イマスヨ。ダカラコソ酒ニ浮カブノデス」。

〔正訳〕ダカラ酒ニ浮カセテクダサイナ。

〔チ〕伝聞・推定

人から聞きつたえたという意味あいをあらわすのに「けり」があるけれど、それは回想のなかにそういう意味あいが含められたものである。回想でなく、むしろ推量の側に立つ伝聞をあらわす言いかたとして、いわゆる伝聞の「なり」がある。

ふつう「なり」は体言あるいは体言あつかいのことばに付くのであって、〈……ダ〉〈……デアル〉など訳することが多い。

急ぎ参らせて御覧ずるに、めづらかなる児《ちご》の御かたちなり。（源氏「桐壺」）

「御かたち」という体言に付いている。しかし、

都へと思ふをものの悲しきは帰らぬ人のあればなりけり（土佐日記）

のような例もある。これは「あれば」の下に「その故」といったようなことばが省略されているものと考えられ、体言あつかいの例になる。しかし、そのほかに、動詞および助動詞の終止形に付く「なり」がある。終止形に付く方の「なり」は、詠歎をあらわすと、江戸時代から考えられてきた。

ところが、大正年間、松尾捨治郎博士が、終止形に付く「なり」は伝聞・推定をあらわすという新説を立てられた。実例でいうと、光源氏に良清が明石入道のむすめのうわさをして、

けしうはあらず、かたち・心ばせなど、はべるなり。代々《だいだい》の国の司《つかさ》など、用意殊《こと》にして、さる心ばへ見すなれど、さらにうけひかず。〈容貌《キリヨウ》ヤ性質ナド、ワルクゴザイマセンソウデス。歴代ノ国守ナンカガ、特別キドッテ、縁談ニマデ持ッテユキタイソブリヲ見セルソウデスガ、テンデ相手ニシマセン。〉（源氏「若紫」）

と話しているのが、それである。良清は、まだそのむすめに会ったことがないから、彼女の容貌や性質について「けしうはあらずはべるなり」と語っているのは、人づてに聞いたものだと考えられる。知事さんたちがちょいちょい色目を使うということも、良清自身が確かめたわけではないから、やはり人づてに聞いたものだろう。つまり、**伝聞**の「なり」というわけ。

もっとも、はじめの「はべるなり」は、終止形でなく、連体形に付いているけれど、これは、ラ変型活用のことばに付くときの特例である。奈良時代には、

芦原《あしはら》の中つ国は、いたく騒《さや》ぎてありなり。〈日本ハ大サワギシテイルヨウダ。〉（古事記）

のように、ラ変のことばでも終止形に付いていたのだが、平安時代から、連体形に付くこ

とになった。だから、連体形に付いていても、ラ変型活用のばあいは、終止形に付くのと同じあつかいにしてよい。ところで、この例は、高天原《たかまがはら》の神さまたちが、下界でがやがや声がするのを聞いて、どうやら日本では大さわぎしているようだと考えたのだから、人づてというわけではない。こういったばあいは、**推定**の「なり」である。推定といっても、「何か音あるいは声が聞えてくるので、それによって考えると、こんな事がらがおこなわれているようだ」と推しはかるところに、元来の意味があるらしい。後には、音でなくても、何かあたりの状況から判断して、こうこうのようだと推定するときにも使われている。

終止形と連体形の違う動詞や助動詞に付くときは、右のように考えられるが、四段活用や一段活用のばあいは、ぐあいがわるい。そのときは、前後の関係から、伝聞・推定の「なり」であるかないかを判断するよりほかない。しかし、そのばあいでも、助動詞「なり」に違った種類の用法があるという知識を持ちあわせていることは、解釈にたいへん有益なヒントをあたえてくれるはずである。

終止形に付く「なり」が伝聞・推定だという新説は、しかし、なかなか認められなかった。いや、現在でも、詠歎の「なり」だとする教科書がある。けれど、学界の大きな流れとしては、伝聞・推定の用法を認めようとする方向が、ほとんど動かせない。こんなに伝聞・推定を認める説が一般化したのは、佐伯梅友博士が、昭和二十三年か二十四年ごろであったろうか、国語学会で『信濃にあんなる木曾路川』と題しておこなわれた講演以来のことである。その要旨は、平家物語の巻六「しわがれ声」の段に、養和と改元されたので、大赦があり、信濃に流されていた按察《あぜち》大納言資賢《すけかた》が召しかえされ、院に参上したとき、院の御所望で今様をうたった話が出ており、それに、

大納言、拍子とって「信濃にあんなる木曾路川」といふ今様を、これは正《まさ》しう見聞かれたりしかば、「信濃にありし木曾路川」とうたはれけるこそ、時にとっての高名なれ。

とある。「あんなる」は「あるなる」が撥音便になったもの（六四頁参照）。なるほど、自分がいた土地だから、伝聞の「あんなる」ではぐあいがわるいわけで、経験回想の「し」（三一二頁参照）を使ったのである。これは、伝聞の「なり」を認めるうえに、絶好の材料といってよろしい。その後、松尾聡博士も、この説の正しいことを大いに論じられ、どうやら通説といえそうなところまで漕ぎつけた次第。

伝聞・推定といっても、いつも伝聞・推定だけでないことは、推量の「む」が仮想や勧誘に使われたりするのと同様で、終止形に付く「なり」も、伝聞・推定の気持を含みながら言いかたをやわらげるのに使われるばあいがある。清原俊蔭が異国に漂流したとき、観《かん》音菩薩《のんぼさつ》にお祈りしたら、どこからともなく白馬が出てきて、俊蔭をのせ、栴檀《せんだん》の木のもとで三人のひとが琴をひいているところへ連れていった。俊蔭が身の上を話すと、

あはれ、旅人にこそあなれ。しばし宿さむかし。〈ウーン、旅人トイウワケダナ。シ

〈宇津保「俊蔭」〉

バラク泊メテヤロウワイ。〉

と言って、いろいろ世話をしてくれたという条がある。このばあい、俊蔭の旅人であることがわかってしまった後だから、推定とは認められない。といって、本人が直接に話したのだから、伝聞（人づて）とも考えられない。これは、もし何も説明をきかず、こちらの頭で旅人だということを判断したのなら、「旅人にこそあれ」〈旅人ダワイ〉と言っても不自然ではないが、話をきいてしまった後で同じ内容を強調して言うと、かえって何だか間《ま》がぬける。友だちが「おい、合格だよ！」とかけこんできて、電報をふりまわしているのに、「合格だなあ。おめでとう」と言ってみたまえ。友だちは、きっと変な顔をするにちがいない。「合格だって！　おめでとう」と言えば、ぴたりと来る。この「だって」は、「合格だ」をやわらげながら強めた言いかたである。もっとも、「合格だって？」と語尾のイントネイションを上げてはいけない。上げると、「君みたいなお頭《つむ》の弱いのがねえ……」という余情を含むことになる。ところで、宇津保物語の「……こそあなれ」にしても、わたくしのあげた「……だって！」にしても、相手から話をきいた結果にもとづいての強調という性格が含まれている。つまり、伝聞・推定と共通する性格が、どこかに残されているのである。そうして、強調の方は「こそ」あるいはイントネイション（！）で示されているわけだから、「なれ」あるいは「だって」で示されるものは、相手からきいたところによればという気持で言いかたを直接的でなくする用法だと考えられる。「旅人にこそあなれ」を〈旅人トイウワケダナ〉と訳した「という」は、そんな用法をあらわしたつもりで、なかなか名訳だと自分では信じているのだが、如何なものでしょうか。

まとめ

1 男もすなる日記といふものを、女もしてみむとてするなり。
〔拙訳〕男モ書クモノデアル日記トイウモノヲ、女モシテミヨウトイウワケデ、書クノデアル。
〔適訳〕男モ書クソウデアル日記トイウモノヲ、女モシテミヨウトイウワケデ、書クノデアル。
2 秋風に初雁《はつかり》が音《ね》ぞ聞ゆなる誰《た》が玉章《たまづさ》をかけて来つらむ
〔誤訳〕初雁ノ声ガ聞エルコトダナア。
〔正訳〕初雁ノ声ガ聞エルヨウダ。

〔リ〕打消

打消《うちけし》には、助動詞「ず」を使うのが、いちばん普通の言いかたである。あまり普通すぎて、説明する余地がないようだけれど、連体形の「ぬ」を完了（確述）の「ぬ」と混同しないように注意しないと、とんだ誤解がおこる。前者なら未然形に付くし、後者なら連用形につく。未然形と連用形が同形の一段活用や二段活用のときは、使われかたによって、その「ぬ」が連体形であるか終止形であるかを判断し、連体形なら打消、終止形なら完了（確述）に解釈してよろしい。パターンでいうなら、

（未然形）＋ ぬ ＝打消←連体形
（連用形）＋ ぬ ＝完了←終止形

(30)

とでもなるだろうか。仮に、

承はりも果てぬやうにて、まかではべりぬ。

という文が出題されたとしてみたまえ。

〔誤解〕　オ終イマデオ聞キシテシマッタヨウナノデ、帰ッテ参リマシタ。

〔正解〕　オ終イマデオ聞キシナイヨウナグアイデ、帰ッテ参リマシタ。

なぜ「オ聞キシテシマッタ」が誤解なのか。「承はりも果てぬやう」は、体言「やう」を「承はりも果てぬ」で連体修飾しているのだから、この「ぬ」は連体形でなくてはならない。したがって、打消でなくてはならない。もし完了なら、当然「ぬる」が使われているところ。はじめの方で活用活用とやかましく詰めこまれて、うんざりしたであろう諸君も、

なるほど活用を正確に憶えていると解釈に役だつのだなということが、この辺でおわかりでないかと思う。

　もうひとつ、まぎれやすいのは、古代語の打消「に」である。打消「ず」の活用がもともと「ず」系統のものと「ぬ」系統のものとの合併であることは、すでに御紹介したとおりだが（二八七頁）、

	未然形	連用形	終止形	連体形	已然形	命令形
（ぬ）	な	に		ぬ	ね	

という活用のうち、連用形「に」は、助詞「に」と誤りやすい。
　佐保の内ゆあらしの風の吹きぬれば還《かへ》りは知らに歎く夜ぞ多き〈知ラナイデ〉（万葉・巻十二）
　言はむすべせむすべ知らに木綿《ゆふ》だすき肩にとりかけ（万葉・巻十九）
たいていは「知らに」というばあいに出てくるが、もうひとつ「かてに」という形で使われる。
　稲日野も行きすぎかてに思へれば心恋《こほ》しき加古の島見ゆ〈ドウモ通リスギラレナク感ジテイルト〉（万葉・巻三）

沫雪《あわゆき》のたまればかてに砕けつつわがもの思ひのしげき頃かな〈ソウシテイラレナイデ〉

（古今・巻十二）

「かつ」は下二段活用の動詞で、頑ばるとか敢えてするとかの意味。それを「に」で否定するわけだから、dare not といった感じだろう。"I dare not pass by." のように。「かつ」は、右にあげた古今集の例だけがはっきりした動詞で、万葉集に出てくるのはいつも動詞の下に付いており、助動詞に近いところがある。その点も dare に似ている。つまり "I don't dare……" とは言わないし、第三人称単数の主語でも he dare not のように言い、he dares not としない点も、動詞ばなれがしているからである。まあ、これは余談で、高校程度なら、打消の「に」を知らなくても、たいしたことはない。

特別なばあいの打消に「で」がある。これはもともと「ずて」であった。

橘の蔭《かげ》ふむ道のやちまたにものをぞ思ふ妹《いも》にあはずて〈サマザマニモノ思イヲスル、アナタニ会ワナイデ。〉

（万葉・巻二）

それがいっしょになった「で」だから、意味は打消の助動詞「ず」プラス接続助詞「て」と考えてよいが、品詞のあつかいとしては、「で」を接続助詞とするのが通説である。訳するときは〈……ナイデ〉〈……ナクテ〉が普通。

君ならで誰にか見せむ梅の花色をも香《か》をも知る人ぞ知る〈アナタデナクテ〉

（古今・巻一）

この「で」に関しておもしろい話が伝わっている。ある盲人の学者（板鼻検校だという）が月見にまねかれ、その席で歌をよんでくれませんかと言われたとき、

我《わ》が心慰めかねつ更級《さらしな》や姨捨山《をばすてやま》に照る月を見で

という歌を出した。はじめの方を聞いていた人びとは「おや、古今集巻十七の有名な歌じゃないか」と変に思っているうち、最後の「見で」というところに来て、いちどに感歎の声をあげた。古今集に採られているのは、もちろん「見て」と清音によむはずのもので、ふつうならばこんな美しい月を見れば心もたのしいはずなのに、姨捨の悲しい話のある山に照る月をみては、わたしの旅の愁はなぐさめられない。

という意味なのだが、これを「見で」と濁音によむと、

姨捨山の月と同じように美しい今宵の月を見たくてたまらないのに、見ることができないので、わたしの心は慰めようもなく悲しい。

という意味になる。むかしは文章に濁点をつけないことが多かったから、「て」と書いてあっても、teだかdeだかは、そのばあいに応じて判断する必要があった。この盲人学者はそれを利用して、実におもしろいことを試みたわけで、こんなのを、アメリカ語でnice trickという。もっとも、このnice trickも、未然形と連用形の同形でない活用語に付けるときには成功しない。自分でやってみたまえ。

助詞を使う打消の言いかたとして、禁止の「な……そ」と「な」がある。「な……そ」

は、御承知のとおり「な」と「そ」の間に動詞をはさむ言いかたで、はさまれる用言は連用形が原則。カ変とサ変だけが未然形になる。

人ないたく侘《わ》びさせたてまつらせたまひそ。〈人ニヒドクツマラナイ思イヲオサセナサイマスナ。〉（竹取物語）

吹く風をな来《こ》その関と思へども途も狭《せ》に散る山桜かな〈来テクレルナトイウ〉（千載・巻二）

品詞としては、「な……そ」をひとまとまりに終助詞と考える。「な」の方を副詞とする学者もあるが、品詞なんか実はどちらでもよろしい。これとよく似た現象で、フランス語の否定形はふつう〝ne.....pas〟を使う。例えば〝Je vais.〟(I go.) を否定形にするときは〝Je ne vais pas.〟のようにneとpasでvaisをはさむのだが、この〝ne.....pas〟は副詞ということになっている。しかし、副詞であるということを憶えるよりも、否定のときは〝ne.....pas〟で動詞をはさむという言いかたを憶える方が、フランス語の勉強として、はるかに大切である。「な……そ」も、同様（一九頁参照）。

「な」だけで禁止をあらわす用法は、現代語も同じで、特に例をあげなくてもよかろうが、さきにあげた希望の「な」（三五六―三五七頁）と混同しないように注意したほうがよいかもしれない。希望の「な」は、平安時代よりあとは使われないから、注意するといっても、奈良時代だけのことだが。見別けは、

な｛（未然形＋）→希望
　　（終止形＋）→禁止｝　(31)

というパターンで間にあう。

道のなか国つ御《み》神《かみ》は旅行きもし知らぬ君を恵《めぐ》みたまはな〈オ恵ミクダサイ〉（万葉・巻十七）

竜の首の玉とり得ずば、帰り来《く》な。〈帰ッテクルナ〉（竹取物語）

右にあげたのは、どれも単純な打消の言いかたであるが、そのほか、推量と結びついた打消の「じ」「まじ」がある。「じ」は「む」の否定形、「まじ」は「べし」の否定形である。

〔肯定〕人にあはむ。——〔肯定〕人にあふべし。
〔否定〕人にあはじ。——〔否定〕人にあふまじ。

したがって、解釈のときは、いちおう「む」あるいは「べし」の意味や用法で考え、それを否定にすればよい。だいたいは両方とも〈……ナイダロウ〉〈……ナイデショウ〉と訳しておけばよいのだが、同じ「む」でも、

我行かむ。〈ワタシガ行コウ。〉＝意思

彼行かむ。〈彼ガ行クダロウ。〉＝推量

といったような差があるわけだから、その否定形も、

我行かじ。〈ワタクシハ行カナイ。〉＝意思

彼行かじ。〈彼ハ行カナイダロウ。〉＝推量

などのようになる。「まい」を使って現代語訳すると、両方とも同じ形ですむが、そのばあいでも、「わたくしは行くまい」は意思、「彼は行くまい」は推量となる。もっとも「わたくしは行けまい」なら推量になるのと同様、古典語でも「我はえ行かじ」なら「じ」は推量になる。英語のshallとwillをひっくるめて「む」であらわすわけだから、否定形「じ」もshall notとwill notを含むのだと理解していただきたい。そのほか、勧誘の「む」(三二〇頁)に対応する「じ」も、ときどき見られる。

文屋《ふんや》の康秀《やすひで》、三河の掾《ぞう》になりて「県見《あがたみ》にはえ出で立たじや」と言ひやれりける返事《かへりごと》に詠める。小野小町

わびぬれば身をうき草の根を絶えて誘《さそ》ふ水あらば往《い》なむとぞ思ふ

(古今・巻十八)

「田舎見物にお出かけになれませんか」というのだが、否定形を使っての勧誘で、英語でもよく“Won't you……”とか“Wouldn't you……”とかの形でさそいかける言いかたがある。「まじ」の方も、それに対応する「べし」に推量・意思・可能・当然・命令などの用法が

ある以上（三一七頁）、やはり同様の用法があってよいだろう。

明日は試験あるまじ。〈ナカロウ〉＝推量

我は試験を受くまじ。〈ナイツモリダ〉＝意思

あるまじき試験なり。〈不当ナ〉＝当然

ゆめ試験に落つまじ。〈テハイケナイヨ〉＝命令

可能に対応する「まじ」の用法は少ないようである。これは、たぶん「え……じ」という言いかたが普通におこなわれていたので、打消可能に「まじ」をあまり使わなかったものだろう。

そのあたりの垣《かき》にも家の外《と》にもをる人だに、たはやすく見るまじきものを、夜は安き寝《い》もねず、闇《やみ》の夜に出でて孔《あな》をくじり、垣間《かいま》見まどひあへり。〈容易ニハ見ラレナイモノダノニ〉（竹取物語）

は少ない例のひとつ。

「まじ」の古い形に「ましじ」がある。奈良時代およびそれ以前に用いられた。

	未然形	連用形	終止形	連体形	已然形	命令形
（ましじ）			ましじ	ましじき		

と活用する。接続のしかたは「まじ」と同様で、動詞および動詞型に活用する助動詞の終止形につく。意味は「まじ」とかわりがない。

堀江こえ遠き里まで送りける君が心は忘らゆましじ〈忘レラレナイデショウ。〉（万葉・巻二十）

前に出てきた「かつ」（三七〇頁）と結びついて使われることが多い。

飛鳥川《あすかがは》水ゆき増《まさ》りいや日けに恋の増《まさ》らば在りかつましじ〈日ゴトニマスマス恋シクナッテユクナラ、トテモ命ガモチソウモナイ。〉（万葉・巻十二）

「まじ」の連体形「まじき」が、鎌倉時代から音便《おんびん》で「まじい」となり、一般に連体形が文の言い切りに使われるようになってゆく傾向と相まって、

さては互ひに良い敵《かたき》ぞ。ただしわどのを下ぐるにはあらず、存ずる旨《むね》があれば、名のるまじいぞ。寄れ、組まう、手塚。（平家「実盛最期」）

のように終止形としての用法が生まれ、さらに室町時代には「まい」となって、

さて、この雨戸を開《あ》けずはなるまい。（狂言「連歌盗人」）

のように使われた。これが現代語の「まい」のおこりである。つまり、歴史的にながめると、

ましじ→まじ→まじい→まい

という移りかわりがあったわけである。

まとめ

1 言はむすべせむすべ知らにきはまりて尊きものは酒にしあるらし

〔誤訳〕ドウ言ッテヨイカドウシテヨイカ知ッテイルデアロウニ。

〔正訳〕ドウ言ッテヨイカドウシテヨイカワカラナイホド。↑奈良時代。

2 闇《やみ》ならばうべも来まさじ梅の花咲ける月夜《つくよ》に出でまさじとや

〔拙訳〕闇夜ナラ、ナルホドオイデニナラナイデショウガ、梅ノ花ガ咲イテイルコノ月夜ニ、オイデニナラナイデショウカ。

〔適訳〕闇夜ナラ、オイデニナラナイノモ御モットモデショウガ、梅ノ花ガ咲イテイルコノ月夜ニ、オイデニナラナイオツモリデスカ。

3 いと親《した》しき人さし添へて、ゆめ漏らすまじく口がためたまひて遣《つか》はす。

〔拙訳〕ゼッタイ人ニ言ワナイダロウヨウニ口ドメヲナサッテ。

〔適訳〕ゼッタイ人ニ言ッタリシテハイケナイト口ドメヲナサッテ。

〔ヌ〕可能・自発

可能の言いかたとしては、さきに「べし」が出てきたけれど、これは推量可能で、英語なら“I can.....”とか“You are able to.....”とかよりも“He will be able to.....”“It will be possible to……" などにあたる言いかたである。単に can の意味で言うときは、助動詞「る」「らる」を使う。

ところで、この「る」「らる」が可能の意味に使われるのは、山田孝雄《よしお》博士の研究によると、古典語では打消を伴なうときだけであるという。なるほど、

ものはすこし覚《おぼ》ゆれど、腰なむ動かれぬ。〈気ハワリアイ確カダガ、腰ヲ動カスコトガデキナイ。〉 （竹取物語）

しばしうち休みたまへど、寝られたまはず。〈オ眠リニナレナイ。〉 （源氏「空蟬」）

などの例からいうと、そのとおりである。しかし、これは、どこまでも平安時代の和文に使われる「古典語」だけの話であって、奈良時代には肯定可能の「る」「らる」も出てくるし、中世より後も、

かくてもあられけるよと、あはれに見るほどに。〈コンナノデモ暮ラスコトガデキルノダッタナアト。〉 （徒然草）

冬は如何《いか》なる所にも住まる。〈ドンナ所デモ住ムコトガデキル。〉 （徒然草）

のような使いかたが少なくない。また、古典語であっても、

世に在りと人に知られず、さびしく荒《あば》れたらむ葎《むぐら》の門《かど》に、思ひのほかに、らうたげならむ人の閉ぢられたらむこそ、かぎりなくめづらしくは思《おぼ》えめ。 （源氏「帚木」）

のように、打消を伴なう受身の「る」もあるから、逆はかならずしも真ならずという原理

を忘れないでいただきたい。可能か受身か判断にこまるとき、

る（らる）＋打消＝可能　(32)

というパターンを利用するのは結構だけれど、いつもそれで解決できるとは限らないことを頭に入れておかないと、とんだ誤解をする心配がある。

同じ「る」「らる」には、**自発**とか**自然可能**とかよばれる使いかたもある。自然にそうなってゆくという意味あいをあらわすもので、

秋来《き》ぬと眼にはさやかに見えねども風の音《おと》にぞおどろかれぬる〈自然ハット気ガックノダ。〉　（古今・巻五）

心ひとつに思ひあまる事など多かるを、何にかは聞かせむと思へば、うち背《そむ》かれて、人知れぬ思ひ出で笑ひもせられ、「あはれ」とも独りごたるるに。〈自分ダケデハドウショウモナイ考エゴトナンカモ多イノダガ、ソレヲワカラズ屋ノ妻君ナンカニ相談シタッテ始マラナイト思ウト、自然ト妻ニ背ヲ向ケルヨウニナリ、他人ニハワカラナイ思イ出シ笑イモスルコトニナルシ、「ウーン」ト独リゴトモ出テクル次第デ。〉　（源氏「帚木」）

などがその例。ところで、自発の「る」「らる」は可能の「る」「らる」とどんな関係にあ

るか。学者の研究では、おそらく自発の「る」「らる」がもとで、可能の「る」「らる」はそれから派生したのだろうという。したがって、両者は親類みたいなものだから、ときどき区別しにくいばあいがある――というよりも、右にあげた例のような使いかたのはっきりしたものを探《さが》し出すためには、かなり骨が折れる。正直なところ、はっきり区別できない例の方が多いのでなかろうかと思われる。文法屋さんは、可能と自発との区別を立てた以上、はっきり区別できる用例をあげないと、商売にならないから、そんな用例ばかり並べるけれど、それを見て、すべての「る」「らる」が可能と自発とのどちらかに片づくのだと思いこんだら、まあ迷信のひとつだと申しあげておこう。

共産主義でなければ資本主義、正義でなければ不正、成功でなければ失敗、ひろくいって、AでなければBというように、すべてを割り切らないと気のすまないのが、高校生ぐらいの年ごろによくある傾向である。いや、大学を出ても、精神年齢が高校生なみの連中には、そんなのが少なくない。しかし、世のなかには、割り切れることよりも、割り切れないことの方が多い。学問の世界だって、同じことである。割り切れないから文法なんか詰まらないと考えるのは、それこそ詰まらない考えである。「でも、先生。試験に出たらどう訳します?」と御心配なら、良い知恵をさずけてあげよう。区別のつかない「る」「らる」は、みな〈……ル〉〈……ラレル〉と訳しておきたまえ。凡訳・拙訳にはなっても、誤訳にはならない。現代語の「る」「られる」も、可能と自発と両方に使われるのだから。

奈良時代には、可能および自発の「る」「らる」も使われているが、それよりも「ゆ」「らゆ」の方が多かった。意味は「る」「らる」と同じで、接続も同じと考えられ、活用は

	未然形	連用形	終止形	連体形	已然形	命令形
（ゆ）	え	え	ゆ	ゆる	ゆれ	
（らゆ）	らえ	らえ	らゆ	らゆる	らゆれ	

である。もっとも「らゆ」の方は確実な用例が未然形しかないのだけれど、たぶん「ゆ」と同型に活用したのだろうという想定のもとに、右のような活用表をあげておく。平安時代になると、ほとんど使われないが、ある特別な言いかたのなかには残っている。「いはゆる」「あらゆる」などの「ゆる」がそれである。また、現代語で、

　彼らの態度に、何となく冷たいものをおぼえた。

というときの「おぼえ」も、古代語の「ゆ」から出たものである。つまり、動詞「思ふ」の未然形に「ゆ」が付いて「思はゆ」となり、それが音韻変化で「思ほゆ」となった。

　瓜食《は》めば子ども思ほゆ栗食《くりは》めばまして偲《しの》はゆ　（万葉・巻五）

その「思ほゆ」がさらに音韻変化で「おぼゆ」となり、中世のころ活用が変化して現代語の「おぼえる」になったわけ。古代語の化石といってよいだろう。

まとめ

1 胸のみ塞《ふた》がりて、ものなども見入れられず。
〔拙訳〕胸ガスッカリイッパイデ、食事モアガラレナイ。
〔適訳〕胸ガスッカリイッパイデ、食事モトルコトガデキナイ。
2 命長さのいとつらう思うたまへ知らる。
〔凡訳〕長生キスルノハタイヘンツライコトダト思イ知ラレマス。
〔適訳〕長生キスルノハタイヘンツライコトダト身ニシミテ参リマス。

〔ル〕受身

受身（Passive voice）のことは、いまさら説明するまでもないようだが、よく考えてみると、問題が無いわけではない。次の例題を見ていただきたい。

例題 一六

国語の語法の中で特色が見られるのは、受身の表現である。それにはまず非情の受身が考えられる。たとえばa（イ）「………」b（ロ）「………」のように無生物が受身の主語になる言いかたが、四角張らないきわめて普通の日常語にも用いられるようになった。この受身は古来実例が無いではないが、目だつようになったのは明治以後のことで、欧文の直訳の影響も多分にあろうと思う。だが、さすがに「わたしは足が誰かに踏まれた」とはなかなか言わない。やはりc「わたしは………」と言う。さてこの「踏む」という動詞は他動詞であるが、自動詞であっても、d（イ）「………」e（ロ）「………」のように平気で受身の言いかたをすることができる。このことは英語などにくらべて国語のひとつの特色であろう。ところが、これらの実例でわかるように、国語の受身の言いかたは自分が迷惑を受けるばあいに用いることが非常に多いので、迷惑の受身とよばれる。国語の受身としては、この方が伝統的の古いもので、非情の受身は現今では一般に広まった割に新しい歴史しかないようである。

問一 「………」の中に入れるのに適当な受身表現の文を書け。ただし、（イ）（ロ）はそれぞれちがう動詞を用いること。

問二 「これらの実例」とはどの文をさすか。符号で答えよ。

問三 「非情の受身」に対する反対語を書け。

（二十分以内）

答 問一a＝「コンサートが開かれる。」b＝「話が打ち切られる。」c＝「誰かに足を踏まれた。」d＝「雨に降られた。」e＝「どろぼうに入られた。」問二＝dとe。問三＝有情の受身。

問三は、ちょっと「迷惑の受身」と答えたくなるところだが、何を「迷惑の受身」というのか、よく吟味してみたまえ。問題文によると、迷惑の受身とは「自動詞の受身形」であって、主語が無生物であるかないかは条件になっていない。だから、迷惑の受身の反対を仮に普通の受身と名づけるなら、

有情の受身
- 普通の受身（彼は表彰される。）
- 迷惑の受身（どろぼうに入られた。）

非情の受身＝普通の受身（コンサートが開かれる。）

となる。非情の受身に迷惑の受身が無いのは、たとえば「雨に降られた」と言っても、降るというはたらきを受けるのは雨でなく、誰かが迷惑をこうむるわけだけれど、無生物が「迷惑」という感情をもつはずはないからである。「森」が森自身のことを語っている形式の詩で、

人間どもに　とうとう住まれた。

と言えば、迷惑の受身になるけれど、このばあいは、森が人間あつかいになっているのだから、有情の受身に入れてよかろう。したがって、非情の受身と迷惑の受身が反対であることは確かだけれど、それでは非情の受身と反対なのが迷惑の受身だけかというと、そう

でもない。「彼は表彰される」は迷惑の受身でないが、主語「彼」はもちろん無生物でないから、これも非情の受身の反対に数えなくてはならない。つまり「非情の受身に対する反対語」の答として、迷惑の受身は必要な条件であるけれど、十分な条件ではない。必要にして十分な条件をそなえているのは、「彼は表彰される」も「どろぼうに入られた」もひっくるめて主語が生きものである受身、すなわち有情の受身なのである。こういった議論は、専門語で範疇《はんちゅう》（category）論とよばれ、かなり頭の痛くなる話だが、わたくしが範疇論を持ち出したのは、何も諸君の頭を痛くさせるためでなく、受身にいろんな種類があること、それが英語の受身とどんな点で違っているかということを理解していただくためだから、**非情の受身**とか**迷惑の受身**とかいうのがどんなものであるかを頭に入れたら、まあ結構としておこう。

ところで、右の問題文は、ある文法学者の『国語学概論』という本から採られたものだが、よく考えると、すこし変なところがある。おわかりですか。これがすぐ指摘できたら、大学院博士コースぐらいの学力だと認めてあげてよろしい。ヒントは三八三頁にちょっと出しておいたのだが、この論者によると、迷惑の受身とは自動詞の受身形だということになる。自動詞を受身にすると、いわゆる迷惑の受身になることは確かだけれど、逆に迷惑の受身がすべて自動詞のばあいに限るとはいえない。

めんどうな相談を持ちこまれて、閉口したよ。

大目玉を頂戴させられちゃった。

のように、他動詞のばあいでも、迷惑の受身が成り立つ。つまり「逆はかならずしも真ならず」なのである。念のため。

話が古典語の解釈文法からそれたようだけれど、右に述べたことがわかっていると、古文の解釈にも役だつ。まず、古文においては「原則として非情の受身は無い」ということがある。したがって、

なぞ、かう暑きに、この格子《かうし》はおろされたる。 （源氏「空蟬」）

は、現代人の感覚では、どうも受身にとりたいところだけれど、そうでなくて、尊敬の「れ」と解釈しなくてはならない。つまり、格子をおろせと命じた人に対する尊敬なのであって、訳は〈コンナニ暑イノニ、何ダッテ、コノ格子ヲオシメニナッテイルノデスカ〉となる。もちろん、これは「原則」である。例外の無い原則は存在しないだろうから、さきの例題の論者も、非情の受身は「古来実例が無いではないが」とことわっている。しかし、パーセンティジからいえば、まことに少ないのであって、おそらく高校生諸君がぶつかる程度の古文なら、非情の受身は無いと考えておいても、ほとんどまちがいはあるまい。

次に、有情の受身でも、全体のわりあいからいって、古文にあまり多くは出てこないのであり、出てくるばあいは、迷惑の受身であることが多い。

桜花春加はれる年だにも人の心に飽かれやはせぬ〈閏年デ春ガヒト月ヨケイニアル年

ダッテ、人ニモウタクサント思ワレルホド長ク咲コウトシナイノカ。〉

（古今・巻一）

飽きられるということだけ取り出せば、ありがたくないわけ。

なよびかにをかしき事はなくて、交野《かたの》の少将には笑はれたまひけむかし。

（源氏「帚木」）

このばあいの「笑はれ」は be laughed at で、うれしくない感じ。

「心深しや」など褒《ほ》めたてられて、あはれ進みぬれば、やがて尼になりぬかし。

（源氏「帚木」）

褒められること自身は、普通ならば迷惑でないはずだが、このばあいは、褒められた結果、いささかのぼせ気味になって、すぐ尼さんになったりするようなことは、第三者からながめると、あまり結構でもないので、やはり迷惑のような感じがこの「られ」に含まれる。こういった「る」「らる」の使いかたを知っていると、解釈のとき、かなりデリケイトな感じまでとらえることができるだろう。

もっとも、古文に出てくる受身がすべて迷惑の受身だというのではない。

この際《あひだ》に、使はれむとて、つきくる童《わらは》あり。

（土佐日記）

わがむすめの腹に生まれたまはざりせば、親王《みこ》にもなり、帝《みかど》にも知られたてまつりて、都にてぞ生《お》ひ出でたまはまし。

（宇津保「吹上上」）

などは、普通の受身である。だから、いちおう「迷惑の感じは無いか」と考えてみる手がかりを、文法知識が提供するのだと理解しておいてくだされば、まちがいない。

受身の「る」「らる」も、古代語では「ゆ」「らゆ」であった。これは、可能や自発とちがって、命令形の「えよ」「らえよ」があってよさそうなものだが（受身の「る」「らる」には命令形があるから）、実際の用例としては、命令形が出てこない。

まとめ

1 偲《しの》ばるべき形見《かたみ》を留《とど》めて、深き山里・世ばなれたる海づらなどに這《は》ひ隠れぬかし。

〔誤訳〕オ思イ出シニナルヨウナ形見ノ品ヲ残シテ、遠イ山里ヤ辺鄙《ヘンピ》ナ海岸ナンカニドロンヲキメコンヂマウネ。

〔正訳〕思イ出シテモラエルヨウナ形見ノ品ヲ。（受身→主語「ドロンヲキメル人」）

2 山のなかのおそろしげなること、言はむかたなし。雲は足の下に踏《ふ》まる。

〔凡訳〕雲ハ足ノ下ニフマレル。

〔適訳〕雲ハ足ノ下ニフムヨウナグアイニナル。（自発→非情主語「雲」）

〔ヲ〕使役

英語なら make または let を使う言いかたにあたるものとして、古典語では「しむ」「す」「さす」がある。「しむ」の方が「す」「さす」よりも古い。

古代語における使役の言いかたは、もっぱら助動詞「しむ」であらわされた。

あしひきの山行きしかば山人の我に得しめし山苞《やまつと》ぞこれ　（万葉・巻二十）

意訳すれば〈ワタシニクレタ〉となるが、直訳は〈ワタシニ手ニ入レサセタ〉である。英語では、命令あるいは勧誘のときしかこんなふうの使役の言いかたをしないが、それでも"Let anyone of you be there."〈誰カ行キタマエ〉とか"Let me see you?"〈オ会イシタインダケド〉とか"Let's go!"〈ヤッツケヨウゼ〉とかいったふうの let は、さかんに出てくる。この let を拡大したのが「しむ」だと考えてよかろう。

「しむ」は、平安時代にも用いられているが、もともと古いことばだけに、漢文のよみくだしとか、儀式めいた文章とか、あらたまった感じの話とかに限られた。

この幣《ぬさ》の散るかたに御船《みふね》すみやかに漕《こ》がしめたまへ。　（土佐日記）

天気がわるいので、船長格の男にお祈りさせている場面。神さまにお祈りするときだから、特に「漕がしめたまへ」とあらたまった言いかたをしたわけ。源氏物語のなかに「しむ」がわずか三例しか出てこないことは、それが女性によって書かれた作品であるため、あまり漢文よみくだしのような調子の文章が出てこないからだと考えられる。男性の世界では、漢文よみくだし調の文章が普通であったから、よく「しむ」が使われている。源氏物語に見える「しむ」の三例というのも、みな男性の話のなかに出てくる。また、

願主かねて疑ひて、人をつけて衛《まも》らしむ。（三宝絵・巻中）

宿願あるによつて、地蔵菩薩《ぢざうぼさつ》の像を造らしむ。（今昔・巻十七）

なども、男性によって書かれた漢文よみくだし調の作品なので、しばしば「しむ」が使われているわけ。女性によって書かれた平安時代の和文には、したがって、あまり現われないが、中世になると、いわゆる和漢混淆《こんこう》文すなわち和文スタイルのなかに漢文よみくだし調のまじった文章が流行した関係で、また「しむ」が勢を得てきた。

愚かなる人の目をよろこばしむる楽しみ、またあじきなし。（徒然草）

我負けて人を喜ばしめむと思はば、さらに遊びの興なかるべし。（徒然草）

などがそれである。

平安時代の和文では、主に「す」「さす」が使われた。話しことばでも、やはり「す」「さす」が使われたようである。「す」「さす」と「る」「らる」は、ちょうど対応するような関係になっており、接続のしかたからいっても、

｛る・す――四段・ナ変・ラ変
　らる・さす――一段・二段・カ変・サ変

となっている。意味としては特に説明するほどのこともないが、尊敬の「す」「さす」と区別しにくい例も少なくないから、注意を要する。

長恨歌の御絵、亭子《ていじ》の院の描《か》かせたまひて、伊勢・貫之《つらゆき》に詠《よ》ませたまへる。（源氏「桐壺」）

あとの「せ」は使役だとすぐわかる。使役のばあいは、たいてい

に…………しむ・す・さす
を…………しむ・す・さす
して………しむ・す・さす

(33)

のような形になる。「伊勢・貫之に詠ませたまへる」は、その形だから、もちろん使役だが、前の「せ」は難かしい。こんなばあいは、使役助動詞のついている動詞の主体が何であるかで決めるわけだけれど、

(a)「亭子の院」が主体なら――尊敬
〈宇多天皇ガソレヲオ描キアソバサレテ〉

(b)　ほかの何人かが主体なら――使役

〈宇多天皇ガシカルベキ者ニ命ジテオ描カセニナリ〉

と、どちらにも解釈できる。これは、専門学者の間でもいろいろ議論のある所だから、ぜひ正解を教えてくださいと言われても、挨拶《あいさつ》にこまるが、正解よりも、むしろ「動詞の主体をとらえることによって使役と尊敬を見わける」という要領の方を頭に入れておいていただきたい。

「す」「さす」は、たいてい相手に何かをさせるばあいの用法で、英語ならmakeを使うところだが、それに話し手の意思が加わると、

同じくはけぢかきほどの気《け》はひ、立ち聞きせさせよ。　（源氏「末摘花」）

のような使いかたになる。光源氏が、末摘花《すえつむはな》という女性のうわさだけ聞いて「どうせなら本人のよそ行きでない様子を立ち聞きできるようにしてくれ」と頼むところである。直訳すれば“Why don't you let me hear her secretly?”となるが、使役にあまりとらわれなくてもよいことは、この部分をArthur Waleyが“I should be very much obliged if you would arrange for me to hear her at closer quarters.”と訳していることからも理解できよう。Waleyの訳は原文よりもずっと丁寧な言いかたになっているが、これはたぶん相手が命婦《みょうぶ》だからであろう。日本よりも女性に対することばづかいのやかましいヨーロッパの語法も、ついでによく味わっておかれるがよろしかろう。ついでに、手紙なんかで「ど

うかお申しこしください」というとき、英語なら"Please let me know."が普通の言いあらわしであることも、つけ加えておこう。

まとめ

1 「君にとてあまたの春をつみしかば常を忘れぬ初蕨《はつわらび》なり」、御前によみ申さしめたまへ。
〔誤訳〕コノ歌ヲ（姫君ノ）御前ニ披露モウシアゲテクダサイマセ。
〔正訳〕コノ歌ヲ（姫君ノ）御前デドナタカニ披露オサセクダサイマセ。
2 しのびやかに、心にくき限りの女房四五人さぶらはせたまひて、御ものがたりせさせたまふなりけり、
〔誤訳〕タシナミノ深イ女房バカリ四五人オソバニオイデニナリ、シンミリオ話ヲオサセニナッテイラレルトコロデアッタ。
〔正訳〕タシナミノ深イ女房バカリ四五人オソバニイサセ、シンミリオ話ヲシテオイデアソバストコロデアッタ。〔さぶらはせ＝使役・御ものがたりせさせたまふ＝尊敬〕

（二）助詞をどう使うか

古典文法でいちばん厄介な助動詞を中心とした「言いあらわし」、つまりテンスやムードやヴォイスなどにあたる語法がのみこめたら、だいたい文法山の八合めぐらいまで登りつめたことになるだろう。もうひといき、頑ばってくれたまえ。次は、主に助詞を使って文節と文節を組みあわせてゆく方法である。

〔a〕格のあらわしかた

格とは、英文法でいうcaseのことで、同じ「彼」でもhe, his, himと変化することは御承知のとおり。こんなふうに単語そのものが形を変えることによって格のちがいをあらわすのは、屈折語の特色だが、膠着語である日本語では、「彼が」「彼の」「彼を」のように助詞をつけるのが普通である（一五三頁参照）。

もっとも、日本語の格は、すこし英文法とちがい、主格・連体格・連用格などよばれるが、根本の意味あいは同じことである。このばあい、主格にはどの助詞、連体格にはどの助詞と決まっていれば、たいへん話は簡単なのだが、残念ながら、どうも簡単にゆかないところがある。

例題 一七

次の文章を現代語訳せよ。

急ぎ候ほどに、これははや五条わたりにてありげに候。不思議やな、あの屋端《やづま》より、女の歌を吟ずる声の聞え候。しばらく相待ち尋ねばやと思ひ候。（謡曲『夕顔』）

（八分以内）

答 急ぎましたので、もう五条あたりに来たようです。変だな、あの家のところから、女が歌をうたう声が聞えます。しばらく待っていて、あの人にものを尋ねたいと思います。

「女が歌をうたう声が」とふたつ「が」を使ったのは、拙い言いまわしだけれども、これを「女の歌」と言うと woman's song の意味にとりちがえる心配がある。事実、わたくしの観た『夕顔』で、あるワキ方は「女の・歌を吟ずる声の」と言わず「女の歌を・吟ずる声の」と言っていた。こんな問題がおこるのは、助詞「の」が主格にも連体格にも使われるからで、古文を現代語訳するとき、よく注意していただきたい。

(1) **主格** 「無常の身に迫《せま》りぬることを忘るまじきなり。」

「無常の」は「迫りぬる」に対する主格。

(2) **連体格** 「山のめぐりを見ありく。」

英語の of にあたる用法が多いけれど、at や in にあたる用法もある。「都の知るべしてもの言ひ入れさす」と言えば、都にいる知人の意味である。

このほか「朝露の消《け》やすきわが身」や「紫草《むらさき》のにほへる妹《いも》」など使われる「の」は、連用格と考えられないこともない。「朝露のように」「紫草のように」という意味でそれぞれ下の用言を修飾しているのだから。歌によく出てくる用法で、枕詞や序詞はこうした「の」を伴なうことが多い。しかし、分析的に考えるなら、もともと「朝露の消えやすいように消えやすい自分」「紫草の美しいように美しいあなた」を省略した言いかたであるから、「朝露の」は「消やすき」に対して主格であり、さらに「消やすき」が「わが身」を連体修飾していると考える方が適切であろう。

助詞「が」も「の」とだいたい同じ用法である。

(1) **主格** 「雁《かり》などのつらねたるがいと小さく見ゆる。」

(2) **連体格** 「かみがかみはうち置きはべりぬ。」〈上ノ上ハ別アツカイニシマス。〉

このほか、活用語の連体形を受けて「ごとし」に続ける用法もある。「とぶがごとくに都へもがな」(土佐日記)など。

こんなわけで、助詞「の」「が」はあまり違いがないけれど、「とぶがごとくに」のような用法は「の」になく、また「が」は体言につくことがあまり多くないといった点で、まったく同じともいえない。しかし、両方とも、それが主文節に用いられるとき、述文節が終止形で言い切りになる例がほとんどなく、たいてい主述関係を二回あるいはそれ以上ふくむ文のなかで小さい方の主述関係をあらわすのに使われることは、共通している。現代

語でいえば、

わたくしの好きな花は、梅です。

首相が嘘つき常習者であるのは、こまったものだ。

にあたるような用法である。そうでなければ、「の」「が」を含む主語に対する述語が連体形どめになる。

(a)「の」「が」を含む主語に対する述語が連体形どめになる。

「紫だちたる雲の細くたなびきたる。」（枕冊子）

(b) 係助詞があり、連体形あるいは已然形で結ばれる。

「去年《こぞ》の夏啼《な》き古してし郭公《ほととぎす》それかあらぬか声のかはらぬ」（古今・巻三）

「竜田《たつた》姫たむくる神のあればこそ秋の木《こ》の葉のぬさと散るらめ」（古今・巻五）

(c) 用言の体言化された「……く」で受けられている。

「百敷《ももしき》の大宮人の熟田津《にぎたづ》に船乗《ふなのり》しけむ年の知らなく」（万葉・巻三）

「茂岡《しげをか》に神《かむ》さび立ちて栄えたる千代《ちよ》松の木の歳の知らなく」（万葉・巻六）

といったような条件が加わる。

練習 一五

次の文章を現代語訳せよ。

なまなまの上達部《かんだちめ》よりも、非参議《ひさんぎ》の四位どもの、世のおぼえくちをしからず、もとの根ざし賤《いや》しからぬが、安らかに身をもてなしふるまひたる、いとかはらかなりや。

（源氏「帚木」）　　（十二分以内）

答 中途はんぱな上達部よりも、非参議の四位たちで、世間の受けもわるくなく、もともとの家がらも低くない人が、無理のない生活態度で過しているのは、たいへんさっぱりした感じですな。

要点は「非参議の四位どもの」「賤しからぬが」である。どちらも主格をあらわす。つまり、

非参議の四位どもの（主）┬世のおぼえくちをしからず（述）
　　　　　　　　　　　　└もとの根ざし賤しからぬ（述）

という関係になっており、その全体が述文節「安らかに身をもてなしふるまひたる」に対する主文節となるわけ。もし日本語に関係代名詞があるなら、当然「非参議の四位ども who are」というところだけれど、比較言語学の立場から見て、関係代名詞のないのが日本語の特色なのだから、こんなふうに「……の……が」とあるばあい、頭のなかでは「の」を who are と受けとりながら、訳文では〈……デ……ノガ〉とするよりほかなかろう。それから「賤しからぬが」を〈低クナイガ〉あるいは〈低クナイケレド〉と訳してはいけない。それは、

中古語には接続助詞の「が」が無い。

(34)

ということになっているからである。北山谿太氏の説によると、源氏物語には接続助詞に使われた「が」は無いよし。しかし、わたくしの調べたところでは、源氏物語の時代は、ちょうど格助詞の「が」から接続助詞の「が」が生まれてくる過渡期らしく、接続助詞とも格助詞とも決めかねる「が」の用例がときどき出てくる。有名な、

いとやむごとなき際にはあらぬが、すぐれて時めきたまふありけり。（源氏「桐壺」）

の「が」もそれで、どうも but の匂いがする。けれども、一般には、中古文に接続助詞の「が」は無いという説が認められているから、諸君もそれに従って〈ズット高貴ナ身分デハナイオ方デ、ヒトキワ御寵愛ノ深イオ方ガアッタ〉と訳するのが安全だろう。なお「時めきたまふありけり」は「時めきたまふ（オ方ガ）ありけり」の意味で、古典語ではこんなふうに格助詞ぬきで主格をあらわすことが、いくらもある。現代語にはこんな言いかたが無いから、適当に格助詞を補なって訳する必要がある。また、接続助詞の「が」を認めないというのは、中古の古典語についての話で、中世になれば、いくらでも出てくる。

湛増《たんぞう》は平家重恩の身なりしが、たちまちにその恩を忘れて。（平家「壇浦合戦」）

ことごとしくののしりて、足を空にまどふが、暁よりさすがに音なくなりぬるこそ、

年のなごりも心細けれ。（徒然草）

どちらも〈……ケレド〉と訳してよい。中古文であるかどうかをよく考えて訳する工夫がいるわけ。

そのほか格をあらわす助詞はいろいろあるが、それほど難かしい用法もないので、要点だけあげておく。

から〔連用格〕a起点「去年《こぞ》から山ごもりして」（蜻蛉）・b経由「直路《ただぢ》から我は来つれど」（万葉）・c原因「心から命を亡ぼすなりけり」（今昔）・d手段「徒歩《かち》から参りて」（落窪）。

がり〔連用格〕目的点「思ひかね妹《いも》がり行けば」（拾遺）「京なる医師《くすし》のがりゐて行きにけり」（徒然）。

つ〔連体格〕「天つ風雲の通ひ路」（古今）「はじめつかた」（枕）。

と〔連用格〕a相手「露と共に急ぎ起きて」（枕）・b譬喩「泣く涙雨と降らなむ」（古今）・c結果「人住まぬ野らとなり」（徒然）・d列挙「汝《な》をと吾《あ》を人ぞ離《さ》くなる」（万葉）・e内容「いま来むと言ひしばかりに」（古今）・f比較「かたちなどはかの昔の夕顔と劣らじや」（源氏）・g累加「秋風の吹きと吹きぬる」（古今）。

に〔連用格〕a時間「六月中の十日ほどに、雪ふすまのごとく凝りて降る」（宇津保）・b場所「砂はるばると白き所に松原しげり」（土佐）・c終点「唐土《もろこし》に到らむとするほどに」（宇津保）・d結果「もの議《さだ》めの博士《はかせ》になりて」（源氏）・e目的「訪《とぶら》ひに来《く》」（土佐）・f相手「御使ひに竹取出あひて」（竹取）「ある人に誘はれたてまつりて」（徒然）「よき人にせさせまほしきわざなり」（枕）・g原因「散りかふ花に道はまどひぬ」（古今）・h比較「深き志はこの海に劣らざるべし」（土佐）・i累加「後《しり》へ退《しぞ》きに退きて」（土佐）・j手段「火に焼かむに焼けず」（竹取）。

にて（連用格）a時間「十二にて御元服したまふ」（源氏）・b場所「潮海《しほうみ》のほとりにてあざれあへり」（土佐）・c原因「召しにて参りつどひたる僧」（紫式部日記）・d手段「深き河を舟にて渡る」（更級）。

へ（連用格）方向「京へ帰るに」（土佐）。

ゆ（連用格）a起点「神島のいそまの浦ゆ船出す」（万葉）・b経由「こゆ〈ココヲ過ギテ〉鳴きわたれ」（万葉）＝古代語。

ゆり「ゆ」に同じ。＝古代語。

よ（連用格）a起点「狭井川よ雲立ち」（古事記）・b経由「後《しり》つ戸よい行きたがひ、前つ戸よい行きたがひ」（古事記）・c手段「足よ行くな〈徒歩デ行クコトダナア〉」（古事記）＝古代語。

より（連用格）a起点「他《ひと》の国よりおこせたる文」（枕）・b経由「木《こ》の間《ま》よりもれくる月」（古今）・c原因「松浦さよ姫夫《つま》恋ひに領《ひれ》ふりしより負《お》へる山の名」（万葉）・d手

段「人夫《づま》の馬より行くに」（万葉）・e比較「無常の来《きた》ることは水火の攻むるよりも速《すみ》やかに」（徒然）。〔連体格〕a限定「花よりほかに知る人もなし」（今鏡）・b開始「今より後は」（竹取）。

を

〔連用格〕a対象「この歌をひとり言《ごと》にしてやみぬ」（土佐）・b起点「国の内を離れてまかり歩《あり》きしに」（竹取）・c経由「宇多の松原を行きすぐ」（土佐）・d経過「年を経て花の鏡となる水は」（古今）。

「うわあ、たいへんだ。こんな厄介なものを憶えさせられたのでは、眼が廻りますよ」と泣きごとを言うにはおよばない。格助詞「を」には対象・経由・経過・起点の用法があり、同じく格助詞「より」には起点・経由……などいうことを憶えていたのでは、お説のとおりたいへんである。たぶん専門の文法学者だって、こんなことをすらすら言えるような人は、ひとりもいないだろう。わたくしが右の表をあげたのは、古文の格助詞にこんなものがあり、それぞれにどんな用法があるかということを、ざっと見わたしていただくためであって、いちいち憶えろなどいう無茶はけっして申しあげない。もしこんなことを記憶せよと要求する教師がいたら、わたくしはだんぜん抗議を申しこむであろう。諸君は、どうか安心して、ざっと見わたしたら、この辺の頁にこんな表があったということだけ憶えておいて、解釈のばあい、ときどき「どの用法に当てはまるかな?」と考えてみるぐらいの程度に利用してくれたまえ。暗記など、とんでもない!

まとめ

1 格助詞「の」「が」は、だいたい同じ用法で、主述関係の二回あるいはそれ以上ある文のなかで、小さい方の主述関係をあらわすのに使われることが多い。

2 中古文にあらわれる「の」は、関係代名詞 who のつもりで訳するとよい用法がある。

3 中古文の「が」は、いちおう格助詞として訳するのがよい。

〔b〕 順接と逆接

さきの項で勉強した話を、もういちど引っぱり出すことにしよう。

復習 六

左のⅠ・Ⅱ・Ⅲの□の中に、適当な語・記号・番号を記入し、Ⅲの問に答えよ。

〔Ⅰ〕A 雨がさきほどやっと止みました。

B 雲が飛んでいるのを見ていました。

C 月の美しい晩でした。

右の文A・B・Cのように、助詞「が・の」は、現代文では、主格をあらわす助詞

（以下「主格助詞」と呼ぶ）として用いられる。そして文［イ］・文［ロ］においては共に従属句（従属節）における主格助詞として用いられている。この事は、この助詞の用法に一つの制約を与えている。ところが、文［ハ］においては、この助詞はそういう制約からまぬがれた用法になっている。それだけに、現代標準語文では、主格助詞として助詞［ニ］は助詞［ホ］に較べて自由に用いられると言ってよい。

〔Ⅱ〕○遠山に日(1)のあたりたる枯野かな

○病に患ひ侍りける秋、心地(2)の頼もしげなく覚えければ、詠みて人のもとに遣しける。

○くらき人(3)の、人をはかりて、その智を知れりと思はん、さらに当るべからず。

○男子二人ありける(4)が、その父失せにければ、その二人の子ども悲しぶ事年を経れども……。

○馬はいと黒き(5)が、ただいささか白きところなどある。……黒き(6)が足四つ白きもいとをかし。

○この渡しに瀬は二つ候ふ(7)が、月頭《つきがしら》になれば、東(8)が瀬になり候ふ。

文語文でも、右の文中で番号を附した助詞「が・の」の中

(1) 助詞［ヘ］（助詞の番号を記入せよ）は、従属句中の主格助詞として用いられてい

る。

(2) 主文中の主格助詞は、［ト］（番号記入）のみである。

(3) 助詞［チ］（番号記入）は主格助詞でなく、［リ］助詞である。

〔Ⅲ〕 春日野の雪間をわけて生ひ出でくる草のはつかに見えし君はも（古今集・恋）

右の歌の、［ヌ］という文節から、［ル］という文節までは、序詞であると説く事もできるが、「草の」の「の」は主格助詞としても説ける。その場合は、この歌はどのような意味になるか、簡潔に説明せよ。（熊本大）

「従属句」というのは、当世あまりはやらない術語だが、前にもちょっと述べたとおり（二六七頁）、複文のなかで「小さい方の主述関係を含む部分」である。問題Ⅰは、さきの項で勉強したことをもういちどまとめたようなものだから、当然できるとして、問題Ⅱは、すこしまごつくかもしれない。要点は、Ⅰに出てきた「雲が飛んでいる」「月の美しい」と同じ使いかたの「が」「の」を探せということなのだけれど、(4)の「が」と(5)の「が」なんかは、頭が痛くなる人も無いとはいえまい。これは、

馬はたいそう黒い（馬）が、ほんのすこし白い部分などあるのが（たいそう趣ぶかい）。

と補って解釈し、その「馬が」に対する述語は「ある」だけれど、省略されている「いとをかし」がさらに大きい主述関係のなかでの述語だと考えるところ。中古文では、

……体　言（…………）。——春は曙（いとをかし）。
……連体形（…………）。——蛍の多く飛びちがひたる（いとをかし）。

(35)

といった式の省略がよく出てくる。この問題で右のパターンにあたる省略をみつける鍵《かぎ》は、あとの「白きもいとをかし」における「も」である。こうした「も」はalso, either, tooなどに相当するわけだから、前に同じく「いとをかし」と言われるものが無くてはならないはず。次に、(7)の「が」は、瀬が二つあるということを、そのうちの一つがある時期だけ瀬になるということに結びつけるための用法で、接続助詞。したがって、上の半分と下の半分との間に大きな主述関係はないから、(8)の「が」は単文のなかでの主格を示すだけで、ⅠAにおける「が」と同じ性質。次に、Ⅲは、普通の解釈だと、「春日野の雪間をわけて生ひ出でくる草の」が「はつかに見えし」にかかる序詞で、歌ぜんたいの意味は、

　春日野の雪の消えた部分からもえ出てくる若草のように、ほんのちょっとだけ見えたあなたは（どうしておいでかしら、恋しいことだ）まったく。

となる。もし「草の」の「の」を主格助詞とするなら、それを受ける述語は「（はつかに）見えし」で、歌意は

　春日野の雪の消えた部分からもえ出てくる若草がほんのちょっとだけ見えるように、

ほんのちょっとだけ見えたあなたは（どうしておいでかしら、恋しいことだ）まったく。となる。しかし、あとの解釈はかなり無理で、まあ、こんな説明のしかたも、やればできるといった程度だろう。さて、最後に、まとめとして、答案の形で書きあらわすと、次のとおり。

答 Ⅰ イ＝B。ロ＝C。ハ＝A。ニ＝が。ホ＝の。
Ⅱ ヘ＝(1)(2)(3)(5)(6)。ト＝(8)。チ＝(4)(7)。リ＝接続。
Ⅲ ヌ＝春日野の。ル＝草の。

右の説明は、実は「接続助詞」ということを知っていないと、よくわからないのだが、それぐらいのことは御承知ずみとして話を進めたわけ。ところで、このばあい、(4)の「が」を英訳すると、どうなるだろうか。直訳すれば、

There were two sons;（………）their father had passed away, and the two were grieving for him for years.

とでもなるのであろうが、（………）の所に何か入れるなら and だと思う。こんなところはセミコロンだけで充分なのであって、英文としては and なんか入れない方が自然だけれど、しいて入れるなら and である。もし but を使ったら、誤訳になる。というのは、(4)の「が」は、上の叙述を受けて場面をあたえ、次の叙述をみちびき出すはたらきをしているのであり、下の事がらが上の事がらとくいちがうことを示す用法でないからである。た

とえば、

（イ）長嶋の打撃フォームを研究してみたが、ずいぶん参考になったね。

のばあい、まず「打撃フォームの研究」という場面をあたえ、その場面のなかに「有益かどうか」という話題《トピック》を持ちこむため、間を「が」でつないだわけ。こんな「が」は、だいたいセミコロン（：）の代用と考えてよろしい。これに対して、

（ロ）巨人軍もずいぶん頑ばったが、とうとう金田にひねられちゃったぜ。

のときは、巨人軍が頑ばったから当然勝利がもたらされるはずだという予想と反対の結果が下に述べられており、その相反する叙述を「が」でつなぐ形になっている。（イ）のような「が」を**順接**、（ロ）のような「が」を**逆接**とよぶ。だいたい but, however, although, in spite of などを使って英訳するような「が」は逆接で、そうでない「が」は順接だと憶えておけばよろしい。

以上のお話は、要するに「が」は格助詞にも接続助詞にも使われ、接続助詞のばあい順接と逆接とがあるということなのだが、順接・逆接は何も「が」に限った現象でなく、また接続助詞に限ったことでもない。接続詞にだって順接・逆接はある。というよりも、接続助詞と接続詞との境界線が、そもそも明らかでない。さきの（ロ）に使われている「が」は接続助詞だけれど、もし

巨人軍もずいぶん頑ばった。が、とうとう金田にひねられちゃったぜ。

というように息を切って言えば、この「が」は接続詞（逆接）である。だから、助詞とか接続詞とかの品詞わけにあまりとらわれないで、上の叙述と下の叙述とがくいちがった筋あいになっているかいないかを考えることが大切だといえよう。

順接——「君待てば、心たのし。」「風ぞ吹くめる。さればえ行かじかし。」

逆接——「君待てど、音もなし。」「風ぞ吹くめる。されどおしたちて行きぬ。」

のようなものは、わりあい混同の心配がないのだけれど、さきの「が」のように順接にも逆接にもなるものは、解釈のとき、よほど上下・前後の関係に注意をはらう必要がある。順接だか逆接だか、形だけではよくわからないものに、接続助詞の「を」と「に」がある。これは、さきの「が」同様、格助詞にも使われるので、いっそう厄介である。

〈順接〉 わが弓の力は強きを、竜《たつ》あらばふと射殺して首の珠《たま》は取りてむ。〈強イカラ〉（竹取）

命あるものを見るに、人ばかり久しきはなし。〈観察スルト〉（徒然草）

〈逆接〉 扇持《も》たるべかりけるを、騒がしうてなむ忘れにける。〈持ッテ来ルベキダッタケレド〉（大和）

有明の月は待たぬに出でぬれどなほ山深き郭公かな〈待ッテイナイノニ〉（新古今・巻三）

接続詞の「さるは」も、順接と逆接とに使われる。成り立ちからいうと「さ・あるは」だから、順接に限りそうなものだが、どんな風の吹きまわしか、中古文では、だんぜん逆接が多い。

中古文の「さるは」＝逆接　(36)

というパターンを頭に入れておいても、あまり失敗はないだろうと思う。

〔逆接〕十《と》年《とせ》ばかり侍《さぶら》ひて聞きしに、まことに、さらに音《おと》せざりき。さるは、竹近き紅梅もいとよく通ひぬべきたよりなりかし。〈鶯ハ、十年ホド宮仕エシテ聞イタトコロ、ホントニ、全然音モシナカッタ。ソノクセ、竹ニ近ク、紅梅モアリ、鶯ノヤッテ来ルノニ好都合ナ場所ナノニ。〉（枕冊子）

うちとくまじきもの、えせ者。さるは、よしと人に言はるる人よりもうらなくぞ見ゆる。〈心ノ許セナイモノ、身分モ教養モ低イ人物。ダケド、リッパナ人ダト世間デ評判サレル人ヨリモ気ガオケナイヨウニ見エル。〉（枕冊子）

〔順接〕木の端と思ひ捨てたる雲水の生涯《しやうがい》ならむ。さるは、桐《きり》の箱の家をも求めず。〈団扇《ウチワ》ハ木ノ端ミタイニ人カラ相手ニサレナイ身ダトアキラメテイル坊主ノヨウナ身ノ上ナンダロウ。ソウイウワケデ、扇子ミタイニ桐ノ箱ニ住ミタガリモシナイ。〉（鶉衣）

この順接・逆接と組みあわせて、**既定・仮定**ということも憶えておく必要がある。既定（確定）とは、さきの「君待てば」「君待てど」みたいなばあいで、待つという事がらは既におこなわれている。だから“Looking forward to see you”とか“Although I have been waiting for you”とかのように訳せるが、仮定の方は、

順接——「君待たば、心たのしからむ。」

逆接——「君待つとも、音だにあらじ。」

のように、現在は待っているわけでなく、もし仮に待つとしたらという気持で、英語なら“If I shall be looking forward to seeing you”とか“Even if I should be waiting for you”とかいうSubjunctive mood にあたる。このばあい、逆接の方は、既定が「ど」で仮定が「とも」だから、はっきりしているけれど、順接の方は両方とも「ば」で、区別しにくいように見える。しかし、よく見ると、仮定の方は「待たば」と未然形についているが、既定の方は「待てば」と已然形についている点で、ちゃんと区別できることがわかる。「待てば」の「ば」が已然形であることは、この「ば」を「来れば」「有れば」など変格活用につけてみれば明らかだろう（八三頁参照）。そこで、

ば

既定←已然形（有れば）
仮定←未然形（有らば）

(37)

というパターンを提供しておこう。これは解釈のとき、たいへん重要だから、ぜひ憶えておくがよろしい。ついでに、未然形とか已然形とかいう名称が、こういった用法から出ていることも憶えておけば、いっそう記憶が確かになるだろう。「未然」は「イマダ然ラズ」で仮定、「已然」は「已《スデ》ニ然リ」で既定のことなのである。さて、いまの話を別の形でまとめると、

	順接	逆接
既定	ば（←已然形）	ど
仮定	ば（←未然形）	とも

ということになる。順接・逆接および既定・仮定の組み合わせを、よくのみこんでいただきたい。

ところで、同じ「ば」が既定にも仮定にも出てきて厄介だというだけでなく、次のような用法まであるのだから、ちょっと外国人なんかは眼を白青するかもしれない。

柿くへば鐘が鳴るなり法隆寺

"Because I am eating some persimmons the bell of Hōryūji Temple is heard."と理解したアメリカ人が"Well, what about apples?"（ははあ、リンゴならどうですか）と質問したら、諸君はどう答えるか。あるいは子どもに「もし食べなかったら鐘は鳴らないの?」と訊かれたとき、どう返事するか。

In this context, you know, the particle "*ba*" doesn't correspond to "because" but it just indicates that two facts are going on at the same time.

と答えたら、かのアメリカ人は"Oh, you are a wonderful grammarian. Thank you so much."と感心するだろうし、

柿をたべていると、ちょうど法隆寺の鐘が聞えてきたということなんだよ。

と言っておけば、子どももならいちおう満足してくれるだろう。しかし、文法の答案としては

已然形を受ける接続助詞「ば」には、条件を示す用法のほかに、ふたつの事がらが同時におこっていることをあらわす用法がある。

と言わなくてはいけないだろう。まったく文法とは固くるしいものだ。諸君は、むしろ

and then と訳する「ば」がある。

と憶えておく方が賢明かもしれない。そうすると、

五月《さつき》待つ花橘《はなたちばな》の香《か》をかげば昔の人の袖の香《か》ぞする　（古今・巻三）

の「ば」も、まちがいなく解釈できよう。古くから、この歌は「花橘の香をかぐと、いつも昔の人の袖の香を思い出す」と解釈されてきたが、適切でない。平安時代の貴族は、香水のかわりに香《こう》を着物にたきこめていたが、人により好みがきまっていたから、したしい間がらどうしなら「この香《かお》りはあの人」とすぐわかったわけ。ある日、ふと花橘の香りがしてきた。「おや、あの人の香りだ」と思う、その瞬間的ななつかしさが、この歌の主題なのである。「昔の人」は、以前は恋仲だった相手。また、

鏑《かぶら》は海へ入りければ、扇は空へぞあがりける。　（平家「那須与一」）

も「同時におこっている」ことを示す良い例だろう。つまり、その時かぎりの「ば」であって、いつもそうであるという「ば」、

財《たから》多ければ、身を守るにまどし。〈財産ガ多イト、保身ガオロソカニナル。〉　（徒然草）

のようなものとは同じでない。これらの用法を、

ば

(1) 未然形→ナラ (if) ＝待つとし聞かばいま帰りこむ

(2) 已然形→(a) カラ (because) ＝いく野の道の遠ければまだふみも見ず

(b) ト (and then) ＝漕ぎ出でて見ればひさかたの雲ゐにまがふ沖つ白浪

(c) トイツモ (always) ＝花をし見ればもの思ひもなし。

(38)

というパターンで憶えておくのがよいだろう。ついでに、さきに出てきた「に」も、いろんな用法があるから、同様にして憶えておきたまえ。あまり損はさせないつもりだから。

に

(1) 格助詞…前述（四〇〇頁参照）。

(2) 接続助詞

(a) ノニ (although) ＝有明の月は待たぬに出でぬれど

(b) ノデ (because) ＝法蔵の破れてはべるに、修理してたまはらむ。

(c) ト (and then) ＝歩みゆくに、琴の音ほのかに聞ゆ。

(39)

〈ノニ〉〈ノデ〉〈ト〉などは、標準的な訳にすぎないから、原文のぐあいによって適当な訳しかえが必要なことは言うまでもない。ところで、こんなふうにパターンを示されると、何もかもすっかり解けるような感じがするかもしれないけれど、実際はなかなか難かしい。特に、格助詞の「に」と接続助詞の「に」とは、はっきり分けられないことも少なくない。

練習 一六

次の文章および和歌を現代語訳せよ。

(イ) かぐや姫の家に入りたまひて見たまふに、光みちて清らにして居たる人あり。(竹取物語)

(ロ) 庭の面《おも》はまだ乾かぬに夕立の空さりげなく澄める月かな (新古今集)

答 (イ) かぐや姫の家におはいりになって御覧になると、いちめんに光り輝いて美しい様子でいる人がある。

(ロ) 夕立のあと、庭の地面はまだ乾かないのに、空の方では知らん顔で月がきれいに輝いていることだ。

いちおう正解で通る答を出しておいたが、実は、これが唯一絶対の解釈というわけではない。(イ)の「見たまふに」は「御覧になるときに」と考えることもできるし、(ロ)の「乾かぬに」も「乾かないうちに」と訳することができる。つまり「見たまふ(とき)に」

「乾かぬ（あひだ）に」といったふうに体言を補なって解釈するわけだが、そのばあい、下の「に」は体言を受けることになり、格助詞となる。もし「に」を接続助詞と解するなら、（イ）は順接、（ロ）は逆接だが、格助詞と見るならば、そんな区別は考えるにおよばない。どちらが本当なのだろうか。「正解は世界に一つしかない」と思いこんでいる高校生諸君も少なくないだろうから、わたくしが「と考えることもできるし……」など言っていると、そんなどっちつかずの説明は頼りなくて、不安で、いらいらしてくるかもしれない。「先生、お願いだから、どちらか一方に決めてくださいよ。夜も眠れませんから……」とうったえる人も無いとは断言できまい。しかし、これは「どちらでも結構」というのが、高校生諸君に対していちばん深切な返事だと信じる。もともと接続助詞の「に」は、用言の連体形につく格助詞「に」から生まれたものであり、連体形の下に「とき」「ところ」といったような体言が省略された言いかたから出ている。だから、どんなえらい文法学者だって、さきのような「に」をぜったい格助詞だとか確かに接続助詞だとか言い切れるものではない。いや、えらい文法学者であるほど、こんな「に」はどちらとも決定できませんと答える声がはっきりしているはずである。だから、

連体形＋**に**｛格助詞〈……（体言）ニ〉／接続助詞〈…………ノニ〉｝　(40)

というパターンで以上の説明を代表させ、解釈のときは、全体とのつりあいで適当な訳語を当てはめるがよろしい。

このほかにも接続助詞はいくつかあるので、簡単に用法だけあげておく。

して　〔順接〕1原因・理由〈……テソノタメ〉「親などの心ち悪しうして、例ならぬ気色なる」（枕）。2連用修飾の強調〈……テ〉〈……デ〉「力をも入れずして、天地を動かし」（古今）。

つつ　〔順接〕1反復〈……テハ〉「竹を取りつつ、よろづの事に使ひけり」（竹取）。2継続〈……テイテ〉「霞みつつ曇りもはてぬ」（新古今）。3同時〈……ナガラ〉「思ひつつ寝ればや人の見えつらむ」（古今）。4余情〈……テイルコトヨ〉「我が衣手に雪はふりつつ」（古今）。

て　〔順接〕1原因・理由〈……ノデ〉「さはることありて、のぼらず」（土佐）。2連用修飾の強調〈……テ〉〈……デ〉「嬉しくて仰せたるかな」（竹取）、「もの心細くてながむるに」（和泉式部日記）。3並列〈……テマタ〉「故里はすでに荒れて、新都はいまだ成らず」（方丈記）。4継起〈……テソシテ〉「春すぎて夏来たるらし」（万葉）。

で　〔順接〕打消〈……ナイデ〉〈……ズニ〉（三七〇頁参照）。

と　〔逆接〕条件〈……テモ〉〈……タッテ〉「愛敬なくとことば品めき」（枕）、「花すすきほに出でたりとかひやなからむ」（蜻蛉）。

ながら　〔順接〕1原形保存〈……ノママデ〉「露ながら折りてかざさむ」（古今）。2総体〈……ソックリ〉〈……グルミ〉「すべて際《をり》につけつつ、一年ながらをかし」（枕）。3同時〈……テイテ同時ニ〉「からうじて待ちつけて、喜びながら加持せさするに」（枕）。〔逆接〕同時〈……テイテソノクセ〉〈……モノノ〉「あはれなりと聞きながら、涙のつと出でこぬ、いとはしたなし」（枕）、「かしこき仰せごとをたびたび承はりながら、みづからはえなむ思ひたまへ立つまじき」（源氏）。

ものから　〔逆接〕条件〈……ケレドモ〉〈……トハイウガマタ〉「いとほしきものから、いふかひなの御様やと見たてまつる」（源氏）、「言少ななるものから、さるべき節の御答へなど浅からず聞ゆ」（源氏）。

ものの　〔逆接〕条件〈……コトハ……ダケレド〉〈……デハアルガ〉「忘れぬものの離《か》れぬべらなり」（古今）。

ものゆゑ〔順接〕原因・理由〈……ノデ〉「事ゆかぬものゆゑ、大納言をそしりあひたり」（竹取）。〔逆接〕条件〈……クセニ〉〈……ノニ〉「待つ人も来ぬものゆゑに鶯の鳴きつる花を折りてけるかな」（古今）。

ものを〔逆接〕条件〈……ノニ〉「都出でて君にあはむと来しものを来しかひもなく別れぬるかな」（土佐）。

「つつ」と「て」に逆接の用法を認める学者もある。なるほど、

心から花の滴《しづく》に濡《そぼ》ちつつ「うくひず」とのみ鳥の啼《な》くらむ〈自分勝手ニ梅ノ花ノ所デ滴ニ濡レテイルクセニ、何ダッテ「情ナイコトニ乾カナイ」トバカリ、アノ鶯トイウ鳥ハナイテイルノダロウ。〉（古今・巻十）

力衰へて分を知らざれば病を受く。〈体力ガ衰エテイルノニ自分ノ限界ヲサトラナイト病気ニナル。〉（徒然草）

なんかは、逆接のようだけれど、これは前後の意味に行き合わないところがあるため、しぜん逆接のようになっただけで、助詞「つつ」「て」に逆接の用法があるわけではない。その証拠に、右の例文から「つつ」や「て」を抜いても、意味は通じるし、逆接の意味あいはやはり残っているから。

まとめ

1 接続助詞にも接続詞にも順接と逆接がある。
2 接続助詞と接続詞の境界線は、はっきりしない。
3 接続助詞と格助詞の境界線も、「連体形＋に」のときをはじめ、はっきりしないことがある。
4 接続のしかたで既定と仮定と違ってくることがある。
5 同じ接続助詞あるいは接続詞が順接にも逆接にも使われることがある。

〔c〕意味を添える表現

まず復習から始めよう。どうせウォーミングアップだから、軽くやってくれたまえ。

復習 七

次の文章のなかで、傍線部分に含まれる「に」が、それぞれどんな品詞であるかを示せ。

春の暮れつかた、(イ)のどやかに艶なる空(ロ)に、いやしからぬ家の、奥深く木立《こだち》もの古りて庭(ハ)に散り萎れたる花、見すぐしがたきを、さし入りて見れば、南面の格子《かうし》みなおろして(ニ)さびしげなるに、東(ホ)に向きて妻戸のよきほど(ヘ)にあきたる、御簾《みす》の破れより見れば、容姿《かたち》きよげなる男の、齢《とし》二十(ト)ばかりにてうちとけたれど、心にくくのどやかなる様《さま》し

て、机の上(チ)に文を繰りひろげて見ゐたり。（徒然草）

答 （イ）形容動詞の連用形。（ロ）格助詞。（ハ）同上。（ニ）接続助詞。（ホ）格助詞。（ヘ）断定の助動詞「なり」の連用形。（ト）同上。（チ）格助詞。

(イ) 見すぐしがたきを、さし入りてし見れば。
(ロ) 見すぐしがたきを、さし入りてぞ見れば。
(ハ) 見すぐしがたきを、さし入りてこそ見れば。

品詞分解なんか、ウォーミングアップ程度に試みてもらうのが、まあ身分相応だろう。ところで、右の文章のなかで「さし入りて見れば」の「ば」は、已然形「見れ」についているから、既定条件をあらわすわけだが（四一一頁）、これをもっと強く感じさせるには、どんな言いかたがあるだろうか。

（ロ）と（ハ）は、実際には「さし入りてぞ見つれば」「さし入りてこそ見つれば」のように、完了（確述）の助動詞を伴なうことになるだろうが、（ロ）（ハ）の形でも通じないことはない。このばあい、（イ）にあらわれる「さし入りてし」を完了（確述）の助動詞「つ」の連用形プラス回想の助動詞「き」の連体形とかんちがいしないように御注意。下に接続助詞の「ば」があるとき、それより上に出てくる「し」は強めの副助詞であることが多いから、こうした「し」の発見には、

し……ば＝順接既定条件＋強め　(41)

というパターンをいつも活用していただきたい。そうすれば、

待てといふに散らで**し**とまるものなら**ば**何を桜に思ひ増さまし　（古今・巻二）

散る花の鳴くに**し**とまるものなら**ば**我鶯に劣らましやは　（古今・巻二）

なんかを「しとまる」とよんで変な解釈をする心配が無くなるだろう。

次に、副助詞「ぞ」「こそ」が使われると、いわゆる**係り結び**で、それぞれ連体形・已然形が下にあらわれることは、すでに御存知のとおり（一九七頁）。しかし、その法則を知っていると、さきの（ロ）がすこしおかしい。上に「ぞ」があるのに、結びが連体形になっていないからである。これについては、係り結びにおける**結びの消失**という現象があることを御承知ねがいたい。つまり、係りの「ぞ」「なむ」「や」「か」および「こそ」を含む文節が直接に文を構成しているときは、下に結びがあらわれるけれど、間接に文を構成する連文節として下に続いてゆくときは、結びが上の係りに支配されない。たとえば、

父の大納言は亡くなりて、母北の方なむいにしへの由あるにて、親うち具し、さしあたりて世のおぼえ花やかなる御かたがたにも劣らず、何事の儀式をももてなしたまひけれど、とり立ててはかばかしき御うしろみしなければ、事とあるときは、なほ依り

どころなく心細げなり。〈父ノ大納言ハ亡クナッテ、当人ノ母デアル奥方ガ昔フウノ堅イ人デ、両親トモソロイ現在世間ノ評判モ派手ナカタガタニモ負ケズ、ドンナ公ケノ交際デモナサッタガ、特ニシッカリシタ後見ガナイノデ、何カ事ガアルトキハ、ヤハリ頼リニスルアテガナク、心細イヨウデアル。〉
（源氏「桐壺」）

の「母北の方なむ」という係りに対応する連体形の結びがいつになっても現われず、とうとう「心細げなり」と終止形で"That's all."になる。規則違反みたいだけれど、この「なむ」を受けるのは、実は「由あるにて」なのである。「に」は断定の助動詞「なり」の連用形で、もしこの文節で文を終らせるのなら、

母北の方**なむ**いにしへの人の由ある**なる**。

となるわけ。それが、この所で切れないで、さらに下へ続いてゆくため、連用形「に」プラス接続助詞「て」の形をとったので、結びが消えてしまったのである。こんなのは、

係り { in Sentence——結びあり
　　 { in Clause——結びなし　　(42)

というパターンで憶えておきたまえ。ついでに「御うしろみ・しなければ」とよまないことも復習かたがた。

結びの消失に関して、もうひとつ注意しておきたいのは、Clause のなかの結びがいつも消失するとは限らないことである。たとえば、

(1) 朝夕なくてかなはざらむ物**こそ**あら**め**、そのほかは、何も持たでぞあらまほしき。（徒然草）

(2) 大方のよしなしごと言はむ程**こそ**あら**め**、まめやかの心の友には、はるかに隔《へだ》たる所のありぬべきぞ、わびしきや。（徒然草）

(3) 花もやうやう気色《けしき》だつ程**こそあれ**、際《をり》しも雨風うち続きて、心あわたたしく散りすぎぬ。（徒然草）

(4) 花橘は名に**こそ**負《お》へ**れ**、なほ梅のにほひにぞ古《いにしへ》の事もたちかへり恋しう思ひ出でらるる。（徒然草）

のように、いくらでも見られるが、こんなときには、たいてい**逆接**の気持になる。〈ソレハソウダガ〉〈ソレナノニ〉〈ダガシカシ〉といった感じで下に続くのである。(1)は「日常の必需品なら有ってもやむを得ないが、しかし」、(2)は「どうでもよいことを話しているような間はそれで構わないけれど、しかし」、(3)は「だんだん咲いてくる頃はよいが、それなのに」、(4)は「むかしから有名だけれど、それにしても」という意味になる。さきのパターンを補足して、

in Clause {
こそ………（結びなし）＝順接
こそ………（結びあり）＝逆接
}　(43)

と憶えておくのもよい。なお、佐伯博士の案出された「……はともかく」という訳語も、気の利いた言いまわしだから（「言はむ程こそあらめ」＝〈話シテイルヨウナ間ハトモカク〉）、ついでに憶えておくことをお奨めする。

もうひとつ「こそ」の用法で解釈のとき注意を要するのが、同じく副助詞の「も」と結びついて使われるものである。

(1) 心恥かしき人住むなる所にこそあなれ。あやしうもあまりやつしけるかな。聞きもこそすれ。（源氏「若紫」）

(2) なほこの事のたまへ。非常《ひざう》に同じ事もこそあれ。（枕冊子）

(3) 「人もこそ聞け」と思ふ思ふ行《い》けば、いたう夜ふけにければ、知る人もなし。（和泉式部日記）

これらは、いずれも〈……シナイカシラ〉〈……シソウデ心配ダ〉〈……カモシレナインダガ〉といったような危ぶむ気持をあらわす。(1)は「(これがわたしだと)聞きはしないかしら」、(2)は「万一、同じ事が出やしないかと心配です」、(3)は「人が聞きつけるかもしれないんだが」など訳するところ。「ぞ」のばあいも同様で、やはり「もぞ」となれば、危ぶむ気持になる。

(4)「あらはにもぞある」とて、灯《ひ》もともさで、さすがに並《な》みゐたる。(枕冊子)

(5) また仰せられかくることもぞはべる。まかり立ちなむ。(枕冊子)

(6) 魂の緒よ絶えなば絶えね存《なが》らへば忍ぶることの弱りもぞする (新古今・巻十一)

(7) 門《かど》よく閉《さ》してよ。雨もぞ降る。(徒然草)

(4)は「あまり見とおしでもこまる」、(5)は「また難問を持ちかけられそうで心配です」、(6)は「辛抱しきれなくなりはしないかしら」、(7)は「雨がふるといけないから」、という訳がだいたい適当だろう。つまり、

もこそ
もぞ　〈……シソウデ心配ダ〉　(44)

となるわけ。

以上で「ぞ」「こそ」など**強め**の言いかたとそれから派生したいくつかの用法を紹介したが、次に、**疑問**あるいは**反語**に多く使われる「や」「か」を持ち出してみよう。

(a) 春霞たつを見すててゆく雁《かり》は花なき里に住みやならへる　(古今・巻一)
(b) いづれを三つの級《しな》に置きてか分くべき。　(源氏「帚木」)
(c) 忍びては参《かみ》りたまひなむや。　(源氏「桐壺」)
(d) 紀伊の守《かみ》の妹もこなたに在るか。　(源氏「空蟬」)

どれもみな疑問の意味あいを添えるために使われているが、分類からいうと、(a)と(b)は副助詞(係助詞)で、(c)と(d)は終助詞になる。(c)(d)まで副助詞のなかにひっくるめ、副助詞の終止的用法としている教科書もあるけれど、形式を重視する橋本進吉博士の学説がひろまった現在では、文の中途に出てくるのを副助詞、文末に用いられるものを終助詞とする方が無難だろう。こんな種類わけは、あまり頭を使うにおよばないのだけれど(二〇六頁以下)、よく質問されるので、話のついでに……。

さて、「や」と「か」の区別については、いろんな説がある。「や」の方が「か」よりも強い疑問をあらわすという学者もあれば、逆に「か」の方が「や」よりも強い疑問だという学者もある。どちらが本当か、わたくしにはわからない。「か」は疑問とされているのが主語だけであるのに対し、「や」の方は述語が疑問とされているのだとする学者もある。実例でいえば、

(イ) 虎かほゆる。〈虎カ何カデモホエルノカ。〉
(ロ) 虎やほゆる。〈ソノ虎ガホエルノカ。〉

（イ）は、ほえているという事実は確かで、ほえるのが虎だか何だか疑問なのに対し、（ロ）は、虎はすでに話し手の頭のなかに在り、ほえるかほえないかが疑問なのだとするわけ。また、ある学者は、いや、（ロ）は主語・述語ひっくるめた叙述ぜんたいが疑問とされているのだと言い、また、ある学者は、そんな区別があるかどうかということこそ疑問だと説く。さらに、ある学者は、「や」は**問い**をあらわし「か」は**疑い**をあらわすのだと主張する。しかし、さきにあげた例の(c)と(d)はどちらも問いに使われているから、この区別もあやしい。といった次第で、要するにテンヤワンヤなのである。なぜこのようなテンヤワンヤぶりをわざわざ紹介したかというと、いろんな参考書に「や」と「か」の区別が出てくるけれど、どうせ確かな学説は無いのだから、どれも信用するにはおよばないこと、したがってどれも記憶するにおよばないことをお知らせし、安心してもらうためである。

　そんなことよりも、助詞「や」「か」は疑問のほか反語にも使われるということを憶えておく方が有益だろう。反語とは、そうでないことをちゃんと承知のうえで、わざと疑問の形にする言いかたである。このばあい、多くは、さらに「は」「も」が加わって「やは」「やも」「かは」「かも」となる。

　春の夜の闇はあやなし梅の花色こそ見えね香《か》やはかくるる〈匂イハカクレヨウカ（カクレハシナイ）〉　（古今・巻一）

男子《をのこ》やも空《むな》しかるべき万代《よろづよ》に語りつぐべき名は立たずして〈ボンヤリ過シテヨイダロ

ウカ（イケナイ）〉　（万葉・巻五）

まめやかに、世継が申さむと思ふ事は、他事《ことごと》かは。〈ホカノ事デショウカ（ホカデモナイ）〉　（大鏡）

古《いにしへ》を仰ぎて今を恋ひざらめかも。〈恋シク思ワナイダロウカ（思ウニキマッテイル）〉　（古今・序）

ただし、逆はかならずしも真ではない。「やは」「やも」「かは」「かも」がすべて反語だとは限らないのだけれど、こういった原則を知っているといないとでは、解釈のときだいぶん頭脳回転のスピードが違ってくるから、憶えておくことをお奨めする。このほか、終助詞「か」が「もの」についた形も、多く反語になる。

心なき鳥にぞありける郭公《ほととぎす》もの思《も》ふときに鳴くべきものか。〈鳴イテヨカロウカ（イケナイ）〉　（万葉・巻十五）

人離れたる所に、心とけて寝《い》ぬるものか。〈安心シテ寝テヨイモノカ（イケナイ）〉　（源氏「夕顔」）

これも「逆はかならずしも真ならず」の条件づきだけれど——。そのほかにも反語になる言いかたはあるが（たとえば已然形につく「や」「か」など）、どうも「逆はかならずしも真ならず」が多すぎて、せっかくパターンを憶えても、利用価値があまり高くない。それよりも、前後の関係から「疑問か反語か」を見わける方が手っとり早い。解釈のとき文法万能みたいに考えるのは誤りだと言ったが（二七四頁）、こんな所にもその実例があるわけ。「や」「か」には、疑問・反語のほか、詠歎・感動の用法がある。副助詞のばあいには見られず、たいてい終助詞のときあらわれる。「や」の方は、

いかにせむとぞ思ほゆるや。（枕冊子）

罪を許したまひてよや。（源氏「藤裏葉」）

命のみこそ恨めしきわざにはべれや。（浜松中納言物語）

のように、文末につくことが多いけれど、文の中途でも、

石見《いはみ》のや高角《たかつの》山の木の間より（万葉・巻二）

難波《なには》津《づ》に咲くやこの花冬ごもり（古今・序）

いなや思はじ思ふかひなし（古今・巻十九）

のように、いろいろな語につく。こんなのを、特に区別して**間投助詞**とよぶ教科書もある（一九〇頁）。俳句でよく使われる**切れ字**の「や」は、この用法が固定したものである。「か」の方も同様だが、

新しき年のはじめに思ふどちい群《む》れてをれば嬉しくもあるか。（万葉・巻十九）

心なき雨にもあるか。人目も乏《とも》しき妹《いも》に今日だにあはむを（万葉・巻十二）

あさみどり糸よりかけて白露を珠《たま》にも貫《ぬ》ける春の柳か。（古今・巻一）

のように「も……か」の形になることが多い。これに対して、「は……か」のときは多く

疑問になる。

郭公《ほととぎす》けさの朝けに鳴きつるは君聞くらむか朝寝かすらむ　（万葉・巻十）

春雨のふるは涙か桜花ちるを惜しまぬ人しなければ　（古今・巻二）

世のなかは夢か現《うつつ》か現とも夢とも知らず在りてなければ　（古今・巻十八）

パターン化して次のように憶えておきたまえ。

か ｛ **も**……**か**＝詠歎
　 ｛ **は**……**か**＝疑問　(45)

「や」「か」に終助詞「も」「な」がついて「やも」「やな」「かも」「かな」という形になると、それぞれ独立した助詞のように使われる。「やも」「かも」が反語に使われる例はさきにあげたが、そのほか

やも　疑問〈……ハイッタイ〉「ここにして家やも何処《いづく》」（万葉）

やな　詠歎〈……ダナア〉「よからずの右近がさまやな」（源氏）

かも　1疑問〈……ノカナ?〉「筑波嶺《つくばね》に雪かも降らる」（万葉）、「大和《やまと》の見えぬ国遠みかも」（万葉）。2詠歎「吹く風の音のかそけきこのゆふべかも」（万葉）

かな　詠歎〈……ダナア〉「あやしく歌めきても言ひつるかな」（土佐）

のような用法もある。なかでも「かな」は**切れ字**として、俳句などに好んで使われた。

意味を添える言いかたのなかで、特にまちがいやすいのが、副助詞「だに」「すら」「さへ」の使いかたである。「だに」と「すら」が似ているうえ、現代語の「さえ」と混同する心配もあって、注意を要する。

「だに」は、どうやら合格程度のことをまず示し、これから述べることは「もっと……だ」「なおさら……だ」という気持をあらわす。〈……サエ〉〈……ダッテ〉(even) と訳せば、たいてい間にあう。

白雲の絶えずたなびく峯にだに住めば住みぬる世にこそありけれ　（古今・巻十八）

高い山のてっぺんなど、ふつう住めるものではない。しかし、修行に心身をささげる坊さんなどにとっては、何とかまあ住むことのできる最低限度の場所だというわけ。それが「峯にだに」の気持で〈峯ニサエ〉〈峯ニダッテ〉と訳しておけばよい。余情として「ましてこの世間はもっと住みやすい」「市民としての生活は、なおさら楽なわけだ」の気持がある。なお、命令・依頼・意思などをあらわす文に使われると、大きい方の希望をあきらめ、それよりもずっと小さい希望で満足するという気持になる。〈セメテ……ナリトモ〉(at least) と訳するとよい。

昏《く》れ惑《まど》ふ心の闇も堪《た》へがたき片端をだに、はるくばかりに聞えまほしうはべるを、わたくしにも、心のどかにまかでたまへ。　（源氏「桐壺」）

子をなくした母親の心はまっ暗であるにちがいないが、せめてその悲しみの片端だけなりと、気が晴れるほどにお話しいたしたいから、個人の資格で気軽におでかけください――という意味である。

女御とだにいはせずなりぬるが、あかずくちをしう思《おぼ》さるれば、「いまひときざみの位をだに」と、贈らせたまふなりけり。　（源氏「桐壺」）

「女御とだに」は、女御どころか、実は中宮・皇后とよばせたかったのだが、帝の最低限度とお考えになる女御の位でさえ実現不可能なのであり、ましてそれより上の中宮はなおさらだといった気持。「ず」という打消が加わっているので、ちょっとわかりにくいけれど、はじめの用法と同じであり、したがって訳語は〈……サエ〉でよろしい。あとの「いまひときざみの位をだに」は、下に「思《おぼ》して」があるはずのところ、前の「思さるれば」と重複するので、省略した言いかた。だから意味あいとしては帝の意思を示すものであり、〈セメテ……ナリトモ〉の方で訳する。これらの用法をパターン化すると、

だに
- (1)命令・依頼・意思＝〈セメテ……ナリトモ〉
- (2)右以外＝〈……サエ〉〈……ダッテ〉

(46)

とでもなるであろうか。

次に、「すら」は、ある場合を示して、ほかの場合もそうであることを強調する副助詞である。しかし、現代語では「だに」と訳し別けることばがないので、結果としては「だに」も「すら」も同じ訳語になってしまう。いったい、中古文でも、「すら」はあまり使われていないのであって、たいてい歌に出てくるだけである。もっとも、漢文よみくだしの文章にはよく用いられ、今昔物語集のインドおよびシナの話をあつめた巻にはしばしば出てくる。和文系統で「すら」が流行しなくなったのは、たぶんよく似た意味あいの「だに」を使えばあまり不自由がなかったからであろう。

春日すら田に立ち疲る君はかなしも若草の妻なき君し田に立ち疲る〈春ノ日ニサエ〉（万葉・巻七）

いろいろの病をして、行方《ゆくへ》すらもおぼえず。〈行方サエモオボエテナイ。他ノ事ハモチロンデアル。〉（竹取）

〈セメテ……ナリトモ〉と訳する例は、あまり出てこない。しかし、無いわけではない。松尾聡氏が、

人の寝《ぬ》るうま寝《い》は寝《ね》ずてはしきやし君が目すらを欲《ほ》りし歎くも（万葉・巻十二）

という用例を発見された。「せめてあなたの目だけなりとも」の意味である。

「さへ」は、現代語の「さえ」と混同してはいけない。中古語の「さへ」は、いちど何か

述べたあとで、そのうえ何かを付け加えようとするとき使う副助詞である。「そのうえ……までも」といった気持。訳語も、たいてい〈……マデモ〉でよろしい。「泣っ面に蜂（さへ）」と憶えておきたまえ。

前《さき》の世にも御契《ちぎ》りや深かりけむ、世になく清らなる玉の男御子《をのこみこ》さへ生まれたまひぬ。（源氏「桐壺」）

桐壺更衣に対する帝の御愛情はなみなみのものでなかったが、事態はもうひとつ進展して、美しい皇子までもお生まれになったというわけ。

ただ涙に濡《ひ》ぢて明かし暮らさせたまへば、見たてまつる人さへ露けき秋なり。〈帝ハモチロンノコト、帝ノ御様子ヲ見モウシアゲル人タチニトッテマデモ、シメッポイ秋デアル。〉（源氏「桐壺」）

梓弓《あづさゆみ》おして春雨けふ降りぬ明日さへ降らば若菜つみてむ〈コノウエ明日モマタ降ルナラ〉（古今・巻一）

「だに」「すら」「さへ」は、英訳すると、みなevenで間にあうから、古典日本語を習う外国人はこの辺で八苦十六苦するが、日本人である諸君は、わたくしの説明をちゃんとのみこんでくださったと信じる。如何でしたかね。

以上で副助詞と終助詞との主なものを勉強してきたが、あと、すこし残っているのを、ひとわたり見てゆくことにしよう。

【副助詞】

など 1例示〈……等〉〈……ヤソノ他〉「源氏物語・枕冊子などにこと古りにたれど」(徒然草)。2婉曲〈……ナンカ〉「火など急ぎおこして、炭もてわたる」(枕冊子)。3引用〈……トイッタフウニ〉「『日をのぞめば都遠し』などいふなることのさまを聞きて」(土佐)。

のみ 1限定〈……ダケ〉「歌の道のみ、古《いにしへ》に変らぬなどいふこともあれど」(徒然草)。2強意〈ヒドク〉〈ムヤミニ〉「御胸のみつと塞《ふた》がれて、つゆまどろまれず」(源氏)。

ばかり 1限定〈……ダケ〉「今年ばかりは墨染にさけ」(古今)。2程度〈……ホド〉〈……グライ〉〈……ゴロ〉「暁ばかり憂きものはなし」(古今)。「こよひばかりやと待ちけるさまなり」(源氏)。

まで 1限界〈……マデ〉「夜ふくるまで酒のみものがたりして」(伊勢)。2程度〈……ホド〉〈……クライ〉「玉と見るまで置ける白露」(万葉)。3添加〈……サエ〉「法師ばらまで喜びあへり」(源氏)、「跡まで見ゆる雪のむら消え」(新古今)。

【終助詞】

かし 強調〈……ネ〉〈……ヨ〉「さは思ひつかし」(源氏)、「殊に耳立たずかし」(源氏)、「いづれか狐《きつね》ならむな。ただ謀《はか》られたまへかし」(源氏)。

な

(イ)禁止(三七二頁参照)。(ロ)1詠歎〈……ナア〉「花の色はうつりにけりな」(古今)。2強調〈……ネ〉「泣く泣くのたまひしことは忘れたまひぬるな」(平家)。(ハ)希望〈……タイ〉「行きて早見な」(万葉)。

よ

1詠歎〈……ヨ〉「人のもの言ひさがなさよ」(源氏)。2強調〈……ネ〉「さればよ、あらはなりつらむ」(源氏)。3よびかけ〈……ヨ〉「少納言よ、香炉峯の雪はいかならむ」(枕冊子)。

を

1詠歎〈……ナア〉「あなにやし、えをとめを」(古事記)。2強調〈……ネ〉「心やすくを思ひなしたまへ」(源氏)。

まとめ

1 係りがClauseのなかに在ると、結びの消失することがある。

2 Clauseのなかで係り結びがおこなわれると、逆接になる。

3 「もこそ」「もぞ」は心配の気持。

4 「や」「か」グループに属する助詞は、(a)疑問・(b)反語・(c)詠歎のどれかに当てはまる。

5 「だに」「すら」「さへ」グループはみなevenに含まれるが、英語にない区別がある。現代語との関係に注意。

(三) 文節をどう使うか

〔い〕 ならびの修飾

助詞の使いかたひとつで、文節の続きぐあいがいろいろになることは、すでに観てきたとおりである。こんどは、文節がどんなふうに全体を作りあげてゆくかについて、勉強してみよう。

例題 一八

次の文章を現代語訳せよ。(出典=徒然草・一三四段)

かたちは鏡に見ゆ、年は数へて知る。わが身のこと、知らぬにはあらねど、すべきかたの無ければ、知らぬに似たりとぞいはまし。かたちを改め、齢《よはひ》を若くせよとにはあらず。拙《つたな》きを知らば、なんぞやがて退かざる。

(十八分以内)

試訳　容貌は鏡に見える。年齢は数えてわかる。自分の身のことは、知らないわけでないが、する方法がないから、ほかから見ると、知らないように見えるのだ、というかもしれない。容貌を改め、年を若くせよ、といっているのではない。へたなのを知ったら、どうして、すぐ身をひかないのか、といっているのである。

仮にこんな答案が提出されたとしよう。わたくしが採点するなら、たぶん一〇点を満点として、四点ぐらいしか与えないであろう。なぜ六点もマイナスになるのか。いちばん大きく減点したいのは、「容貌を改め、年を若くせよ、といっているのではない」という訳で、まあ二点はひかれるだろう。なぜなら、この訳では「容貌を改め」がどの文節に続くのか、はっきりしないからである。「容貌を改めることによって年齢を若く見せよ、といっているのではない」という意味にもなりかねない。しかし、ほんとうは「容貌を改めよとか、年齢を若くせよとかいうのではない」と訳さなくてはいけないのであって、もともと

かたちを改めよ
齢を若くせよ　とにはあらず。

と言うはずのところを、ひと続きに述べるため、前の「改めよ」を連用形「改め」にしたのである。だから、形は連用形だけれど、意味あいは命令形に考えなくてはいけない。たとえば、

K首相は頭がよくソツがないけれど、平気で嘘をつく。

というとき、ほんとうの意味は

K首相は{頭がよいけれど / ソツがないけれど} 平気で嘘をつく。

なのを、同じ「けれど」が重複するのは拙いから、前の方を連用形にしたのである。もしこれを「K首相は頭がよいために、ソツがないけれど、平気で嘘をつく」と受けとったら、あきらかに誤解である。この誤解と同じ結果になるような「あいまいさ」を、さきの試訳は含んでいるのである。同じ徒然草で、

身を治め、国を保たむ道も、またしかなり。（一一〇段）

とある。これも

{身を治めむ / 国を保たむ} 道も、またしかなり。

をひとまとめに言ったもの。だから、

命あるものを見るに、人ばかり久しきはなし。かげろふの夕を待ち、夏の蟬《せみ》の春秋を知らぬもあるぞかし。（徒然草・七段）

を「カゲロウが夕方を待つし、夏の蟬が春と秋を知らないようなのもあるのだ」と訳したら、もちろん大減点。原文の意味するところは、カゲロウが夕方を待たないというのである。すなわち、

かげろふの夕を待たぬ
夏の蟬の春秋を知らぬ［　　］もあるぞかし。

であって、正訳は

カゲロウが夕方を待たずに死に、夏に生きる蟬が春と秋を知らないようなこともあるのだ。

となるはず。こんなふうに連用形が使われていても、すぐ下の文節を修飾するのでなく、それをとびこえて、両方でもうひとつ後の文節を修飾する言いかたが、古文にしばしばあらわれるから、連用形のむかうさきにはよく注意していただきたい（一一九頁参照）。この

○○○（連用形）
○○○○○○○［　　］○○○○

という形を、わたくしは「ならびの修飾」と名づけた。

「ならびの修飾」は、たいてい右のような形になるが、かならずしもそうとばかりは限らず、たくさんの連文節が「ならびの修飾」になることもある。

「その琴《こと》、わが子と思《おぼ》さば、ゆめゆめさらに人に見せたまふな。ただ、その琴をば心にも無きものに思ひなして、永き世の宝となし、幸《さいはひ》あらば、その幸きはめむ時、禍《わざはひ》きはまる身ならば、その禍かぎりになりて命きはまり、また虎・狼《おほかみ》・熊・獣《けだもの》にまじりさすらへて、獣に身を施《せ》しつべくおぼえ、もしは伴《とも》の兵《つはもの》に身をあたりぬべく、もしは世

のなかにいみじき目見たまひぬべからむ時に、この琴をばかき鳴らしたまへ」と遺言しおきて、絶え入りたまひぬ。　（宇津保「俊蔭」）

琴の名手清原俊蔭が、病気になり、もういけないと自覚したので、仙人にもらったふしぎな琴をむすめに譲ろうとして．いろいろ言い聴かせているところ。この「幸あらば」以下は、

幸あらば…………その幸きはめ

禍きはまる身ならば
　その禍かぎりになりて命きはまり（ら）
　虎・狼……獣に身を施しつべくおぼえ
　伴の兵に身をあたりぬべく（から）
　世のなかにいみじき目見たまひぬべから

む時（に）この琴をばかき鳴らしたまへ。

という関係になっている。おそらく「ならびの修飾」としてレコード・ホルダーでないかと思う。

〔注〕○ゆめゆめ＝けっして。○心にも＝自分の心のなかでだって。○身を施しつべく＝食べられるにちがいないように。○伴の兵＝隊をなした兵士。○身をあたりぬべく＝おそわれるにちがいないような。○いみじき目＝ひどい目。

これで「ならびの修飾」を見のがした結果の減点は御諒解くださったと思うが、あとの四点はどうしてマイナスになったのか。そのひとつは、第一行の「鏡に見ゆ、」がピリオ

ドでないのに、訳文で「鏡に見える。」と切ったことである。われわれは、終止形を見ると、ついそこで文が完結するような感じになりやすい。たしかに、終止形のときは、たいていのばあい文が完結する。しかし、何とかすると、〈……ダシ、マタ……〉という気持で下に続くことがある。

雨は降る、風は吹くといった次第で、さんざんの目にあったぜ。

頭が痛い、熱が高いというときには、すぐこの薬をのませてください。

「雨は降るし、また」「頭が痛いし、また」の気持を、終止形であらわしたもの。よむとき「雨は降る」「頭が痛い」のあとであまり長く息を入れてはいけない。長く息を入れると、そこで「文」になってしまい、あとへ続いてゆく「文節」でなくなるからである。「鏡に見ゆ、」もそれで、問題文ではちゃんと「、」が使ってあるのに、別の文として訳したから、まあマイナス一点はまぬがれまい。

御車《みくるま》もいたうやつしたまへり、前《さき》も追はせたまはず、誰とか知らむとうち解けたまひて、すこしさしのぞきたまへれば……。（源氏「夕顔」）

光源氏が乳母の病気みまいに出かけ、門をあけてもらうまでの間、ちょいと隣の家をのぞいているところ。「やつしたまへり」は終止形だが、そこで切れるのではなく、「御車もごく眼だたないようにしていられるし、また供の者にさきばらいもおさせにならず」の気持なのである。そのほか、訳の不適当な所がいくつかあるのを合計してマイナス三点。次の訳文とくらべてみたまえ。

適訳 容貌は鏡でわかるし、年齢は数えればわかる。自分自身のことは、気がつかないわけではないが、こうすればわかるという確かな方法がないから、気がつかないのと同様だと、いえばいわれよう。が、容貌を作りかえよとも、年齢を逆もどりさせよともいっているのではない。衰えたということを自覚したら、なぜさっさとひっこまないか、というのである。

「だいたい書けたつもりなんですが、どうして落第したのかなあ」と、ふしぎがる諸君は、どうかこの辺の呼吸をよくのみこんでいただきたい。

〔ろ〕はさみこみ

もうひとつ徒然草でゆこう。第七三段である。

復習 八

次の文章を現代語訳せよ。

世に語りつたふること、まことはあいなきにや、おほくはみな虚事《そらごと》なり。あるにも過ぎて人はものを言ひなすに、まして、年月すぎ、境《さかひ》も隔《へだ》たりぬれば、言ひたきままに語りなして、筆にも書きとどめぬれば、やがて定まりぬ。

（十六分以内）

答 世のなかで話し伝えていることは、事実はおもしろくないためなのか、たいていみな嘘である。人は事実以上にものごとを大きく話すものだが、まして、年月もたつし、場所も遠く隔たるということになると、言いたいように話をこしらえて、文章にも書きとめるわけなので、そのまま事実として通用するのがお定まりだ。

「年月すぎ、境も隔たりぬれば」は、前項の復習である。もともと、

年月すぎぬれば
境も隔たりぬれば ── 言ひたきままに語りなして、

だが、前の方を連用形にして続けたもの。それから、助動詞「ぬ」が三回あらわれるけれど、例の〈………テシマウ〉でなく、道理を確かに述べるという気持で訳してある（三〇八頁参照）。

ところで、問題文第一行の「まことはあいなきにや」を見てくれたまえ。これだけとり出して考えれば、ひとつの文である。しかし、それかといって、

世に語りつたふること、まことはあいなきにや。おほくはみな虚事なり。

とピリオドで切ったら、どんなものだろうか。やはり大減点に価するだろう。「世に語りつたふること」は「おほくはみな虚事なり」に続くのであって、その間に「まことはあいなきにや」がはさみこまれ、理由を説明しているものと考えなくてはならない。もっとはっきり書きあらわすなら、

世に語りつたふること、（まことはあいなきにや、）おほくはみな虚事なり。

である。こんなふうに、文の中途でもうひとつの文が説明的に入ってくるのを、佐伯梅友博士は「はさみこみ」と名づけられた。したしみやすい名まえなので、わたくしも愛用させていただいている。

この「はさみこみ」は、英語で、実にたくさん使われる。

This family catch-phrase, I was in the habit of telling my friends, had a good reputation even in my class.（うちで友人によく使うこの名文句は、教室でも受けが良かった。）

"I was in the habit of telling my friends" が「はさみこみ」にあたる。特に、

The next morning, you know, was wonderful.

I paid a visit, you know, to Los Angeles last year.

のような "you know" を使わないとしたら、おそらく会話が成り立たないのではないかと思われるほどである。英語のこうした "——, ——, ——." が捉えられる人なら、きっと古文の「はさみこみ」も見のがさないであろう。

練習 一七

次の文章を現代語訳せよ。

(1) かく上《のぼ》る人びとのなかに、京《きやう》より下《くだ》りし時に、みな人子どもなかりき、到れりし国にてぞ、子生《う》める者どもありあへる。人みな船の泊《とま》る所に、子を抱《いだ》きつつ降《お》り

乗りす。（土佐日記）

(2)　いと苦しげにたゆげなれば、かくながらともかくもならむを御覧じはてむと思《おぼ》しめすに、けふ始むべき祈りども、さるべき人びと承はれる、今夜《こよひ》よりと聞え急がせば、わりなく思《おも》ほしながら、退《まか》でさせたまひつ。（源氏「桐壺」）

答　(1)　こうして上京する人びとのなかに、――都から下向した時には誰もみな子どもは無かったのだが――、赴任していた国で子をもった者たちが居あわせている。その人たちは、みな船がとまる所で、子を抱いては降りたり乗ったりしている。

(2)　たいへん苦しそうで衰弱の様子なので、このままでなりゆきを見とどけようとお考えになるのだが、今日から始めるはずの祈り――りっぱな坊さんたちがおひきうけしている――が、今晩からですとおせきたてするので、どうしようもなくつらい思いで、とうとう退出おさせになる。

(1)は「かく上る人びとのなかに、到れりし国にてぞ、子生める者どもありあへる」と続くのであり、その間に「京より下りし時に、みな人子どもなかりき」がはさみこまれているわけ。(2)は「さるべき人びと承はれる」がはさみこまれている。これは「承はれり」と終止形になっていないから、さきの例とすこし違うけれど、やはり「はさみこみ」のひとつだと考えてよかろう。英語なら「祈りども」のあとに関係代名詞 which あるいは that を使うところ。参考までに Arthur Waley の訳を御紹介しておこう。

But though she had found strength to speak, each word was uttered with great toil and pain. Come what might, the Emperor would have watched by her till the end, but that the priests who were to read the Intercession had already been despached to her home. She must be brought there before nightfall, and at last he forced himself to let the bearers carry her away.

原文よりもだいぶん詳しくなっているが、難かしい続きぐあいをうまく逃げて、平易で上品な英語に書きなおした腕まえは、たいしたものである。

練習 一八

次の文章を現代語訳せよ。

(1) 正月《むつき》の一日ごろ、かんの君の御はらからの大納言、高砂《たかさご》うたひしよ、藤《とう》中納言、故大殿《こおほいどの》の太郎、槇柱《まきばしら》のひとつ腹など、参りたまへり。（源氏「竹河」）

(2) 御消息きこえたまへれば、御しとねさし出でて、昔の心知れる人なるべし、出で来て御返り聞ゆ。（源氏「早蕨」）

(3) この君の臥《ふ》したまへるを怪しがりて、鼬《いたち》とかいふなるものがさるわざする、額に手をあてて、「怪し。これは誰ぞ」と、執念《しふね》げなる声にて見おこせたる、さらにただ今くひてむとするとぞおぼゆる。

（源氏「手習」）

答

(1) 正月一日ごろ、尚侍（ないしのかみ）の御きょうだいである大納言――高砂をうたった例の人――と、藤中納言――亡くなられた大殿の長男で槙柱の君と同腹――などがお越しになった。

(2) 取次をお頼みになると、中から御敷物をさし出して、――昔のことを知っている人なのだろう――、出て御返事を申しあげる。

(3) この姫君が臥《やす》んでいられるのをふしぎがって、――イタチとかいうものがそんなことをするよしだが――、額に手をあてて、「変だこと。そこにいるのは誰？」と、うす気味わるい声でいって見つめているのが、いよいよ今にも取って食おうとするような気がする。

(1)は「高砂うたひしよ」と「故大殿の太郎、槙柱のひとつ腹」、(2)は「昔の心知れる人なるべし」、(3)は「鼬とかいふなるものがさるわざする」が、それぞれ「はさみこみ」になっている。

〔注〕○高砂＝催馬楽《さいばら》の曲名。○槙柱＝髭黒というニックネイムの大臣のむすめ。○この君＝浮舟とよばれる女性。○鼬とか＝イタチがためらうとき、眼の上に手をあてるような動作をするという。これを「イタチのまかげ」と称した。

〔は〕倒置と省略

結びの文節は文の最後にあらわれるのが普通だけれど、何とかすると、その位置でなく、もっと前に出てくることがある。

名にし負《お》はばいざ言問《こと》はむ都鳥わが思ふ人はありやなしやと。（伊勢物語）

普通の順序に直せば、次のようになるはず。

都鳥・名にし負はば・いざ・わが思ふ人はありやなしやと・言問はむ。

特に強めて言いたい語や文節をさきに出すわけだが、全体として調子がひきしまり、感じがいきいきしてくるような効果をねらって使われることもある。歌および会話のなかに出てくるばあいが多い。理解するためには、いちおう普通の順序に置きかえてみるのもよいけれど、それは、頭のなかでの作業にしておき、訳文はなるべくもとの形を生かした方が結構だろう。そうしないと、原文の勢が消えてしまい、つまらない訳に「なりもぞする」。だからたとえば、

いづら、猫は。（更級日記）

を「猫は、どこ？」と訳すると、さっぱり感じが出ない。やはり「どこ？　猫は」でなくてはだめである。

練習 一九

次の文章および和歌には倒置《とうち》の言いかたが用いられている。それぞれ普通の順序に置きかえよ。

(1) なぞの車ぞ、暗きほどに急ぎ出づるはと、目とどめさせたまふ。（源氏「東屋」）

(2) 「いとをかしげにこそものしたまふなれ、箏《さう》の琴《こと》上手にて、故宮の、あけくれ遊びならはしたまひければ」など、口ぐちに言ふ。（源氏「総角」）

(3) 花の色はうつりにけりないたづらにわが身世に古るながめせし間《ま》に（古今・巻二）

答 (1) 暗きほどに急ぎ出づるは・なぞの車ぞと・目とどめさせたまふ。

(2) 「故宮のあけくれ遊びならはしたまひければ・箏の琴上手にて・いとをかしげにこそものしたまふなれ」など、口ぐちに言ふ。

(3) 花の色は・わが身・いたづらに・世に古るながめせし間に・うつりにけりな。

このなかで(3)は、いちおうこんなふうに答えるよりほかないのだが、正確にいうと、一〇〇パーセントOKではない。なぜなら、「いたづらに」は「ながめせし」を修飾すると同時に、また「うつりにけりな」をも修飾しているのである。そのためには、「うつりにけりな」と「ながめせし」の中間に置かれていることがたいへん効果的なのであって、原文の順序を動かすと、せっかくの意味あいが消えてしまいやすい例である。

しかし、何といっても、倒置はあつかいやすい。言おうとすることが全部あらわれているのだから。厄介なのは、**省略**である。省略にもいろいろあるが、いつもの「きまった言いかた」として省略されるものは、いちばんわかりやすい。

われらが生死の到来、ただ今にもやあらむ。それを忘れて、もの見て暮らす、愚かなることはなほまさりたるものを。（徒然草）

「暮らす」の下に「こと」のような体言が省略されている。**連体形**の下には、いつも体言の省略が有りはしないかと考える癖をつけておきたまえ。その次には、係りだけあらわれているばあい、つまり**結びの省略**である。

例ならぬことにて、御前ちかくもえ参らぬ慎《つつ》ましさに、長押《なげし》にもえのぼらず。「なほ持て来《こ》や。所に従ひてこそ」とて、召し寄せて見たまへば……。（源氏「夕顔」）

光源氏のお供をしている侍が灯を持ってきたのだけれど、これまで御前ちかくまで参上したことがないので、気がひけて、上段の間へは進めない。光源氏は「もっとこちらへ持って参れ。遠慮も所によるではないか」と声をおかけになる——といった情景である。「所に従ひてこそ」〈場所ガラニヨッテハ〉という係りに対する結びが省略されているわけで、おそらく「さはあらめ」〈ソンナフウナノモ、ヤムヲ得ナイガ〉というような文節が下に入るのであろう。しかも、そこで文が完結するのではなく、さらに「このような場所ではそんな遠慮は無用だ」という余情が残されている。つまり、係り結び「こそ……（已然形）」が Clause のなかにあらわれるときは逆接になるという原則の応用なのである（四二五頁参照）。

眼も見えはべらぬに、かくかしこき仰せごとを光にてなむ。（源氏「桐壺」）

帝から手紙を頂戴した桐壺更衣の母が、持参した使者に「悲しさによく眼も見えませぬが、かたじけない仰せを灯《あかり》といたしまして」と挨拶しているところ。「なむ」という係りを受けるものは、たぶん「見奉らむ」〈ヨマセテイタダキマショウ〉であろうが、言い残すことによって余情のふかい表現となっている。

省略は、いろんなばあいにおこなわれ、きまった法則がない。だから、何を補なうかは、まったく解釈のちからによるのであって、文法を知っているため省略がとらえやすいなどということはない。だから、文法の本としては、もうこれ以上説明する必要もないかと思うが、話がせっかくこの辺まで来たのだから、ついでに、もうすこし実例をあげておこう。

練習 二〇

次の文章を現代語訳せよ。

(1) 入りがたの月の山の端《は》ちかきほど、とめがたう、ものあはれなり。（源氏「夕霧」）

(2) 使ふ人・古御《ふるご》たちなど「君の御心はあはれなりけるものを、あたら御身を」などいふ。（源氏「帚木」）

(3) いまだに名のりしたまへ。いとむくつけし。（源氏「夕顔」）

(4) いとあやしきことかな。かくまでもありける人の命を、やがてうち捨ててましかば。さるべき契りありてこそは、我しも見つけけめ。（源氏「手習」）

答　(1)　月がもうすぐ山の端に入ろうとしているその時、（涙が）おさえきれず、心がしみじみと動かされる。

(2)　召使いや古くからいる女房たちは「殿の御心はあんなにお優しかったのに、まあまあ御身を（こんなふうになさいましたこと）」などいう。〔出家したことをさす。〕

(3)　せめて今からなりとも名をおっしゃい。（名をおっしゃらないのは）どうも気持がわるい。

(4)　妙な話もあるものだなあ。今日まで保《も》ちこたえてきたこの人の命を、このまま見殺しにしたなら（どんなにかまあ、ばかげたことだろう）。そうなるはずの因縁があったからこそ、わたしが見つけたのだろう。

（　）のなかに示したのが省略と考えられることば。こうした省略法は、文法よりも、むしろ修辞学の領分にふみこむことが多い。たとえば、

夕立の雲もとまらぬ夏の日のかたぶく山にひぐらしの声（新古今・巻三）

人すまぬ不破《ふは》の関屋の板びさし荒れにし後はただ秋の風（新古今・巻十七）

のような**体言どめ**も、省略の応用にほかならない。しかし、これを「声（こそすれ）」あるいは「秋の風（ぞ吹く）」の省略だと説明してみたところで、これらの歌の解釈にあまり

プラスだとも思えない。その辺がまあ文法の限界というものであろう。

まとめ

1 連用形には「ならびの修飾」がある。
2 「終止しない終止形」がある。
3 「——、——、——。」の形には「はさみこみ」がある。
4 倒置は原文の順序を尊重して訳せ。
5 省略には慣用的なものと臨時的のものとがある。補なって考えるのが解釈のコツ。

(四) 敬語のはたらき

〔1〕 丁寧・尊敬・謙譲

「どうも日本語は厄介でいけないよ。何しろ敬語の使いかたが複雑でね。もっとすっきりしなくては、世界の動きについてゆけないな」など大見得《おおみえ》を切っている紳士に、ときどき出あう。そういう人は、自分が進歩的文化人といわれるグループに属しているかのごとく思いこんでいられるかもしれない。しかし、敬語の使いかたが複雑だとは、いったい何語にくらべていわれるのであろうか。わたくしは外国語をあまりたくさん知らないが、たとえば英語で「窓を閉めてください」と言うのに、ちょっと頭に浮かぶだけでも、

Would you mind closing the window?
Do you mind closing the window?
Would you please close the window?
Won't you please close the window?
Will you please close the window?
Will you close the window?
Why don't you close the window?
Please close the window.
Close the window, please.
Close the window.

などの形がある。そうして、相手により、場面により、いちばん適切な言いあらわしをえらぶのが、ちゃんとした市民であるための資格なのである。いくら丁寧なのが結構だといったところで、もし教室でわたくしが学生に"Be kind enough to close the window."と頼んだら、学生諸君はげらげら笑いだすか、あるいは「きのどくに、先生すこし頭がイカれ

てるらしいわね」とささやきあうか、何にしても、ろくな事はあるまい。“Be kind enough to close the window.”は文法的に正しいし、意味もよくわかる。しかし、教師対学生という場面では丁寧すぎるし、話しことばとして固くるしすぎる感じもある。つまり変なのである。逆にJohn O'Haraの“Ten North Frederick”という小説（映画「秘めたる情事」の原作）のなかで、Jobyという子どもが校長先生にうっかり“Yes.”と返事したので、先生に“When you speak to the masters and the principal you say *sir.* Your father is a fine man and one of the leading citizens of this town.”と叱られるところがある（映画には出てこない）。また、イギリスでの話だが、部屋を貸してくれませんかというのに“Will you……”という言いかたで頼んだら、家主に“Would you……”とか“Could you……”とかおっしゃるならお貸しいたしますが、どうも“Will you……”じゃねえと油をしぼられた日本人もある。日本語では「あなたさま」「あなた」「君」「おまえ」「あんた」「おめえ」「貴様」「てめえ」など相手によって言いわけるが、英語なら女王であろうと社長であろうと召使いであろうと、youひとつで間にあうから、何といっても英語は簡単だなど考える人は、英語をよく知らないため、そう考えるにすぎない。どんな国だって、敬語を適切に使えないような人なんか、けっして fine man と認めてもらえないし、まして leading citizen なんかになれるはずがない。ひとつ元気を出して、敬語の使いかたを勉強することにしよう。

ところで、話をするとき、まず必要なのは**話し手**である。話し手がいなければ、話は成り立たない。わかりきったことを言うなと抗議が出るかもしれないけれど、この「わかりきったこと」がしっかり頭に入ってさえいれば、何も敬語で頭を悩まさなくてもよいのだから、まあ辛抱してお聴きねがいたい。話し

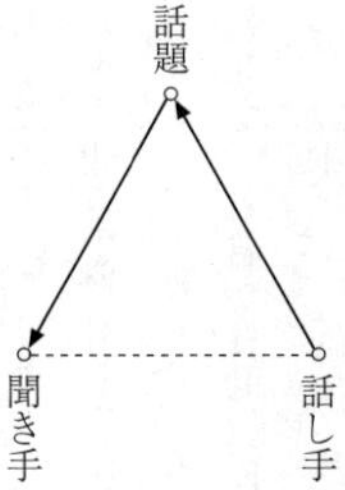

手と同時に、**聞き手**も必要である。例外的には独りごとがあるけれど、このばあいは、いま問題にしない。さて、話し手と聞き手との間に話がおこなわれるのだが、それはかならず「何か」を話しているのであって、何もない話を話すことはできない。その「何か」を**話題**という。つまり、話し手が話題を持ち出し、その話題を聞き手が受け取ることによって、話が成り立つのである。このようにして、話し手（speaker）と聞き手（hearer）と話題（topic）との関係がのみこめたら、敬語のことは三分の一以上わかったのだと言っても、あまり言いすぎではなかろう。

I　丁寧

〔登場人物〕

A——大学助教授。国文学専攻。中流家庭に育ち、交友関係がひろい。落語をこのむ。

B――大学生。新聞部員。やはり中流家庭の育ち。A助教授とは初対面である。

C――裁判官。刑事訴訟法の権威。かずかずの大事件・難事件を担当し、硬骨《こうこつ》をうたわれる。

D――代議士。汚職で起訴され、いま公判中。A助教授と同郷。あだ名「泥豚《どろぶた》」。

B「先生。けさの新聞に第一回公判のことが出ていますね」

A「はあん、例のお偉《えら》がたか。何しろ、泥豚みたいな奴らは、民主政治のダニですよ」

B「ところで、裁判長はCさんですね」

A「そう。ぼくの遠い親類ですがね。まあ昭和の大岡越前守といった感じですかな」

このばあい、B君が「出ているね」「Cさんだね」と言ったらどうだろう。A助教授はたぶん失礼な学生だという表情を隠そうとしないにちがいない。学生が教師に対して「です」調で話すのは、いまの日本では当然すぎる慣わしだからである。そうして、B君が「です」を使ったのは、A助教授に対して「自分の学校の先生である」という気持をあらわすためであることも、説明を要しないであろう。つまり、この「です」調は、A助教授という聞き手に対して使われているわけ。それは「民主政治のダニですよ」とくらべるなら、いっそう明らかになる。A助教授はD代議士をひどく見さげている。そのD代議士に対して、B君がA助教授に対するのと同じような気持をあらわすため、A助教授が「です」を使うはずなんかない。A助教授の「です」は、やはりB君という聞き手に対して使ったものである。言いかえれば、話題に対して使ったのではない。この場面では、C裁判長とD代議士が話題のなかの人であり、A助教授とB君とがたがいに話し手となったり聞き手となったりしているわけだから、どちらの「です」もそれぞれ聞き手に対して使われていると考えられる。

ところで、これらの「です」は、聞き手に対する尊敬をあらわすと考えられやすいけれど、そうではない。B君はA助教授よりずっと若いし、社会的な地位からいっても、学識からいっても、A助教授とはかなりの距離がある。そのB君に、A助教授が尊敬の言いかたをするはずがない。尊敬といっても、文法用語の「尊敬」はふつうの話で「ぼくは永井荷風を尊敬するね」など言うときの「尊敬」と同じでない。ちょうど物理学で「ちから」とか「しごと」とかいうのが決まった特別の意味で使われるように、文法で「尊敬」というのは、そのものが自分よりも上であることをあらわす言いかたのことなのである。だから、自分より下のB君に対して、尊敬の言いかたをするはずがない。A助教授の使った「です」は、B君に対するちょっとあらたまった気持をあらわすためである。もしB君がA助教授にとっておなじみの学生であるなら、おそらくA助教授は「民主政治のダニだよ」「親類だがね」「感じだな」というようなことば使いをしたにちがいない。しかし、はじめてあう人に「だ」を使うのは、あまりなれなれしすぎるという意識が、A助教授に「です」を使わせたのである。逆に、もしB君がA助教授とごくしたしい間がらであるばあい、A助教授が「です」調で話したら、B君は、変な顔をするか、かえってばかにされているような感じをもつかであろう。すなわち、A↓Bのばあい、「です」は、あらたまった気持をあらわすにすぎない。もっとも、B↓Aのばあいは、いくらしたしい間がらでも、「だ」は使えない。つまり、B↓Aという関係では、いつもあらたまった気持の言いかたをすることによって、遠慮がちな態度を表現し、失礼でないように心がける必要があるわけ。このような「あらたまった言いかた」が、文法でいう**丁寧**である。現代語では、ふつう「です」「ます」「でございます」などが使われる。さて、この辺で、ちょっとひと休み。

Ⅱ 尊敬

A「いつかCさんが研究室にお見えになったとき、人手がたりなくて、裁判がおくれてこまるとこぼしていられましたよ」

B「うちの大学だって、猛烈に人手がたりないんですから、先生がたもおこまりなんでしょう」

A「そうですなあ。もとDの奴がいた役所なんか、何をしているのかわからない連中がごろごろしているんですがねえ」

「お見えになった」「いられました」「おこまり」などが、なにか特別の気持をあらわすための言いかたであることは、すぐおわかりだろう。しかし、それは、さきの丁寧とは同じでない。なぜなら、丁寧は、聞き手に対しての言いかたなのだが、このばあい、ふつうなら「来た」と言うところに「お見えになった」と特別な言いかたを使った相手はC裁判官であり、B君ではない。つまり、話題となっている人に対して使ったのであり、聞き手に対してではない。しかも、それは、あらたまった気持というだけでなく、相手が自分よりも上であることを示す言いかたなのである。こんなのを、文法では**尊敬**という。定義めかしていえば、話題となっている人に対して、その人が自分より上であることを示す言いかたが尊敬である。話題になっていても、自分より上だという気持がなければ、尊敬の言いかたをしない。D代議士はA助教授よりも世間的に有名であり、収入もずっと多く、年長でもあるとしたところで、A助教授の気持では、Dなんかおれよりもずっと下等な男だと思っているから、もしD代議士が訪問したのなら、けっして「お見えになった」と言わなかったにちがいない。つまり、上とか下とかいうのは、話し手の気持での上とか下とかなのである。

ところで、それならB君がA助教授を含めた「先生がた」に対して「おこまり」と尊敬の言いかたをしているのはなぜか。聞き手に対して尊敬の言いかたを使うのは、さきの定義と違うじゃないか——という不審が出るかもしれない。しかし、このばあいは、聞き手が同時に話題の人となっているわけで、ちょうどサー・ローレンス・オリヴィエが監督兼主演俳優の一人二役映画を作るのと同様だと御理解ねがいたい。なお「いられました」は、助動詞「られ」だけが尊敬で、それに丁寧の「まし」が加わった形である。

現代語で尊敬をあらわす言いかたには、次のようなものがある。

(1) 助動詞を使うもの――「こぼしていられた。」「あなたが書かれた本ですね。」

(2) 接辞を使うもの――「お帰りですか。」「ご心配でしょう。」「先生がたの席です。」

(3) 特別の形式を使うもの――「お喜びになる。」「ご心配になる。」「お話しなさる。」「お……になる」「ご……になる」「お……なさる」「お……くださる」などの「……」に、動詞の連用形をはさむ形である。

(4) 特別の単語を使うもの――「時計をくださった。」「ミルクをめしあがれ。」

Ⅲ 謙譲

B「ところで、原稿をひとつ頂戴したいんですが」

A「さあね。先日Cさんにさしあげた染付《そめつけ》茶碗の話でも書きますかな」

B「では、あとで原稿用紙をお送りいたします。よろしくお願いいたします」

「頂戴したい」「さしあげた」「お送りいたします」「お願いいたします」などが、特別の気持をふくめた言いかたであることは、それらを「もらいたい」「やった」「送ります」「頼みます」に比べてみれば、すぐおわかりだろう。そうして、A→Cのばあいに「さしあげた」、B→Aのばあいに「頂戴したい」など使われていることから、それが尊敬のばあいと同様、話題になっている人に対する言いかたであり、聞き手が話題の人と一致するときにも使われるものだと理解できよう。しかし、尊敬と同じでない点もある。

（イ）こぼしていられましたよ。

（ロ）お送りいたします。

を比べてみたまえ。どこか違いは無いだろうか。両方とも主語が省略されているが、もし補なうなら、こぼすのはC裁判官、送るのはB君である。そうすると、（イ）の言いかたは、話題になっている人が自分より上であるという気持をあらわしたものであり、（ロ）は話題の人がその相手よりも下であるという気持をあらわしたものだと考えられる。

もっとも、このばあいは、話し手であるB君が自分自身を話題にして、相手すなわち聞き手であるA助教授よりも下であるという気持をあらわしたもので、一人二役になっているから、丁寧との区別がすこし難かしいかもしれないけれど、話題の人が話し手とも聞き手とも別であるばあいに置きかえてみれば、よくわかるだろう。

先日、主任のEがお送りいたしました見本は、いかがでございましょう。

いずれ社長が参りましたら、直接にお話しくださいませ。

話題になっているE主任や社長が見本を受け取った人や社長と会うはずの人よりも下であるような言いかたによって、相手をうやまう気持があらわされているわけ。話し手が入社したばかりの給仕君あるいはお茶くみ嬢であっても、来客に対しては「Eさんがお送りなさいました見本」「社長さんがおいでになりましたら」のような言いかたをしてはいけない。かならず「Eが」「社長が」と呼び捨てにし、E主任や社長のすることについては「いたし」「参り」など低めた言いかたを使うのが、たしなみというものである。こんな言いかたを文法で**謙譲**とよぶが、謙譲という名まえは、さきの「原稿用紙をお送りいたします」みたいに話し手が自分自身を話題としているとき、いちばん適切な感じである。しかし、まったく第三者どうしのばあい、謙譲の言いかたを使うこともできるのであって、たとえば、社長がE主任にむかって、

「おい、E君。F課長がG宮家にうかがったとき、何か直接にうけたまわった件があるかね」

と言うなら、話題の人と話題の人との間における謙譲の用例であり、聞き手のE主任は「おい」「あるかね」と、いたってぞんざいな扱いを受けている。つまり、聞き手に対する丁寧の言いかたは入っていないのである。しかも、F課長の「行く」「聞く」というはたらきを「うかがう」「うけたまわる」と言いかえ、F課長がG宮よりも下であるというあつかいをすることによって、G宮に対する敬意をあらわしているわけ。こんな例で考えるなら、謙譲と丁寧とを区別しやすいだろう。

現代語で謙譲をあらわすには、ふつう次のような言いかたが用いられる。

(1) 特別の形式によるもの――「お送りいたします。」「お待ちもうします。」「ご遠慮いたします。」「ご無沙汰もうしあげました。」

(2) 特別の単語によるもの――「時計を頂戴した。」「プログラムをさしあげよう。」

(1)はいつも丁寧の「ます」と結びついて使われ、(2)に属する「参る」「存ずる」「申す」なども、ふつう連用形に「ます」のついた形で用いられる。それだけ謙譲と丁寧とは親密な間がらにあるわけで、区別しにくいけれど、話題の人と話し手とが一人二役であるかどうかをよく吟味してみれば、きっと手がかりはあるはず。もっとも、謙譲の「いたす」と丁寧の「いたす」だけは、たいへんまぎらわしい。

(イ) 校正はわたくしがいたします。

(ロ) 浅間山がしきりに噴火《ふんか》いたします。

(イ)は、誰か聞き手に対して、話し手が自分自身を話題とし、聞き手よりも自分が下であるような言いかたによって相手に敬意を示しているわけだから、例の一人二役で、謙譲の「いたし」に丁寧の「ます」をつけたものと考えられるが、(ロ)は、「いたします」ぜんたいで丁寧をあらわすと見なくてはならない。なぜなら、話題の「浅間山」よりも話し手が下であるという筋あいは、考えることができないからである。

まとめ

1 丁　寧　ぼくが行きます。
2 尊　敬　H先生が講演に行かれる。
3 尊敬＋丁寧　H先生が行かれます。
4 謙　譲　I君を東宮御所へ参上させよう。
5 謙譲＋丁寧　あすI君が参上します。

〔2〕古典語の丁寧

古典語にあらわれる丁寧の言いかたは、原則として「はべり」「さぶらふ」だけである。しかも、「はべり」が主に使われていたころは「さぶらふ」があまり流行せず、「さぶらふ」が優勢になってきたころは「はべり」がすたれてゆくといったぐあいで、実質においては、丁寧の言いかたがそれぞれの時代にひとつしか無かったような形になるから、勉強もそれほど厄介ではない。「敬語は難かしい」などいう先入観にとらわれて、青い顔をするのは、ばからしいから、おやめなさい。

さて、丁寧の「はべり」に動詞と助動詞とがある——と言い出すと、とたんにそろそろ頭の痛くなってくる諸君があるかもしれないけれど、なに、たいしたことではない。

（イ）学校へ行きはべり。

（ロ）いとよき書《ふみ》なむはべる。

（イ）学校へ行きます。

（ロ）りっぱな本があります。

（イ）の「はべり」は現代語の「ます」だけにあたるから助動詞、（ロ）の方は「あります」にあたるから動詞である。どちらも丁寧の言いかたであることには変りがない。なお「はべり」を補助動詞としてあつかう学者もあるが、そんなふうに習った人は、そう憶えておけばよろしい。「補」という字がプラスされようがマイナスされようが、「はべり」はやはり「はべり」である。大切なのは「はべり」が丁寧の言いかたであるということなのであり、助動詞か補助動詞かの議論ではない。まして、助動詞と補助動詞との差はどこにあるかなどいう吟味に頭を使うなどは、高校生としては、ばかげた話である。そんなことは、文法学者という象牙の塔の住人たちにまかせておけばよろしい。

ところで、古典語の「はべり」に限らず、丁寧の言いかたは、聞き手に対して使われるものだから、眼の前に聞き手がいるか、あるいは聞き手を頭においているときでなければ、出てこない。つまり、会話とか手紙の文章とかにしか出てこないのである。中古文をよむとき、気をつけてみたまえ。地の文には「はべり」が出てこないから。

翁かしこまりて御かへりごと申すやう、「この女《め》の童《わらは》は、たえて宮仕へつかうまつるべくもあらずはべるを、もてわづらひはべり。さりとも退《まか》りて仰《おほ》せごと賜はむ」と奏す。〈コノ娘ッ子ハ、イッコウ御所勤メヲイタシソウニモゴザイマセンノデ、モテ余

シテオリマス。デモ、家ヘ帰ッテ仰セノ次第ヲ申シ聞カセマショウ。〉（竹取物語）

御覧のとおり、竹取の翁のことばだから、丁寧の「はべり」が出てくるわけ。

宮の御前《おまへ》に御消息《おんせうそこ》きこえたまへり。「院におぼつかながり宣《のたま》はするにより、けふなむ参りはべる。あからさまに立ち出ではべるにつけても、けふまで存《なが》らへはべりにけるよと、みだり心ち《ごこ》のみ動きてなむ、聞えさせむもなかなかにはべるべければ、そなたにも参りはべらぬ。」〈大宮ヘオ便リヲオアゲニナル。「上皇ガ御心配アソバサレテイロイロオッシャッテクダサルノデ、今日ウカガウコトニイタシマス。チョット立チ出マスニツケテモ、ヨクマア今日マデ生キテイマシタコトヨト、サマザマナ心ガワイテ来テ、ナマジッカオ目ニカカラナイ方ガト存ジマシテ、ワザトオウカガイモイタシマセン。」〉（源氏「葵」）

消息すなわち手紙の文章である。このほか古今集などで歌の詞書《ことばが》きにも「はべり」が見える。

長谷《はつせ》に詣《まう》づるごとに宿《やど》りける人の家に、久しく宿らで程へてのちに到れりければ、かの家の主《あるじ》「かく定かになむ宿りはある」と言ひ出《いだ》してはべりければ、そこに立てりける梅の花を折りて詠《よ》める。　貫　之

人はいさ心も知らず故里《ふるさと》は花ぞ昔の香《か》に匂《にほ》ひける（古今・巻一）

「ちゃんとお宿はあるんでね」と厭みを言われたわけだが、それを「言ひ出してはべりければ」と説明したのは、歌集だからで、これがもし歌物語のなかだったら、当然「言ひ出

しければ」となるところ。つまり、歌集の詞書きは聞き手にむかって話しかけるような調子で書かれたのだということになる。

「さぶらふ」の方は、平安時代にはあまり使われていない。

「かれは何ごと言ふぞ」と言へば、声ひきつくろひて、「仏の御弟子《みでし》にさぶらへば、御仏供《ぶく》のおろし食べむと申すを、この御坊たちの惜しみたまふ」と言ふ。〈ワタシハ仏サマノ御弟子デゴザイマスカラ、オ供エノオサガリヲ食ベタイト申シマスノヲ、コノ坊サマタチガケチケチナサルンデス。〉（枕冊子）

常陸介というニックネイムをもらった女乞食のことばである。「さぶらふ」は「さむらふ」「さうらふ」となることもあり、鎌倉時代にはソオロオと発音された。それがさらに簡単な形をとって「さう」とも言われた。

「組めや組め」と言ひけれども、「さもさうず」とてひき返す。（平家「熊谷平山」）

まづことばをかけけり。「いかに佐々木どの。生唼《いけずき》賜はらせたまひてさうな。」（平家「宇治合戦」）

「さもさうず」は「さもさうらはず」のぞんざいな形で、相手の考えに反対するときの言いかた。「そりゃあ、ダメすね」「そんなの、ないすな」のような感じになる。（「す」は「です」のぞんざいな形。）「さうな」は「さうらふな」である。〈……デスナ〉〈……マスネ〉など訳する。「さうらふ」を漢字まじりに書くと「候ふ」だが、終止形のときだけはふつう「候」と書き、「ふ」を送らない。話しことばに「はべり」が使われなくなり、かわりに「候ふ」が進出してきたのは、院政時代すなわち十二世紀ごろのことで、「候ふ」は「はべり」の後つぎといった形だが、「はべり」と「候ふ」とでは、ちょっと違うところがある。それは、「候ふ」の方は

　このわたりの景色、御覧候へ。

のように命令形があるけれど、「はべり」には命令形がないことである。室町時代になると、「あり」「をり」を丁寧に言った「おぢゃる」「ござる」が話しことばにあらわれ、謙譲の「まゐらす」から出た「まらする」も見られる。「まらする」は現代語の「ます」の源流のひとつであり、それが「ござる」と結びついて「ございます」が生まれる。

　西洋人に日本語のことを教えるとき「われわれの国では四種類のことばがある」と言うのが、いちばん彼らにのみこみやすい方法であるらしい。つまり、話しことばにダ調・デス調・デゴザイマス調、書きことばにデアル調と、合計四種類あるわけだが、西洋人諸君はデス調だけ習っておけば、たいてい大丈夫だと教えるのが、わたくしの流儀である。しかし、これは西洋人のばあいで、われわれ日本人としては、デス調で話さなくてはいけないときダ調を使ったり、ダ調でかまわないときにデゴザイマス調を使ったりするのは、もちろん、ばかばかしい誤りというべきである。ということは、現代語における丁寧の言いかたが平安時代よりも複雑になっているということなのであり、古典語なら「はべり」ひとつし

か出てこない丁寧の言いかたを現代語に訳するときは、場面に応じて〈……デス〉〈……マス〉〈……デゴザイマス〉のどれかに当てはめなくてはならないから、注意を要する。

このほか、丁寧と同じようにあつかってよい助動詞として、下二段活用の「たまふ」がある。「たまふ」には四段活用のものもあって、

たまふ｛下二段――丁寧（たまふる）／四　段――尊敬（たまふ）｝　(47)

という区別は、ぜひ憶えておく必要がある。（たまふる）と（たまふ）を並べておいたのは、連体形で憶えると頭に入りやすいからで、例の直観式である。終止形の用例は、どういうわけだか、出てこない。

「かの大納言の御《み》息女《むすめ》ものしたまふと聞きたまへしは？　すきずきしき方《かた》にはあらで、まめやかに聞ゆるなり」と推《お》しあてに宣《のたま》へば。〈アノ大納言ノ令嬢ガイラッシャルト聞イテオリマシタガ、ドウナサイマシタ?　浮気《ウワキ》筋デハナク、マジメニオ尋ネスルノデス。〉（源氏「若紫」）

光源氏が紫の上の母である故按察《あぜち》大納言のむすめのことを北山の僧都《そうず》に尋ねているところ。「し」（「き」の連体形）が付いている「たまへ」は、連用形でなくてはならず（一七三頁参

照）、したがって下二段活用ということになる。これは、話し手である源氏の君が自分のすることである「聞く」を、聞き手である僧都に対して丁寧に言ったもの。上の「ものしたまふ」は終止形で、四段活用と認められ、したがって大納言のむすめに対する尊敬。

「みなおぼつかなからず承《うけたま》はるものを、所狭《せ》う思《おぼ》し憚《はばか》らで、思ひたまへ寄る様《さま》殊なる心のほどを御覧ぜよ。」〈何モカモ詳シク承ッテイルノデスカラ、ソウ窮屈ニ御遠慮ナサラズ、ワタシガコレホドマデ慕ッテオリマスノヲ御理解クダサイ。〉

（源氏「若紫」）

これは、光源氏が紫の上のおばあさんに、紫の上をもらいたいと申しこんでいるところ。「思ひたまへ寄る様」は、直訳すると〈思イヲ寄セテオリマス様子〉で、やはり聞き手に対する丁寧な気持をあらわしたものである。また、

「亡《な》くなりはべりし程にこそはべりしか。それも女にてぞ。それにつけても、もの思ひの催《もよほ》しになむ、齢《よはひ》の末に思ひたまへ歎きはべるめる」と聞えたまふ。〈亡クナリマシタチョウドソノ前ゴロ、生マレマシタ。ソレモ女デ……。ソノ子ノコトデハ、モウ、心配ノ種ダトイウノデ、年寄リノ身デ歎イテオリマスヨウデゴザイマス」トオ話シナサル。〉

（源氏「若紫」）

という例がある。これは、光源氏が紫の上についていろいろ尋ねるのに対し、北山の僧都が答えているところ。「思ひたまへ歎きはべる」の「たまへ」は連用形で、下二段だが、

それの付いている「思ひ」の主語は、話し手である僧都でなくて、紫の上のおばあさんである。紫の上のおばあさんは僧都の妹なので、自分の身内の者のすることを自分のすることと同様にあつかって下二段の「たまふ」を使ったものだろうが、それは、謙譲に

　父も参上いたします。

のような「自分のがわの者のすることを低める言いかた」があるのとよく似ているので、下二段の「たまふ」を謙譲に入れる学者も少なくない。しかし、会話のなかで自分のことに使われ、現代語に訳すると〈……マス〉にあたることから考えると、やはり丁寧としてあつかう方が適切かもしれない。佐伯博士は「一種の丁寧」とよんでいられる。解釈のとき利用しやすいように、丁寧のなかに入れたが、謙譲の気持もどこかに含めたつもりで、さきの例文に出てきた「たまへ」を〈……テオリマス〉と訳してみた。苦心の訳である。どうか大いに利用してくれたまえ。なお、下二段の「たまふ」は「見る」「聞く」「思ふ」の三語にしか付かないから、

見（たまへ・たまふる）
聞き（たまへ・たまふる）
思ひ（たまへ・たまふる）
〈……テオリマス〉

(48)

というパターンを憶えておくと役に立つ。「思ひたまへ」「思ひたまふる」は、音便で「思うたまへ」「思うたまふる」となることもある。

まとめ

1 丁寧→聞き手（会話・手紙・詞書き）
2 はべり・さぶらふ〈……デス〉〈……マス〉〈……デゴザイマス〉
3 たまふ（下二段）―丁寧と同様に訳する。
たまふ（四段）―尊敬。

〔3〕 古典語の尊敬

古典語で尊敬をあらわすには、次のような言いかたがある。現代語と比べてみたまえ（四六四頁参照）。

(1) 助動詞を使うもの――る・らる・す・さす・しむ・たまふ。
(2) 接辞を使うもの――おほん・おん・み・ご（接頭語）。どの・こそ（接尾語）。
(3) 特別の単語を使うもの――あそばす・います・いますがり・いまそがり・おはす・

おはします・おはさうず・仰《おほ》す・思《おぼ》す・思《おぼ》しめす・思《おも》ほす・大殿ごもる・きこす・きこしめす・御覧ず・賜《た》ぶ・賜《たま》ふ・のたまふ・ます・まゐる・みそなはす・みまそがり・めす（動詞）。君・そこ・上《うへ》（体言）。

このなかで、助動詞「る」「らる」は受身、「す」「さす」「しむ」は使役から出たものだが、「る」「らる」の方が「す」「さす」「しむ」よりも感じがすこし軽いようである。しかし、

程経《ふ》るままに、せむかたなう悲しう思さるるに、御《おん》かたがたの御陪寝《おんとのゐ》なども、たえてしたまはず。〈ドウシヨウモナク悲シクオ思イニナルニツケ〉（源氏「桐壺」）

「命ながくとこそ思ひ念ぜめ」など、のたまはす。かの贈りもの御覧ぜさす。（源氏「桐壺」）

どちらも主語は帝である。だから、敬意の程度としては「る」「らる」も「す」「さす」「しむ」も違うわけでないが、言いかたとして「る」「らる」の方がいくらか固くるしくない感じになるのでないかと思う。

固くるしいといえば、「しむ」は「す」「さす」よりも固くるしい。尊敬の「す」「さす」「しむ」はもともと使役から出たものだから、使役のばあいに「しむ」が「す」「さす」よりも固くるしいとすれば（三八九頁参照）、尊敬のばあいも同様のはず。尊敬の「しむ」を使っている話し手は、もちろん男性で、しかも漢学のにおいがぷんぷんするような人物であることが多く、地の文に使ってあるときは、その書き手が漢学そだちの男性であること

の反映だと考えてよろしい。

在りし様《やう》をことごとく奏す。帝《みかど》おほきに驚かせたまひて、感ぜしめ聞《きこ》しめすことかぎりなし。　（宇津保「俊蔭」）

地の文に「感ぜしめ聞しめす」と使っている宇津保物語の話し手は、けっして女性でないと推定される。

尊敬の助動詞としていちばん多く用いられるのは、「たまふ」（四段活用）である。訳は「る」「らる」「す」「さす」「しむ」と同様でよいが、注意を要するのは、使役出身の尊敬助動詞が「たまふ」に結びついて、「せたまふ」「させたまふ」「しめたまふ」となることである。この形は、たいへん程度のたかい尊敬なので、地の文にあらわれるときは、天皇とか皇后とかあるいはそれに準ずるような相手に対して使う。**最高敬語**という名まえでよぶ学者が少なくない。

命婦《みやうぶ》は、まだ大殿ごもらせたまはざりけることを、あはれに見たてまつる。〈マダオヤスミアソバサレズニイラレルノヲ〉　（源氏「桐壺」）

夜の御殿《おとど》に入らせたまひても、まどろませたまふこと難《かた》し。朝《あした》に起きさせたまふとても、「明くるも知らで」と思《おぼ》し出づるにも、なほ朝政《あさまつりごと》はおこたらせたまひぬべかめり。〈寝所ニオ入リアソバシテモ、オ睡リニナリニクイ。朝オ起キアソバスニモ、「アノ頃ハ夜ノ明ケルノモ気ヅカナイデ……」トオ思イ出シニナルニツケ、ヤハリ朝ノ政務ハドウシテモオ手ニツカナイヨウデアル。〉（源氏「桐壺」）

現代語に訳するときは〈……アソバス〉がよく当たるかと思うが、あとの例のように続いて出ているときは、あまり〈……アソバス〉ばかり使っても変になるから、適当にヴァラエティをもたせて訳するのがよろしい。ところで、この「せたまふ」などが最高敬語になるのは、地の文に使われるときだけであって、会話のときは、そうでもない。

「昼より西の御方のわたらせたまひて、碁打《ご》たせたまふ」と言ふ。〈昼カラ西ノ対ノ御方ガオイデニナッテ、碁ヲ打ッテイラレル。〉（源氏「空蟬」）

これは、西の建物に住んでいる軒端《のきば》の荻《おぎ》という地方官階級の女性に対して使ったもの。

「今夜《こよひ》はなほ静かに加持《かぢ》など参りて、出でさせたまへ」と申す。〈今晩ハヤハリ静カニ加持ナドナサッテ、ソレカラオ帰リナサイマセ。〉（源氏「若紫」）

これは、北山の僧都が光源氏に話しているところ。源氏の君は天皇の子だけれども、いまは臣籍に入っており、皇太子とか親王とかいう身分でないから、地の文では「せたまふ」などを使ってないが、会話のなかでは出てくる。現代語でも、会話の方がふつうの文章よりも敬意の強い言いかたになることは、すでに御存知のはず。ところで、わたくしのこの本は、ふつうの本にくらべて、叙述に敬語がわりあいたくさん使ってあることに、お気づきだろうか。なぜか。いうまでもなく、わたくしはこの本をいくらか会話の調子に近づけて書こうとしているからである。

ところで、古典語における尊敬の言いかたで、ちょっと厄介なことがある。それは、いわゆる**複合動詞**を尊敬にするときの言いかたである。複合動詞とは、複合語のなかで動詞に属するもの、たとえば「思い出す」とか「投げとばす」とかいう類いで、分解すれば「思う」「出す」あるいは「投げる」「とばす」になるが、意味としては、それぞれひとつの動詞みたいに使われるものである。つまり「a＋b」という形の動詞だが、古典語のばあい、これを尊敬の言いかたにするのに、aの方だけ尊敬にすることが多い。

見送る――御覧じ送る
思ひ知る――思《おも》ほし知る
聞きつく――聞《きこ》しめしつく

もちろん「見送りたまふ」「思ひ知りたまふ」「聞きつけたまふ」と言ってもさしつかえないが、もし「たまふ」をbにつけるなら、aの方は尊敬の言いかたにしないのが原則である。「御覧じ送りたまふ」とは言わない。しかし、最高敬語のときは別で、「御覧じ送らせたまふ」と言うことができる。ことばによっては、

見果つ――見たまひ果つ

のように、助動詞が割りこむこともあり、源氏物語の「桐壺」に、

「宮城野《みやぎの》の露吹きむすぶ風の音に小萩がもとを思ひこそやれ」とあれど、え見たまひ果てず。

とある。現代語訳するときには、「え見果てたまはず」と同じに考えてよろしい。

接辞を使う尊敬は、あまり説明を要しないだろうが、接尾語の「こそ」だけは、御存知ないかもしれない。これは、尊敬というよりも、いくらか親しみをあらわす気持の方が強いようである。現代語の「さん」にそんな用法がある。「ダルマさん」「おまわりさん」など。

貴《あて》こその御徳《みとく》に、この人の、かの君の御妻《おんめ》にてあらむことよ。〈貴サンノオカゲデ、コノ人ガ、アノオ方ノ奥様ニナレソウダネ。〉（宇津保「藤原の君」）

「貴こそ」は、貴宮《あてみや》とよばれる女性に、そのお父さんが話しかけるときの言いかたである。また「忠《ただ》こそ」とよばれる人物が宇津保物語に登場する。巻の名にまで「忠こそ」というのがあるほどだが、これは子どものときの名が「忠」で、それに「こそ」をつけたもの。これなどは「ちゃん」と訳した方が適切だろう。

(a)「忠《ただ》君は、さぶらひたまはで久しくなりぬ。」〈忠サマハダイブン前カラオイデニナリマセン。〉

(b)「忠こそが世なりや」と言はるるまで、いとめでたし。〈忠チャンノ天下ダネ。〉

(c)「忠が母、何《な》でふ契《ちぎ》りかはべりけむ、いとらうたくおぼえし。」〈何カ前世ノ因縁デモアリマシタノカ、忠ノ母ハ、ワタシニトッテ、マコトニ愛《イト》シク感ジラレマシタ。〉

(a)は下の身分の人のことば、(b)は世人のうわさ、(c)は忠こその父のことばである。
尊敬の動詞では、いろいろあるが、尊敬でない形と対照して示すと、次のようになる。

あそばす——す　おぼす——思ふ　たまふ——与ふ
います——在り　おぼしめす——思ふ　のたまふ——言ふ
いますがり——在り　大殿ごもる——寝《い》ぬ　ます——居る
おはす——をり　きこす——聞く　まゐる——食ふ
おはさうず——をり　きこしめす——聞く　みそなはす——見る
おはします——をり　御覧ず——見る　みまそがり——在り
おほす——言ふ　たぶ——与ふ　めす——呼ぶ

これは古典語のなかの主なものだけで、ほかに古代および中世・近世にもそれぞれ尊敬のことばが少なくないけれど、それらをいちいち解説するのは辞書のしごとであって、文法の領分ではないから、省略することにしよう。ただし、右にあげたなかで、終りに「す」のつくことばが多いのは、ちょっと注意していただきたい。これらの「す」は、もともと古代の助動詞で、尊敬をあらわすものであった。古典語の尊敬助動詞「す」は、下二段型に活用するから、終止形だけ見ると同じだが、古代の「す」は四段型であって、

	未然形	連用形	終止形	連体形	已然形	命令形

（す）	さ	し	す	す	せ	せ

と活用し、原則として四段活用動詞の未然形につく。

この岡に菜摘《なつ》ます子　家《いへ》きかな告《の》らさね

〈コノ岡デ草ヲオツミノオ嬢サン、家《ウチ》ハドコ？　オッシャイナ。〉（万葉・巻一）

しかし、ときどき（特に下二段・上一段の動詞につくとき）連音変化をおこして、

寝《ね》　＋す→寝《な》す　――　知《し》る＋す→知《し》ろす
着《き》る＋す→着《け》す　　　　聞《き》く＋す→聞《き》こす
見《み》る＋す→見《め》す　　　　思《おも》ふ＋す→思《おも》ほす

のような形になる。なかでも「見《め》す」は、英語の see に眼でながめる意味と人に会う意味とがあるように、（I will *see* you tomorrow.）、御覧になるという意味とお会いになるという意味をもち、後者はさらに会うため人を呼ぶという意味にもなり、また「知ろす」「聞こす」「思ほす」の敬意をいっそう強めるため伴なわれて「知ろしめす」「聞こしめす」「思ほしめす」のようにもなる。なぜ「す」のついた尊敬動詞が多いか、おわかりだろう。

ついでに、さきに引いた「菜摘ます子」の歌の続きに、次のような句がある。

そらみつ大和《やまと》の国は　おしなべて我こそをれ　しきなべて我こそませ　（万葉・巻一）

「しきなべて我こそませ」は、「わたしがずっと治めているのだ」という意味だが、この

「ませ」は、さきにも出てきたとおり（四八二頁）、「居る」を尊敬の言いかたにしたものである。自分のすることに尊敬の言いかたを使うのは、尊敬とは「話題となっている人に対して、その人が自分より上であることを示す言いかた」であるという定義に合わないようだけれど（四六三頁参照）、これは、古代における特別の語法で、高貴な人は自分のすることに尊敬の言いかたをするばあいがあった。たいてい天皇か天皇の祖先である神さまのことばに出てくる。「菜摘ます子」の歌の作者は、万葉集によれば雄略天皇ということになっているが、わたくしは本当だかどうだか怪しいと考える。しかし、この「ませ」という語法から見て、この歌における話し手がある天皇であることは認めてよい。こんな語法を**自敬表現**とよぶ学者もあるが、名まえなどはどうでもよろしい。それよりも、この言いかたが平安時代に入ると、ほとんど出てこないということを憶えておく方が有益だろう。どうしてこんな語法が生まれたのか、学者の間でいろいろ議論があるけれど、現代語でも、わたしが帰宅したとき、子どもたちに

　お父《とう》ちゃんがお帰りだよ！

という言いかたで親しみをあらわすことがあるように、天皇が民衆に対して親しみを示されたのだろうとする山田孝雄《よしお》博士の説に従っておきたい。

まとめ

1　「す」「さす」は「る」「らる」よりもいくらか尊敬の気持がつよい。
2　「しむ」は固くるしい感じがあり、男性のことばや漢文よみくだし調に多い。
3　「せたまふ」「させたまふ」「しめたまふ」が**地の文**にあらわれると**最高敬語**。
4　複合動詞（a＋b）は、aの方だけ尊敬にする言いかたが少なくない。
5　古代のことばには天皇による**自敬表現**がある。

〔4〕　古典語の謙譲

古典語で謙譲をあらわすには、次のような言いかたがある。

(1)　助動詞を使うもの――きこゆ・きこえさす・たてまつる・まつる・まうす・まゐらす。

(2)　特別の単語を使うもの――承はる・聞ゆ・聞えさす・候《さぶら》ふ・奉る・賜《たば》る・賜《たま》はる・申す・退《まか》る・参らす・参る（動詞）。

「きこゆ」「きこえさす」「たてまつる」「まうす」などは、助動詞にも動詞にも使われる。

車よりも落ちぬべう惑《まど》ひたまへば、さは思ひつかしと、人びともて煩《わづら》ひきこゆ。〈車カラ落チルニチガイナイホド、オトリ乱シナノデ、コンナ事ダロウト思ッタヨト、人ビトハモテアマス。〉（源氏「桐壺」）

「もて煩ひきこゆ」は、もてあましている人たちを、その相手つまり車から落ちそうなほど悲しみにとりみだす人よりも低め、その「惑ひたまふ」人への敬意をあらわしたもの。直訳すると〈モテアマシ申シアゲル〉だが、現代語としてひどく不自然だから、訳文ではかならずしも出さなくてよかろう。右の「きこゆ」は助動詞だが、

いざ、いと心やすき所にて、のどかに聞えむ。〈気楽ナ所デ、ユックリ申シアゲマショウ。〉（源氏「若紫」）

は動詞である。こういった謙譲の言いかたは、現代語では丁寧と結びついた形で使われるのが普通だから、原文には丁寧の言いかたが含まれていなくても、丁寧を加えて訳するのがよろしい。現代語の

（友人P君が）講演に行きます。←丁寧
（Q先生が）講演に行かれる。←尊敬
（わたしが）講演に参ります。←謙譲＋丁寧

(49)

というパターンを考えればおわかりだろう。「わたしが講演に参る」と言ったら、変な顔

をされるにちがいない。

ただ涙にひぢて明《あ》かし暮させたまへば、見たてまつる人さへ露けき秋なり。〈涙ニヒタリッキリデ毎日ヲオスゴシアソバスノデ、御様子ヲ見モウシアゲル人マデシメッポイ秋デアル。〉（源氏「桐壺」）

この「たてまつる」は助動詞で、見る人を低めて、見られる帝への敬意をあらわしたもの。また

朱雀《すざく》院の女郎花《をみなへし》あはせに詠《よ》みて奉りける。（古今集）

人びと捧《ささ》げもの奉りけり。（伊勢物語）

などは「さしあげる」の意で、動詞。この用法の動詞「奉る」が、助動詞の「たてまつる」になったのであろう。ところが、動詞の「奉る」には、尊敬の用法もあるので、たいへんまぎらわしい。つまり、「食べる」「着る」「乗る」の尊敬語として「奉る」を使うことがあるわけで、

壺なる御薬奉れ。きたなき所のものきこしめしたれば、御心《みここ》ちあしからむものぞ。〈壺ノ中ノ御薬ヲメシアガレ。〉（竹取物語）

御袴着《おんはかまぎ》のこと、一の宮の奉りしに劣らず。〈第一皇子ガオ着ニナッタノニマケナイ。〉（源氏「桐壺」）

御車に奉るほど。〈オ乗リニナル〉（源氏「若紫」）

のように使われる。だから、「奉る」については、お手数ながら、

奉る	(a) 助動詞＝謙譲	——〈……申シアゲル〉	
	(b) 動詞	(1) 謙譲	——さしあげる
		(2) 尊敬	——食べる・着る・乗る

(50)

という三種の用法を憶えておくと、解釈のとき役に立つ。

「たてまつる」が音便で「たいまつる」となる例があった。意味は同じである。

酒・よきものたいまつれり。　（土佐日記）

「たてまつれたまふ」という例もよく出てくるが、これは活用をまちがったのではなく、こんな言いかたが有ったのである。「たてまつり入れたまふ」が短かく発音されて生まれたのだろうと言われるが、確かではない。意味は同じことだから、解釈のとき、それほど気にする必要はない。「たてまつれ」の形は「たまふ」に付くときだけ出てくるようだから、「たてまつれたまふ」とひとまとめにして憶え、

御文はたびたび奉れたまふ。　（源氏「若紫」）

のような例にぶつかっても、ミスプリントでないと判断できれば結構である。

複合動詞の謙譲は、尊敬のばあいと違って、「a＋b」のaだけ謙譲の形にする言いかたが、あまり出てこない。探せばすこしは出てくるのかもしれないけれど、わざわざ骨を

折るほどのこともあるまい。謙譲にもあつかわれる下二段の「たまふ」だけは、

命長さのいとつらう思うたまへ知らる。〈長生キガマコトニ情ナク身ニコタエマス。〉（源氏「桐壺」）

みづからはえなむ思ひたまへ立つまじき。〈自分カラハソノ気ニナレマスマイ。〉（源氏「桐壺」）

女のこれはしもと難《なん》つくまじきは、かたくもあるかなと、やうやうなむ見たまへ知る。〈ダンダンワカッテ来マシタ。〉（源氏「帚木」）

口惜しう思ひたまへたゆたひしかど。〈未練ヲオボエマシタガ。〉（源氏「夕顔」）

のように言い、「思ひ知りたまふる」とか「見知りたまふる」とか言わないのが慣わしだけれど、わたくしは丁寧のなかであつかうことにしたから（四七三頁）、謙譲としては「a（謙譲）＋b」の形があまり出てこないわけ。

謙譲の動詞にもいろいろあり、謙譲でない形と対照して示すと、次のようになる。

うけたまはる——聞く　たばる——得　まかる——帰る
きこえさす——言ふ　たまはる——得　まゐらす——遣はす
きこゆ——言ふ　申す——言ふ　まゐる——行く
さぶらふ——居り　まうづ——行く
たてまつる——着る　まかづ——出づ

下にあげたのは、代表的な意味だけで、たとえば「まゐる」にしても、自動詞の「行く」のほかに他動詞の「さしあげる」「(戸など)閉める」「(戸など)開ける」「(髪を)手入れする」などの用法があり、時には「食べる」「着る」の尊敬語に使われる。これもお手数ながら、

参る
(a) 自動詞＝謙譲――行く
(b) 他動詞
(1) 謙譲――開閉する・手入れする
(2) 尊敬――食べる・着る

(51)

というパターンで憶えておくことをお奨めする。

まとめ

1 謙譲(古典語)＝謙譲＋丁寧(現代語)
2 動詞「奉る」「参る」は謙譲と尊敬とに使われる。
3 複合語の謙譲は「a＋b」のaだけ謙譲にする例が稀。

〔5〕 敬語と古文解釈

謙譲はわりあいアッサリ片づいて、やれやれだったろうが、こんどはすこし頭脳労働をお願いしたい。

例題　一九

次の文章を、傍線の敬語に注意して通釈せよ。

確かになむ承《うけたま》はらまほしき。かはらぬ御ありさまならば、尋ねきこえさせたまふべき御志も絶えずなむおはしますめるかし。今夜《こよひ》も行き過ぎがてに止《と》まらせたまへるを、いかが聞えさせむ。うしろ安くを。（源氏「蓬生」）

須磨にしりぞいていた光源氏が、久しぶりで帰京し、むかしの愛人末摘花《すえつむはな》の宅を通りすがりに訪れる。従者の惟光《これみつ》が、まず召使いの老女に様子をたずねているところ。「尋ねきこえさせたまふ」の主語は光源氏である。「させたまふ」と最高敬語が使ってあるようだけれど、これは会話のなかだから、さしつかえない（四七九頁）。問題は「きこえ」である。「きこゆ」は謙譲の言いかたであるが、同じ主語に対して謙譲と尊敬がいっしょに使ってあるのはどういうわけだろうか。こんな文章にぶつかると、謙譲も尊敬もごちゃごちゃになり、頭がモウロウとしてきて、エイ、文法なんかやめちまえ！　ということになりやすいけれど、まあ、ものは試し、次の説明をよんでくれたまえ。

尊敬とか謙譲とかの言いかたは、**相手**があって成り立つのであり、相手がいなければ敬語なんか存在する余地はない。ところで、例題のばあい、誰が誰を相手としているのか。尋ねるのは、光源氏が末摘花に尋ねるのである。だから、尋ねるということを中心としていえば、尋ねられる相手は末摘花である。その相手よりも尋ねる当人が下であるような言いかたをすると、末摘花を高めた表現になる。そこで「きこえ」と謙譲の言いかたを使ったわけ。現代語なら「お尋ねもうしあげ」となるところだろう。しかし、末摘花を高めるため、「尋ね」の主語である光源氏を勝手に低めたのでは、従者の立場からいって失礼になる。だから、埋めあわせに尊敬の「させたまふ」を使って、光源氏を高めたわけであり、

尋ね┬きこえ――謙譲（光源氏→末摘花）
　　└させたまふ――尊敬（惟　光→光源氏）

ということになる。つまり、話題《トピック》となっている末摘花と光源氏とを同時に高めたのである。佐伯博士は、こんなのを「両方を高めて待遇する言いかた」とよんでいられる。謙譲とは、相手よりも低いようなふうに表現する言いかたであるが、低いとか高いとかはもともと相対的のことだから、光源氏を低めることは、すなわち末摘花を高めることになる。したがって、話し手の惟光からいえば、光源氏も末摘花もいっぺんに高めた言いかたなのである。こんな言いかたは、現代語にはない。むりに訳するなら「お尋ねもうしあげなさる」だが、こんな日本語は、教室でコチコチ頭の文法屋さんが講釈するときにだけ使われる奇妙なことばで、われわれの健全な社会に大手を振って通行できるしろものではない。それで、わ

たくしは谷崎潤一郎訳を参照してみたら、次のようになっている。

「たしかなことを伺ひたいのでございます。昔に変らぬおん有様でいらつしやいますなら、殿もお尋ね申し上げたいお気持は、今もおありになるやうに見受けられます。今宵も素通りがお出来にならないで、お停りになつていらつしやいますが、どのやうに申し上げたものやら、ご遠慮なく仰つしやつて下さいまし」

尊敬の「させたまふ」は訳の表面に出ていないようだけれど、そのかわり「殿も」と主語を補なうことにより、ちゃんと「させたまふ」の気持は示してあるわけで、さすがに名訳だと思う。この谷崎訳を、答に代えておく。あとの「聞えさせむ」は、惟光が光源氏に対して謙譲の言いかたを使ったもの。この「聞えさせ」は、ひとつの謙譲動詞である。なぜなら、もし「させ」を尊敬にとると、惟光自身のすることについて尊敬の言いかたを使ったわけで変だし(自敬表現を使う身分ではない)、使役とすると、惟光がわざわざまた誰かに命じて光源氏に返事を報告させることになって、これも変だからである。

こうした主語を補なう訳しかたは、よく腹に入れていただきたい。日本語では、主語を示さない言いかたが多いけれど、敬語の使いかたで主語がわかるようになっているのであり、特に古典語ではそれが著るしい。

ある日本語のたっしゃな外国人が、「このあいだおあいになったとき」という。かんがえてみると、こっちがそのひとにあったとき、そのひとからいえば、自分があったときのことであった。ある教授が研究室へはいっていくと、「きた！　きた！」という学生のこえ。うしろからイヌでもきたのかとふりかえってみたが、なにもいない。さては自分のことだったのかと、はじめてさとった。（倉石武四郎『うけとり』・朝日新聞・昭和三十四年五月二十八日）

外国人とかお脳の弱い三等学生とかならともかく、ちゃんとした日本人ならば、「おあいいたしましたとき」という表現で"When I saw you"の意味をあらわすのは、あたりまえのことである。もし尊敬や謙譲の言いかたを無くしたら、翻訳機械から出てくる日本語のように「ワレガヒトツノカメラヲワレノテノナカニモツ」とでも言わなければ、話が通じなくなるだろう。

そんなわけで、古文を解釈するとき、敬語の使いかたによって適当に主語を補なう技術は、たいへん重要であるが、また「ワレガヒトツノカメラヲワレノテノナカニモツ」式にならないよう、こまかく注意をはらっていただきたい。ひとつ見本をお眼にかけようか。

(1)「『参りてはいとど心ぐるしう、心肝《ぎも》も尽くるやうになむ。』と典侍《ないしのすけ》の奏したまひしを、もの思うたまへ知らぬ心《ここ》ちにも、げにこそいと忍びがたうはべりけれ。」

「『おうかがいしますと、いっそう辛《つら》くて、胸もつぶれるようで……。』と典侍が陛下《へいか》にお申しあげなさいましたが、わたくしのようにわけのわからない者の心にも、ほんとうにまあ、たまらない気持でございます。」

とて、ややためらひて、おほせごと伝へ聞ゆ。

(2)「『しばしは夢かとのみたどられしを、やうやう思ひしづまるにしも、覚《さ》むべきかたなく堪《た》へがたきは、如《い》何《か》にすべきわざにかとも、問ひあはすべき人だになきを、忍びて参りたまひなむや。若宮の、いとおぼつかなく、露けきなかに過したまふも、心ぐるしうおぼさるるを、疾《と》く参りたまへ。』など、はかばかしうものたまはせやらず、むせかへらせたまひつつ、かつは人も心弱く見たてまつるらむと、おぼしつつまぬにしもあらぬ御気色の心ぐるしさに、承りも果てぬやうにてなむ、まかでは

と言って、すこしためらってから、天皇のおことばをお伝え申しあげる。

「『当座のあいだは夢でないかとばかり感じられたけれど、だんだん心がおちつくにつれ、夢とちがってさめようもなく、たえきれないのは、どうしたらよいのだろうかと、相談できる人さえもいない状態だが、そっと宮中へおいでにならないか。若宮が、涙にくれている人たちのなかで、まことに頼りなく過していられるのも、親として辛《つら》く思われてならない。で、はやくおいでになってほしい。』など、陛下は、はっきり仰《おお》せにもなれず、涙にことばもお曇りあそばされながら、そうはいうものの、また、ほかの人も心弱いことだとお見うけもうしあげているだろうと、気をお置きにならないでもない御様子が、わたくしには辛《つら》くて、終いまでお聞きもいたしませぬような次第で、こちらへお退《さが》りして

べりぬる。」

とて、御文奉る。
(3)「目も見えはべらぬに、かく畏《かしこ》きおほせごとを光にてなむ。」
とて、見たまふ。

（源氏「桐壺」）


まいりました。」

と言って、天皇からのお手紙をさしあげる。

「悲しみに目もよく見えませぬが、かようにありがたい陛下のおことばを光とも存じあげまして……。」

と言って、御覧になる。


これで敬語のお話はたいてい片づいたわけだが、念のため力だめしをやっておこう。かなりの難問だから、これがすらりと解けたら、まったく心配無用というところ。

復習 九

君は行《おこな》ひしたまひつつ、日たくるままに、いかならむと思《おぼ》したるを、とかうまぎらはさせたまひて、思《おぼ》し入れぬなむよくはべると聞ゆれば、後の山に立ち出でて、京の方を見たまふ。遥かに霞みわたりて、四方《よも》の梢《こずゑ》そこはかとなうけぶりわたれる程、絵にいとよくも似たるかな。かかる所に住む人、心に思ひ残すことはあらじかしとのたまへば、これはいと浅くはべり。ひとの国などにはべる海山のありさまなどを御覧ぜさせてはべらば、いかに御絵いみじうまさらせたまはむ。富士の山、なにがしの嶽など語りきこゆるもあり。また西国《にしぐに》のおもしろき浦々《うらうら》、磯の上をいひ続くるもありて、よろづにまぎらはしきこゆ。

問一　右の本文中には、A・B二人のことばが含まれている。「君は行ひしたまひつつ」の「君」をAとする。A・Bのことばを抜き出せ。

問二　A・B二人の関係はどんなであるか。文法上から説明せよ。　（二十三分以内）

答　問一　A「絵にいとよくも……あらじかし。」

B「とかうまぎらはさせたまひて、思し入れぬなむよくはべる。」

B「これはいと浅く……なにがしの嶽。」

問二　A＝高い身分の人。B＝Aに仕える人あるいはそれに準ずる身分の人。

Aの動作に対しては、「君は行ひしたまひつつ」「いかならむと思《おぼ》したる」「京の方を見たまふ」「……とのたまへば」と作者も尊敬の言いかたをしているが、Bの動作に対しては、「……と聞ゆれば」「など語りきこゆる」「……まぎらはしきこゆ」というようにAに対して謙譲の言いかたになっている。また、A・Bのことばをみると、Bのことばの中でBはAの動作に「まぎらはさせたまひて」「思《おぼ》し入れぬ」「御覧ぜさせて」「御絵いみじうまさらせたまはむ」というように尊敬の言いかたをしているが、AはBに対して話すことばの中に丁寧語さえも用いていない。

ながらく苦労させた敬語もいよいよ大詰の幕をひくことになったが、もういちどはじめに立ち返って考えよう。わたくしは、英語における敬語がかならずしもおろそかではないことを紹介した（四五七頁）。ところで、尊敬とか謙譲とかを勉強しながら、これを英訳したらどんなことになるだろうかと考えた人はおいでにならないかしら。もしおいでなら、その人は、きっと閉口なさったにちがいない。尊敬も謙譲も、ほとんど英訳はできないからである。尊敬の言いかたが絶無だというのではない。スタンフォードに、ジョージ・サンソムというえらい日本学者がいる。ほんとうにえらい学者である。この人に研究室であったとき、わたくしは"Good morning, Sir George."とあいさつするのが例であった。もしMr. Sansomと言ったら、たいへん失礼になる。なぜなら、先生は英国の貴族だから。夫人に対しては、もちろんMrs. Sansomでなく、Lady Sansomとよばなくてはならない。これなどは尊敬の言いかたに入る。しかし、全体からいって、ごく稀である。謙譲にいたっては、わたくしの貧弱な英語知識では、てんで思い当らない。しかし、丁寧の言いかただけは、むしろ日本語よりも複雑であることは、前に述べたとおり。つまり、英語と日本語とは、丁寧と尊敬・謙譲との比重が逆になっているのである。さらに、日本語のなかでも、古典語と現代語をくらべると、現代語における丁寧は古典語よりも複雑であり、古典語における尊敬と謙譲は現代語よりも複雑である。それだけ現代語は英語と同じような性格をおびてきたことになる。これはどの文法学者もまだ注意していない事実だと思うから、いつか暇ができたら、なぜそうなったかを考えていただきたい。ヒントは「日本の社会構造の変化」ですと申しあげておこう。

まとめ

1 話題の人Aと話題の人Bとに対して、話し手Cが同時に尊敬の気持をあらわすため、

A──→B＝謙譲
A←──C＝尊敬 ｝＝尊敬（C──→AB）

という形をとることがある。

2 主語を示すかわりに敬語の使いかたで誰であるかをあらわすのが、日本語の慣わし。訳文では適当に主語を補なう工夫が必要である。

3 日本語における敬語は、尊敬と謙譲が特色。

〔余論〕　表記法のはなし

文法のはなしは、とっくに終っている（一八二頁参照）。これから述べることは、文法のことではない。が、知っておいてほしいことである。勉強しなくてならないのは、世のなかに文法だけと限ったわけでない。しかも、次に御紹介するのは、文法に関係のある事がらなのだから、まあ、もうすこし付きあってくれたまえ。

（一）古代特殊仮名づかい

わたくしの古巣パロアルト市のCO・OPというマーケットは、OPEN NITESという看板を出していた。英語に自信のある諸君でも、ちょっとまごつくだろうが、日本語なら「夜間営業」となる。つまりnitesはnightsの現代仮名づかいなのだろう。しかし、nitesにしてもnightsにしても、音標文字で［naits］と表記される発音と一致しないことは同じで、発音と文字づかいの「くいちがい」は、英語もまぬがれていない。フランス語にいたっては、もっとひどい。たとえば、finisとfinitとfinissentとは、書いたところは別だけれど、発音はみな同じ［fini］なのである。

ところで、これから述べる古代特殊仮名づかいは、右にあげたような「発音と一致しない文字づかい」とたいへん違う。それは、要するに「発音を忠実に書きわけるための文字づかい」だからである。古代というのは、だいたい八世紀の末ぐらいまでをさす。上の方は、どこまでさかのぼれるか、よくわからない。この時代、われわれの祖先は、八十七もしくは八十八の音をもっていた。さあ、初めにもどって、五十音図を見なおしてくれたまえ（二六頁）。たしかに五十の音が並んでいる。しかし、ア行のイ・エとヤ行のイ・エ、およびア行のウとワ行のウはそれぞれ重複しているから、現代の音としては四十七音しかないわけ。しかしまた、いわゆる五十音図は、清音だけ出してあるのだから、濁音のガ行・ザ行・ダ行・バ行および半濁音のパ行を加えると、

$(50-3)+(5\times5)=72$

で、七十二音となる。ところで、十世紀ごろまではア行のeとヤ行のyeが使い別けられていたから（三〇頁）、平安時代前期は七十三音あったわけだが、八世紀つまり奈良時代は、母音aiueoのほかに、もう三つ母音があった。それは、どんな音か、まだ確かにはわからないけれど、iとeとoとによく似た母音だったことは、疑われない。これは、イとエとオにそれぞれ二種類あったのだといっても、同じ結果になる。そこで、いまのイ・エ・オを甲類のイ・甲類のエ・甲類のオとよび、奈良時代にあって平安時代には消えて無くなった方を乙類のイ・乙類のエ・乙類のオとよぶ。しかし、乙類のイ・エ・オは、単独

の母音としては使われず、子音と結びついたときにあらわれたが、それも、どの子音にでも乙類のイ・エ・オが結びついたわけでなく、乙類のイ・エはカ行・ガ行・ハ行・バ行・マ行にだけ、乙類のオはカ行・ガ行・サ行・ザ行・タ行・ダ行・ナ行・ヤ行・ラ行にだけあらわれる。すると、奈良時代の音は、

73＋5＋5＋9＝92

となりそうだが、実は、この時代はパ行音がなかった。だから九十二から五をひいた八十七音が、奈良時代に使われたことになる。もっとも、それよりもうすこし古い時代――というのは、正確な年代がわからないからだが、とにかく奈良時代より古いころは、マ行にも乙類のオ母音があった。だから八十八になるわけで、さきに「八十七もしくは八十八の音」といったのは、そういう意味である。そこで、古代の八十八音図を書いてみると、次のようになる。

ア	イ		ウ	エ（e）		オ	
カ	キ甲	キ乙	ク	ケ甲	ケ乙	コ甲	コ乙
ガ	ギ甲	ギ乙	グ	ゲ甲	ゲ乙	ゴ甲	ゴ乙
サ	シ		ス	セ		ソ甲	ソ乙
ザ	ジ		ズ	ゼ		ゾ甲	ゾ乙

タ	チ		ツ	テ		ト甲	ト乙
ダ	ヂ		ヅ	デ		ド甲	ド乙
ナ	ニ		ヌ	ネ		ノ甲	ノ乙
ハ	ヒ甲	ヒ乙	フ	ヘ甲	ヘ乙	ホ	
バ	ビ甲	ビ乙	ブ	ベ甲	ベ乙	ボ	
マ	ミ甲	ミ乙	ム	メ甲	モ乙	モ甲	モ乙
ヤ	〔イ〕		ユ	エ（ye）		ヨ甲	ヨ乙
ラ	リ		ル	レ		ロ甲	ロ乙
ワ	ヰ		〔ウ〕	ヱ		ヲ	

モが甲と乙に分かれるのは、さきに述べたとおり。奈良時代すなわち八世紀後半よりも古い時代のことである。また、ジとヂ、ズとヅは、現代の標準音では区別されなくなっているが、この当時は使い分けられていた。

ところで、どうしてこのような音が八世紀以前に使われていたとわかるのか。それは、いわゆる万葉仮名の使い分けから知られることなのである。奈良時代には、まだ平仮名も片仮名もなかったから、漢字で日本語の音を表記した。学者はそれを**真仮名**《まがな》とよぶが、一般には万葉仮名といわれる。この真仮名の使いかたを精密にしらべてゆくと、ある種類のことばを書きあらわすには、きっとある種類の漢字が用いられている。たとえば、神という意味のカミにおいては、かならず「微《ミ》」「未《ミ》」「味《ミ》」などを用い、上という意味のカミにおいてはきっと「美《ミ》」「弥《ミ》」「瀰《ミ》」などを用いて、混同することがない。そうして、それらの漢字が古代シナでどんな音だったかをしらべると、発音そのものは確かには再現できないけれど、とにかく「微」「未」「味」等と「美」「弥」「瀰」等とが違った種類の音に属することはわかる。この「美」「弥」「瀰」などで書きあらわされたのが甲類のミ、また「微」「未」「味」などで書きあらわされたのが乙類のミである。そうすると、いまでは同じ発音になっている神《カミ》と上《カミ》は、古代においては別の音だったわけである。本居宣長は、神《かみ》という語は上《かみ》という語から出たものだという語源説を述べているけれど、発音が違っていたのだから、この語源説は怪しいといわなくてはならない。

　ところで、このような真仮名の使いわけは、文法を考えるとき、たいへん重要な役目をもつ。というのは――、四九頁をあけてくれたまえ。四段活用の例が出ているだろう。四段活用ぐらいは、例なんか見なくても大丈夫のはずだが、念のため。四段活用はカ・ガ・サ・タ・ハ・バ・マ・ラの八行にあるが、特殊仮名づかいに関係があるのはカ・ガ・ハ・バ・マの五行である。いま、さきに述べた甲類と乙類は、それぞれの活用形に、どうあらわれるかをしらべると、次のようになっている。

	未然形	連用形	終止形	連体形	已然形	命令形
書	か	き（甲）	く	く	け（乙）	け（甲）
急	が	ぎ（甲）	ぐ	ぐ	げ（乙）	げ（甲）
言	は	ひ（甲）	ふ	ふ	へ（乙）	へ（甲）
飛	ば	び（甲）	ぶ	ぶ	べ（乙）	べ（甲）
読	ま	み（甲）	む	む	め（乙）	め（甲）

つまり、連用形と命令形にあらわれるのは、かならず甲類の音であり、已然形はかならず乙類ということになる。平安時代になると、甲類・乙類の区別がなくなったから、四段の已然形と命令形は同じに考えられるけれど、奈良時代における四段活用の已然形と命令形は別の音だったのである。

さて、こんどは、一六二頁をあけてくれたまえ。完了（存続）の助動詞「り」は四段活用のばあい已然形と命令形との両方につくと述べてある。「両方につく」とは変な話で、実は、奈良時代の用例をしらべると、助動詞「り」はかならず甲類の「け」「げ」「へ」「べ」「め」すなわち命令形についているのである。だから、助動詞「り」は四段の命令形につくというのが正しい。ところが、特殊仮名づかいの研究が世のなかにひろまったのは、昭和十七、十八年ごろより後のことなので、それ以前の文法に慣れてしまった人たちは、どうも命令形につくという説に抵抗を感じるようである。それからもうひとつ、已然形と命令形に音の区別があったのは、奈良時代までのことで、平安時代より後は同じになってしまったのだし、われわれが古典文法と考えるものは、平安時代中期の和文を基礎とするのだから（二七五頁）、何も古代語にとらわれなくてもよいのではないかという意見がある。なるほど、それも理窟だ。しかし、命令形につくという説にとらわれなくてもよいのは確かだが、已然形につくという理由はまたどこにもないのである。そこで、古典語のばあい四段の已然形と命令形はどうせ同じなのだから、その両方につくと考えたらどうだろう。これは、わたくしの同僚馬淵和夫君が考え出した妥協案である。腹の太い、そうして合理的な考えなので、それに従っておいたのが、一六二頁の話というわけ。おわかりですか。

なお、上二段活用と下二段活用にも、「き」「ぎ」「ひ」「び」「み」および「け」「げ」「へ」「べ」「め」があらわれるが、みな乙類だけである。上一段活用は、古代においてはカ行とマ行にしかないが、その活用形にあらわれる「き」「み」はすべて甲類だけである。下一段活用は古代には無かったから（二八三頁）、こんな現象は議論するにおよばない。

古代語の文法を考えたり、古代語で書かれた文献を解釈したりするとき、古代特殊仮名づかいの知識はぜったいの必需品であって、もし特殊仮名づかいを知らずに古事記や万葉集を解釈しようという人がいるなら、それはザイルやピッケルを持たずに岩場をのぼるようなものである。この大切な事実を発見したのは、本居宣長の弟子で石塚竜麿《たつまろ》という学者だった。彼の著わした『仮名遣奥山路』に、くわしい調べがまとめられている。しかし、誰もその説を認めなかった。大正年間になって、橋本進吉博士が、独自の立場から同じ問題を研究され、竜麿の説を修正強化して、もっとすばらしい学説にまで高められたが、学界はやはり注目しなかった。それが、昭和十七、十八年ごろから、だんだん有力になって来たようで、いまでは国語学における常識のひとつとさえなっている。もっとも、常識といっても、それは「学者としての常識」だから、高校生諸君がいまこの項で述べたようなことをいちいち憶えている必要はなかろう。ただ、助動詞「り」が四段の命令形につくということについて、始末にこまるほど質問を受けるので、念のため余論として書きつけた次第。気楽に考えてくれたまえ。なお、この特殊仮名づかいについての説明は、ほとんどすべて橋本博士の御本から拝借したものであることをおことわりしておく。

(二) 歴史的仮名づかい

死ぬ前のドガは盲であつたが、指先の手ざはりだけで、あの踊子の彫刻をつくつた。ドガの冷たい絵にも、言ひ知れぬ哀愁と憂愁とはただよつてゐる。しかし日本人の荷風氏らのそれとはちがふ。荷風氏は日本の詩人であつたために救はれ恵まれたところもあつたが、すぐれた天稟の奥深くまでは掘り切れなかつたところもあつただらうと、私には思はれる。

これは、川端康成の『遠く仰いで来た大詩人』(「中央公論」昭和三十四年七月号)という文章からぬき出したものである。さきに引いた谷崎訳の源氏も同様(四九三頁)。この仮名づかいが、諸君のふつう使っているものと違うことは、すぐおわかりだろう。これが、歴史的仮名づかいである。

歴史的仮名づかいとは、何だか変な名まえで、わたくしは「契沖仮名づかい」とよぶのが適切だと思う。なぜなら、歴史的というが、古い時代の仮名づかいはいろいろであって、右の例文にあげたようなものばかりではなかった。鎌倉時代には、**定家仮名づかい**がおこなわれていた。平安時代中期までは、発音と表記とが一致していたようで、混乱はないが、平安時代後期から、かなり著るしい発音の変化がおこったらしく、それに伴なって仮名づかいが怪しくなってきた。そこで、藤原定家が正しいと考えられる仮名づかいを決め、友人の源親行《ちかゆき》および親行の孫である行阿《ぎょうあ》がそれを増補した。この仮名づかいが、江戸時代初期までは歌人や知識人たちによって支持されていた。ところが、十七世紀のあとの方、つまり元禄時代に、契沖がいろいろ研究した結果、定家仮名づかいは多くの点で平安時代中期より前の用例と合わないことを確かめ、『和字正濫鈔《わじしょうらんしょう》』という有名な本を著わして、新しく古典仮名づかいを決めた。この研究成果は、実にりっぱなものであって、楫取魚彦《かとりなひこ》や本居宣長によってさらに補なわれた点はすこしあるけれども、大すじとしては明治以後もそっくり承けつがれ、昭和二十一年までは公式の正しい仮名づかいとしておこなわれていた。いまでも、古典語にはこの仮名づかいが用いられるし、現代語においても、公用のもの以外は用いてもさしつかえない。それは、憲法に保証された「表現の自由」である。

　歴史的仮名づかいとは、定家仮名づかいと契沖仮名づかいとをひっくるめたものだと理解するのが、理論的には正しい。この意味での歴史的仮名づかいに見られる共通の特色は、仮名づかいと「正しさ」を判定する規準として、古典語すなわち平安時代中期のことばで書かれたものを考えている点である。「歴史的仮名づかいとは、旧仮名づかい、つまりむかしの仮名づかいなんだ」と大ざっぱに考えないで、どこまでも**古典語**こそ「ことばの規準なのだ」という思想から理解していただきたい。それは、文法が古典語にもとづいて組み立てられたのと同じ考えに由来しているのである。

(三) 現代仮名づかい

「池袋で乗りかえてね、王子へゆくつもりだったんだが、何をぼんやりしていたのか、大塚へゆく電車に乗っちまってさ。齢《とし》のせいかな」

　このばあい、もしこの人が駅名の表示板に「おうじ方面」とか「おおつか方面」とか書きわけてあることにまで気がつくほど注意していたら、乗りかえをまちがえることはなかったろう。なぜ王子は「おうじ」で大塚は「おおつか」なのか。これは、現代仮名づかいによって、そう決められているからである。すなわち、オ列の長音は、「おう」「こう」「そう」「とう」のように、オ列の仮名にうをつけて書くことを本則とする。

という規定で、オージは「おうじ」となるが、一方また、

ワ・イ・ウ・エ・オに発音される旧仮名づかいのは・ひ・ふ・へ・ほは、今後わ・い・う・え・おと書く。

という規定によって、大塚は「おおつか」となる。なぜなら、歴史的仮名づかいでは、「大」は「おほ」だったから。

この例でわかるように、現代仮名づかいは、けっして発音どおりに書きあらわすことではない。やはり、発音と表記には「ずれ」があることをちゃんと認め、その「ずれ」を歴史的仮名づかいのばあいよりも少なくしようとしているにすぎない。

世のなかには、現代仮名づかいと表音的仮名づかいとを同じに考えている人が多いらしく、どうして「現代仮名ずかい」と書かないんですかと質問されたこともしばしばだし、大学で国文学を専攻した人の卒業論文にだって「光源氏が五条の乳母の所え行ったとき」「民衆の総意に基ずく論がひろまった」などいった例は、いくらでも出てくる。しかし、これは、現代仮名づかいがある「ことば」を書きあらわすのにどういう仮名を使うかという決まりにほかならず、ある「発音」を書きあらわすための決まりではないこと、したがって、その点では歴史的仮名づかいと同じなのだということを知らないための混乱でない

かと思われる。

いったい、現代仮名づかいなるものは、終戦後まもなく、世間が悲惨な窮乏と混乱のどん底にあった昭和二十一年、占領のもとにおかれた内閣が大いそぎで公布した——といえば、誰にだってその成立事情は推察がつくだろう。何年かを費やしてもなかなか成案が得られそうもない仮名づかいの改訂が、あっという間に公布され、強制されたのだから、ふしぎに思わない人がいるなら、よほどどうかしている。そんな仮名づかいが完全無欠であるとしたら、おそらく世紀の驚異といってよろしかろう。ところが、この現代仮名づかいこそ、国語民主化のためのヒットであって、これに反対する者は民主主義の敵だ——など言う人たちも出てきた。しかし、わたくしは、現代仮名づかいがあまり完全なものだとは思わない。どうせそのうち何度かやりなおさなくてはならないものだと考える。日本語は、あまり遠くないうち——おそらく百年以内——に、ローマ字書きになるよりほかないだろう。百年前のことを考えてみたまえ。行灯《あんどん》から石油ランプ、さらに電灯、蛍光灯とかわってきた歩みは、これからあと半世紀の間に、もっと歩みを速めるにちがいない。百年前は駕籠《かご》が羽ぶりをきかしていた。今から半世紀あとには、自動車なんか昔ものがたりになって、ヘリコプターのようなものが交通の王座をしめるだろう。そのころ、お隣りのシナでは、すでに漢字は使われなくなり、ローマ字が国字になっているだろう。それでもなお、日本だけは漢字や仮名を使っていたとしたら、はたして世界の進みについてゆけるだろうか。わたくしは、ローマ字を使いたいとは思わない。しかし、使わざるを得なくなるだろうと思う。そうすれば、現代仮名づかいは、ローマ字書きにゆくまでの途中で通らなくてはならない混乱期のあらわれであり、必要悪だと考えたいのである。

だが、必要悪にもせよ何にもせよ、いま使われているものは正しく使いこなすべきである。そうでないと、混乱がいっそうひどくなる。世のなかは、すこしでも混乱の少ない方が結構だ。わたくしは、現代仮名づかいに対してあまり好意的でないけれど、この本はちゃんと正しい現代仮名づかいで書いている。諸君もどうか使う以上は正しく使っていただきたい。

(四) 送り仮名の使いかた

われわれの国語は、御覧のとおり、漢字と仮名をまぜあわした形で書きあらわされている。ローマ字もときどき使うけれど、分量としては問題にするほどのこともない。ところで、漢字は原則として**表意文字**に使われており、**表音文字**を使いたいばあいは、主に仮名が登場する。そうして、漢字に**音**《おん》と**訓**《くん》と両方のよみかたがあることも、御承知のとおり。この訓に使われている漢字をどうよむかというとき、どんなふうに仮名を参加させたらよいか、めんどうな問題がおこる。たとえば、形容動詞 akirakada の連用形を書きあらわすのに、これまで「明に」「明かに」「明らかに」「あきらかに」の四とおりが用いられてきた。「明に」と書いても、世のなかでakirakaniとよむ習慣さえできていれば、「あきらかに」と書いたのと同じ結果になる。ところが、こまったことに、どこまで仮名を参加させるかという習慣が一定していなかったから、「明に」ではakirakaniとよめないという人もあれば、「明らかに」では仮名が多すぎてうるさいという人もあり、また「あきらかに」では印象がはっきりしないという人もあって、テンヤワンヤの感じだった。

そこで、何とかこれを統一しようというわけで、文部省国語審議会がいろいろ話しあいをかさね、一九五八年十一月にいちおうの案ができた。そうして、だいたいその案どおり決まって、一九五九年七月十一日の官報で告示された。その通則は二十六項目から成り立っていた。その後、一九七二年五月に送りがなの改訂案が国語審議会でまとまり、一九七三年六月十八日の官報で告示された。次に出すのが、すなわちそれである。

本　文

単独の語

1　活用のある話

通則1

本則　活用のある語（通則2を適用する語を除く。）は、活用語尾を送る。

〔例〕　憤る　承る　書く　実る　催す
生きる　陥れる　考える　助ける　荒い　潔い　賢い　濃い　主だ

例外

(1)　語幹が「し」で終わる形容詞は、

「し」から送る。

〔例〕著しい　惜しい　悔しい　恋しい　珍しい

(2) 活用語尾の前に「か」、「やか」、「らか」を含む形容動詞は、その音節から送る。

〔例〕暖かだ　細かだ　静かだ　穏やかだ　健やかだ　和やかだ　明らかだ　平らかだ　滑らかだ　柔らかだ

(3) 次の語は、次に示すように送る。

明らむ　味わう　哀れむ　慈しむ　教わる　脅かす（おどかす）　脅かす（おびやかす）　食らう　異なる　逆らう　捕まる　群がる　和らぐ　揺する　明るい　危ない　危うい　大きい　少ない　小さい　冷たい　平たい　新ただ　同じだ　盛んだ　平らだ　懇ろだ　惨めだ　哀れだ　幸いだ　幸せだ　巧みだ

許容　次の語は、（　）の中に示すように、活用語尾の前の音節から送ることができる。

表す（表わす）　著す（著わす）　現れる（現われる）　行う（行なう）　断る（断わる）　賜る（賜わる）

（**注意**）語幹と活用語尾との区別がつかない動詞は、例えば、「着る」、「寝る」、「来る」などのように送る。

通則2

本則　活用語尾以外の部分に他の語を含む語は、含まれている語の送り仮名の付け方によって送る。（含まれている語を〔　〕の中に示す。）

〔例〕

(1) 動詞の活用形又はそれに準ずるものを含むもの。

動かす〔動く〕 照らす〔照る〕 語らう〔語る〕 計らう〔計る〕 向かう〔向く〕 浮かぶ〔浮く〕 生まれる〔生む〕 押さえる〔押す〕 捕らえる〔捕る〕 勇ましい〔勇む〕 輝かしい〔輝く〕 喜ばしい〔喜ぶ〕 晴れやかだ〔晴れる〕 及ぼす〔及ぶ〕 積もる〔積む〕 聞こえる〔聞く〕 頼もしい〔頼む〕 起こる〔起きる〕 落とす〔落ちる〕 暮らす〔暮れる〕 冷やす〔冷える〕 当たる〔当てる〕 終わる〔終える〕 変わる〔変える〕 集まる〔集める〕 定まる〔定める〕 連なる〔連ねる〕 交わる〔交える〕 混ざる・混じる〔混ぜる〕 恐ろしい〔恐れる〕

(2) 形容詞・形容動詞の語幹を含むもの。

重んずる〔重い〕 若やぐ〔若い〕 怪しむ〔怪しい〕 悲しむ〔悲しい〕 苦しがる〔苦しい〕 確かめる〔確かだ〕 重たい〔重い〕 憎らしい〔憎い〕 古めかしい〔古い〕 細かい〔細かだ〕 柔らかい〔柔らかだ〕 清らかだ〔清い〕 高らかだ〔高い〕 寂しげだ〔寂しい〕

(3) 名詞を含むもの。

汗ばむ〔汗〕 先んずる〔先〕 春めく〔春〕 男らしい〔男〕 後ろめたい〔後ろ〕

許容 読み間違えるおそれのない場合は、活用語尾以外の部分について、次の

（　）の中に示すように、送り仮名を省くことができる。

〔例〕浮かぶ（浮ぶ）　生まれる（生れる）　押さえる（押える）　捕らえる（捕える）　晴れやかだ（晴やかだ）　積もる（積る）　聞こえる（聞える）　起こる（起る）　落とす（落す）　暮らす（暮す）　当たる（当る）　終わる（終る）　変わる（変る）

（注意）　次の語は、それぞれ〔　〕の中に示す語を含むものとは考えず、通則1によるものとする。

明るい〔明ける〕　荒い〔荒れる〕　悔しい〔悔いる〕　恋しい〔恋う〕

2　活用のない語

通則3

本則　名詞（通則4を適用する語を除く。）は、送り仮名を付けない。

〔例〕月　鳥　花　山　男　女　彼　何

例外

(1) 次の語は、最後の音節を送る。

辺り　哀れ　勢い　幾ら　後ろ　傍ら　幸い　幸せ　互い　便り　半ば　情け　斜め　独り　誉れ　自ら　災い

(2) 数をかぞえる「つ」を含む名詞は、その「つ」を送る。

〔例〕一つ　二つ　三つ　幾つ

通則4

本則　活用のある語から転じた名詞及び活用のある語に「さ」、「み」、「げ」などの接尾語が付いて名詞になったものは、もとの語の送り仮名の付け方によって送る。

〔例〕

(1) 活用のある語から転じたもの。

動き 仰せ 恐れ 薫り 曇り 調べ 届け 願い 晴れ 当たり 代わり 向かい 狩り 答え 問い 祭り 群れ 憩い 愁い 憂い 香り 極み 初め 近く 遠く

(2) 「さ」、「み」、「げ」などの接尾語が付いたもの。

暑さ 大きさ 正しさ 確かさ 明るみ 重み 憎しみ 惜しげ

例外 次の語は、送り仮名を付けない。

謡 虞 趣 氷 印 頂 帯 畳 卸 煙 恋 志 次 隣 富 恥 話 光 舞 折 係 掛(かかり) 組 肥 並(なみ) 巻 割

(**注意**) ここに掲げた「組」は、「花の組」、「赤の組」などのように使った場合の「くみ」であり、例えば、「活字の組みがゆるむ。」などとして使う場合の「くみ」を意味するものではない。「光」、「折」、「係」なども、同様に動詞の意識が残っているような使い方の場合は、この例外に該当しない。従って、本則を適用して送り仮名を付ける。

許容 読み間違えるおそれのない場合は、次の( )の中に示すように、送り仮名を省くことができる。

〔例〕 曇り(曇) 届け(届) 願い(願) 晴れ(晴) 当たり(当り) 代わり(代り) 向かい(向い) 狩り(狩) 答え(答) 問い(問) 祭り(祭) 群れ(群) 憩い(憩)

通則5

本則　副詞・連体詞・接続詞は、最後の音節を送る。

〔例〕　必ず　更に　少し　既に　再び　全く　最も　来る　去る　及び　且つ　但し

例外

(1)　次の語は、次に示すように送る。

明くる　大いに　直ちに　並びに　若しくは

(2)　次の語は、送り仮名を付けない。

又

(3)　次のように、他の語を含む語は、含まれている語の送り仮名の付け方によって送る。（含まれている語を〔　〕の中に示す。）

〔例〕　併せて〔併せる〕　至って〔至る〕　恐らく〔恐れる〕　従って〔従う〕　絶えず〔絶える〕　例えば〔例える〕　努めて〔努める〕　辛うじて〔辛い〕　少なくとも〔少ない〕　互いに〔互い〕　必ずしも〔必ず〕

複合の語

通則6

本則　複合の語（通則7を適用する語を除く）の送り仮名は、その複合の語を書き表す漢字の、それぞれの音訓を用いた単独の語の送り仮名の付け方による。

〔例〕

(1)　活用のある語

書き抜く　流れ込む　申し込む　打ち合わせる　向かい合わせる　長引く　若返る　裏切る　旅立つ　聞き苦しい

薄暗い　草深い　心細い　待ち遠しい　軽々しい　若々しい　女々しい　気軽だ　望み薄だ

(2) 活用のない語

石橋　竹馬　山津波　後ろ姿　斜め左　花便り　独り言　卸商　水煙　目印　田植え　封切り　物知り　落書き　雨上がり　墓参り　日当たり　夜明かし　先駆け　巣立ち　手渡し　入り江　飛び火　教え子　合わせ鏡　生き物　落ち葉　預かり金　寒空　深情け　愚か者　行き帰り　伸び縮み　乗り降り　抜け駆け　作り笑い　暮らし向き　売り上げ　取り扱い　乗り換え　引き換え　歩み寄り　申し込み　移り変わり　長生き　早起き　苦し紛れ　大写し　粘り強さ　有り難み　待ち遠しさ　乳飲み子　無理強い　立ち居振る舞い　呼び出し電話　次々　常々　近々　深々　休み休み　行く行く

許容　読み間違えるおそれのない場合は、次の（　）の中に示すように、送り仮名を省くことができる。

〔例〕書き抜く（書抜く）　申し込む（申込む）　打ち合わせる（打ち合せる・打合せる）　向かい合わせる（向い合せる）　聞き苦しい（聞苦しい）　待ち遠しい（待遠しい）　田植え（田植）　封切り（封切）　落書き（落書）　雨上がり（雨上り）　日当たり（日当り）　夜明かし（夜明し）　入り江（入江）　飛び火（飛火）　合わせ鏡（合せ鏡）　預かり金（預り金）　抜け駆け（抜駆け）　暮らし向き（暮し向き）　売り上げ（売

上げ・売上）　取り扱い（取扱い・取扱）　乗り換え（乗換え・乗換）　引き換え（引換え・引換）　申し込み（申込み・申込）　移り変わり（移り変り）　有り難み（有難み）　待ち遠しさ（待遠しさ）　立ち居振る舞い（立ち居振舞い・立ち居振舞・立居振舞）　呼び出し電話（呼出し電話・呼出電話）

（**注意**）「こけら落とし（こけら落し）」、「さび止め」、「洗いざらし」、「打ちひも」のように、前又は後ろの部分を仮名で書く場合は、他の部分については、単独の語の送り仮名の付け方による。

通則7

複合の語のうち、次のような名詞は、慣用に従って、送り仮名を付けない。

〔例〕

(1) 特定の領域の語で、慣用が固定していると認められるもの。

ア　地位・身分・役職等の名。

関取　頭取　取締役　事務取扱

イ　工芸品の名に用いられた「織」、「染」、「塗」等。

《博多》織　《型絵》染　《春慶》塗　《鎌倉》彫　《備前》焼

ウ　その他。

書留　気付　切手　消印　小包　振替　切符　踏切　請負　売値　買値　仲買　歩合　両替　割引　組合　手当　倉敷料　作付面積　売上《高》　貸付《金》　借入《金》　繰越《金》　小売《商》　積立《金》　取扱《所》　取扱《注意》　取次《店》　取引《所》　乗換《駅》　乗組《員》　引受《人》　引受《時

刻》 引換《券》 代金《引換》 振出《人》 待合《室》 見積《書》 申込《書》

(2) 一般に、慣用が固定していると認められるもの。

奥書 木立 子守 献立 座敷 試合 字引 場合 羽織 葉巻 番組 番付 日付 水引 物置 物語 役割 屋敷 夕立 割合 合図 合間 植木 置物 織物 貸家 敷石 敷地 敷物 立場 建物 並木 巻紙 受付 受取 浮世絵 絵巻物 仕立屋

(注意)

(1)「《博多》織」、「売上《高》」などのようにして掲げたものは、《 》の中を他の漢字で置き換えた場合にも、この通則を適用する。

(2) 通則7を適用する語は、例として挙げたものだけで尽くしてはいない。従って、慣用が固定していると認められる限り、類推して同類の語にも及ぼすものである。通則7を適用してよいかどうか判断し難い場合には、通則6を適用する。

付表の語

「当用漢字音訓表」の「付表」に掲げてある語のうち、送り仮名の付け方が問題となる次の語は、次のようにする。

1 次の語は、次に示すように送る。

浮つく お巡りさん 差し支える 五月晴れ 立ち退く 手伝う 最寄り

なお、次の語は、( )の中に示すように、送り仮名を省くことができる。

差し支える(差支える) 五月晴れ(五

月晴) 立ち退く(立退く)

(2) 次の語は、送り仮名を付けない。

息吹 時雨 築山 名残 雪崩 吹雪

迷子 行方

この用例を暗記しろなどという無理も、けっして申しあげない。実際の送り仮名は、新聞や雑誌をよむうち、しぜんに憶えるだろう。それがいちばん賢明な勉強法である。しかし、何か必要なこともおこるだろうから、この本の終りにこんな表があることだけ憶えておいて、ハテナと迷ったとき、ちょいとあけてみる――といった利用のしかたで結構である。ところで、この用例を見て、どういう理窟でこんなふうに決められなくてはならないのか、納得できないという人もいるのでないかと思う。その人は、正しい判断のちからをもっている。もともと、理窟に合った送り仮名のつけかたなんか、有るはずが無いのである。この決まりも、どうせ委員諸先生がもみにもんだあげく、くたびれて、まあこの辺で妥協しましょうということにしたのだろうと想像される。しいて理窟に合った送り仮名のつけかたを求めるなら、ひとつだけ方法がある。それは、音《おん》でよむものは漢字で書き、訓《くん》でよむものはみな仮名がきにすることである。これなら、まったく明快で、ちゃんと筋がとおっている。しかし、それを実行すると、どうも文章がよみにくいようである。わたくしは、それよりも、「理窟ぐらいとおらなくても、いちばん使いやすいものを大切に育てる」という腹の太さが、こうした問題を正しく解決する要件だと信じる。われわれ日本人は、どうも神経質で、すこし理窟が合わないと、ギャアギャアさわぎたてる癖がある。しかし、われわれが世界的な舞台で大国民として活動するには、もっと「清濁あわせのむ」頑丈な胃袋が必要でなかろうか。

世のなかにはまた、文部省といえばすごく権威のあるお役所だと信じている人たちもいる。「最近、文部省で……」「こんど文部省が……」といえば、むかし殿様のお通りに平伏した百姓町人のように頭を下げっ放しというのが、この人たちである。諸君は、そんな情けない人種になってはいけない。文部省のお役人だって、委員諸先生だって、みな普通の人間である。殿様でもなければ、神様でもない。普通の人間のすることなら、どこか落度があるにきまっている。それを承知のうえで、「せっかく決めたことだ。ちょいちょい筋はとおらないが、あまり不便さえなければ使うことにしてあげよう。しかし、使ってみて、ぐあいのわるい点があれば、面子《メンツ》にこだわらずどしどし改めてくれたまえ。文部省はわれわれにサーヴィスするため存在するはずなんだから」と腹の大きいところを見せたまえ。それが、われわれの国語を良くしてゆくうえに、いちばん大切な心がまえであり、別のことばで「民主的」といわれる精神なのである。

まとめ

1 平安時代中期より前は、発音と表記が一致していた。

2　古代の特殊仮名づかいは、現代の音よりもずっと多い八十七音（八十八音）を発音どおり書きあらわそうとしたものである。

3　古代におけるある種の母音は甲類と乙類とに分かれていた。助動詞「り」が命令形につくという説は、四段活用における已然形と命令形が同じでなかったことにもとづく。

4　いわゆる歴史的仮名づかいは、契沖の学説で、平安時代中期の語で書かれた文献を規準にしている。

5　現代仮名づかいも、ある「ことば」を書きあらわすための約束であり、けっして「発音」どおりに書くことではない。

おわりに

「先生、その後はずっと御無沙汰ですね」

「うん。二六四頁以来かな。あれ以後は、じわじわ念を押しながら行くよりも、ぐいぐいピッチをあげるコースにさしかかっていたわけなんで、場面によってペースを変えるのは、能率をあげるため有効な方法だと思うね」

「そうですね。追いこみのコースになってから、同じ調子でじわじわやられたのでは、気がぬけてしまいますね」

「活用とか接続とかいう形式的な世界と、解釈に結びついた意味の世界とでは、あつかいを変えた方が良いと思うよ。ところで、この本をよんで、何か感じたことがあるかね」

「そうですね。はじめは文法の勉強をしているつもりでしたが、いまふりかえってみると、実にいろんな勉強をしたと思います。自動車運転の心得までね」

「人間は、要するに、向上すればよいので、文法の本をよんだから文法だけしか憶えてはならないという法律はどこにもない。ありもしない法律で自分を縛る必要はないね。いろんなことを勉強してくれたので、わたくしもこんな本を書いたかいがある。この本はだね、実は、文法という狭い学問にあまりとらわれず、国語学の全体に視野をひろげ、国文学にも、あるいは言語学にもつながるような途すじだけはつけておいたつもりだ。というのはね——」

第一章　日本語の基本的性格
第二章　日本語の音韻
（一）母音と子音
（二）語音の変化
（三）音韻認識の展開
第三章　日本語の語彙
（一）固有語と外来語
（二）古典語と現代語
（三）文語と口語
（四）標準語と方言
第四章　日本語の文法
（一）文法研究の根本態度

（二）文節論
（三）単語論
第五章　文法の史的変遷
第六章　文法と古典解釈
第七章　文字論
（一）仮名と漢字とローマ字
（二）表記法
（三）国字の将来

もしこの本をいわゆる体系的に書くなら、こんな順序になったであろう。しかし、体系ということをあまり重視しないわたくしは、理解しやすいということを主にして、いちおうばらばらに解きほぐし、あちこちに織りこみ、これまでに見てきたようなふうに説明してきた。だが、わたくしの頭のなかには、ちゃんと体系があるのだから、この本をよみ終ったら、こんどは、書いてある順序にとらわれず、自分で筋みちをつけて、まとまりのある形に組み立てなおしてみたまえ。それがわたくしの残しておくプレゼントである。このプレゼントを快く受けとってくれる人は、何年か、あるいは何十年かさき、機械工学や経済学を専攻した人であっても、なるほど文法を勉強したのは無駄でなかったと、しみじみ思いかえす日があるにちがいない。

そうした作業のため、次に索引をつけておくから、充分に利用してくれたまえ。では、さようなら。

索引

索引は何のため本の終りにつけられているのか。それは、けっしてアクセサリーではない。諸君はこの本をよんでいるうち、何頁参照と示した所がたいへん多いことに気がついていられるだろう。いろんな知識は、断片的では充分な「ちから」とならない。気のつかないようなところで複雑な結びつきをしながら、全体を構成しているのが、ほんとうの知識というものである。そんなふうに知識をまとめるとき、索引は非常に役だつ。次に、諸君がこの本をよむうち、自分ではちゃんと勉強したつもりでいて、ついよみ過した所もあるだろう。それを発見するとき、索引はやはり有用である。また、ほかの本をよんでいるとき、この本のどこかに参照したいことができても、それを発見することが容易だろう。索引は、ふつう第三の目的に使われることが多いけれど、いちばん大切なのは、第一の使いかたであると思う。それらの目的をすべて満足するような索引を作ることは、たいへん難かしい。しかし、わたくしの作った索引は、ある程度までその役にたつであろうことを信じている。

ア行

カ

キ・ク

サ・シ

ス・セ・ソ

ナ行

ハ・ヒ

フ

ム・メ・モ

ヤ行

ラ行

解説　文学と文化の核心へ

島内景二

「行く川の流れは絶えずして、しかも元の水にあらず。淀《よど》みに浮かぶ泡沫《うたかた》は、かつ消え、かつ結びて、久しく留《とど》まりたる例《ためし》なし」（『方丈記』）。

鴨長明は続けて、「人と栖《すみか》と、また、かくの如《ごと》し」と書いた。小西甚一ならば、「言葉と文化と、また、かくの如し」と書いただろう。古代から現代まで、変化してやまない言葉とどう向き合い、変貌する文化をどう捉えるか。そこに、小西の問題意識があった。

たとえば、「ら抜き言葉」。私は、昭和四十年代には既に「ら抜き言葉」が一般化していた西九州で育った。「食べれない」「見れない」などと話す私は、上京してから何人にも注意された。大学に勤める研究者になって以後も、改まった席で思わず「ら抜き言葉」を口にして、謹厳な文法学者の眉を顰《ひそ》めさせた苦い思い出もある。

私はなぜ、ら抜き言葉を捨てなかったのか。高校時代に、小西甚一の『国文法ちかみち』を読んでいたからである。「ら抜き言葉」＝「上一段・下一段・カ変の可能動詞」について、「文法家たちは、だいたい好い顔をしない。誤用だ、俗語だ、方言だ……など批評する。しかし、文法家のちからぐらい、知れたものである。ことばの移りかわってゆくのを止めるちからは、だれにも有りはしない」と書いてあった。小西は三十五歳で日本学士院賞を受賞した大秀才である。受験生にとっては古文の神様だった。この言葉に勇気づけられた私だったが、言葉の変化を冷静に観察する小西のような専門家は少なかった。小西は、変化し続ける言葉の総体として、文化を把握した。幸田露伴の『音幻論』にも通じている。

ところで、「詩は、言葉で作られている」という、マラルメの至言がある。その顰みに倣《なら》えば、「古典は、現代語に変化する以前の古語で綴られている」。だから、古典文学に込められた思想を理解し、疑い、乗り越えるためには、古語に通じなければならない。そこに、文法を学ぶ必要が生じる。

日本文学の最高峰と言われる『源氏物語』は、二十一世紀の今は、原文ではなく、現代語訳で読まれることが多い。現代語訳は、作者の肉声を伝える言葉ではなく、訳者の言葉によって綴られている。にもかかわらず、現代語訳が何種類も出版されているのは、『源氏物語』の原文が読みにくいからだ。既に、室町時代の昔から、『源氏物語』を原文で読める人間はほとんどいない、と慨嘆されている。

ここで、逆転の発想をしよう。難解な『源氏物語』さえ読めれば、そのほかの古典は、比較的容易に攻略できるはずだ。実は、まさに、そういう戦略で組み立てられたのが「古典文法」なのである。古典文法や歴史的仮名づかいは、「古典語」に基づいて構築されている。つまり、十一世紀から十二世紀ごろの日本語を読めるようになるための「基礎知識」なのだ。紫式部や清少納言が活躍した王朝盛時から、院政が始まるまでの期間である。

要するに、高等学校で学ぶ古典文法は、『源氏物語』を原文で読むために学ぶものなのだ。では、古典文法の知識があれば、『源氏物語』は読めるのか。その答えが、「否」であることは、大多数の読者が体験として知っているはずだ。

本書の「はじめに」には、「文法を忘れたまえ」という逆説が掲げられている。ここが、ポイントなのである。小西はまた、「文法には限界がある」という逆説も、たびたび口にしている。この逆説の意味するものは、本書の目次を見れば一目瞭然である。

「文法そのもの」と題された第一部の後に、「文法と古典解釈」という第二部が置かれている。ページ数は、ほぼ同じ比重である。第二部では、上部構造としての文章から、下部構造である言葉の働き（＝文法）を測定する方法を教えてくれる。小西は、「言葉＝文法」から「全体＝作品」に迫るアプローチと、「全体＝作品」から「言葉＝文法」を確定するアプローチとの共存を主張しているのである。ボトムアップとトップダウン、ミクロとマクロが連動して初めて、言葉や作品、そして文化の生命力が明らかになる。言葉と主題とが共振・共鳴するためには、文法万能主義の限界を知らねばならない。

『国文法ちかみち』の「ちかみち」とは、考え方の「すじみち」のことである。文法の「すじみち」に沿って考えれば、「すじみち」には限界があり、「すじみち」を超える力が必要だということがわかってくる。「すじみち」が大切なのは、「おおすじ」の部分である。「おおすじ」以外の細緻な「すじみち」は、ともすれば袋小路に陥りかねない。

それを打開し、古典の生命に触れさせてくれるのが、物事を大きく把握する目の獲得である。小西は、それを「学力」と呼んでいる。本書の冒頭で「五十音図」を説明しながら、本居宣長の学力を称えたのは、学力による突破力を強調するためだったのではないか。大胆な発想の発露である真の学力は、「すじみち」を否定せず、むしろ「すじみち」を支える。正確に言えば、新しい「すじみち」を作る働きをする。

小西の複眼的方法論には、私も思い当たる節がある。『源氏物語』をライフワークにしたいと決心した文学部三年生の頃、写本や版本《はんぽん》（板本）に書かれている変体仮名《へんたいがな》や崩し字を読みこなしたいと焦った。基本はマスターしたものの、漢字の崩し字には似たような字体が多くて困った。平仮名でも、「く」か「〻」か「ら」か「し」か、始終、判断に迷う。ある時、「文字からではなく、この文章にはこういう内容が書かれてあるはずだから、この崩し字はこう読むのが妥当ではないか」という逆転の発想をしてみた。それからである。写本や版本を読むのが苦痛でなくなり、むしろ楽しみになったのは。

小西甚一には、『日本文藝史』（全五巻）という大著がある（さらに補巻もある）。この偉業は、個別の作品に関する分析を積み重ねて文学史を構築する視線（帰納法）だけでは、完成しなかっただろう。日本文学や日本文化の全体性を鋭く洞察したうえで、個別の作品に立ち返り、その特殊性と普遍性を発見する視線（演繹法）もまた必要なのだ。二つの視線が交叉すれば、部分が全体に宿るし、全体にも部分が宿る。これが、真の学力である。そう、本書は、読者に文学と文化の学力を身に付けさせることを目指しているのだ。「すじみち」の限界を超えて、文化の全体像を鷲掴みするアプローチを、小西自身は「直観式」と名づけている。文法の本質は、抽象的な法則性にあると思われがちだが、教室で文法を学んでいて、抽象的な定義を見事に証明する具体的な用例・例文が、「どうだ！」と言わんばかりの迫力で示される瞬間がある。先生だけでなく、聞いている生徒も思わず快哉を叫びたくなる。

私は学部学生の時代に、築島裕《つきしまひろし》教授の助動詞の講義を、二年間聴講した。築島先生は、講義の際に用例一覧のコピーを配布されたが、「このような用例を集めるのが、文法研究の醍醐味である。山田孝雄《よしお》氏の文法書に記載されている用例には惚れ惚れするが、今日配った用例も私が苦心して集めたもので、少しは自慢してよいものだ」という趣旨の感慨を、しばしば述べられた。具体的な例文に、抽象的な定義を雄弁に語らせる。それが文法だ、と私は理解した。その「具体的用例」を暗記し、血肉化すれば、例文に内在する文法規則（抽象性）をまるごと取り込める。これが、「直観式」記憶術のすごさである。

このような思考法は、「文法↓解釈」「解釈↓文法」という往復コースによって、文学と文化の核心に到達する小西の「王道」とも深く関わる。

九州の西の果てにある長崎県佐世保市で高校生までを過ごした私は、国語の時間に柳田国男の「方言周圏論」を教わり、中央何するものぞという気概を叩き込まれた。「地方＝辺境」の視点から中央を問い、翻って、中央の視点から地方を問い直す。古典から近代を問い、近代から古典を問う。その交叉があって初めて、文化の未来の扉が開かれる。小西の『国文法ちかみち』は、多くの若者たちに、戦後の高度成長路線の象徴たる「東京」を見る目を養ってくれたのではないか。

その本書が、この度、ちくま学芸文庫で再刊される。かつて若者だった老壮年の読者が再読することもあれば、初めて本書に接する若者が新鮮な気持ちで読むこともあろう。グローバリゼーションが進展し、国境が融解した今日にあって、日本語と日本文化の存在根拠をどこに求めるのか。「日本から世界へ」「世界から日本へ」と、往還しながら問い続けることの意義は、かつてないほどに大きい。

私が興味深く思うのは、小西が本書で繰り返し、「手で書き写す」作業の大切さを強調している点である。「若い諸君には、**身体で憶える**ということが、特に大切なんだ。（中略）紙と鉛筆を用意しないなら、文法の勉強なんか、あっさりやめてしまいたまえ」とまで、小西は青年を叱咤している。

現代はIT化社会であり、これほどまでにパソコンやスマホが普及するとは、さすがの小西も想像がつかなかっただろう。戦後の日本文化を再建し、確立させ、世界文化へと飛翔させた二十世紀の文化人たちが体験したこともない未曾有の情報化社会を、私たちは生きている。もしも今、小西が健在であれば、コンピューターに関して、どのような態度を取るだろうか。それを考えることが、二十一世紀を生きる読者に課せられた宿題であろう。小西の視点から現代日本を見るだけでなく、現代日本の側から小西の立論を問い直すのも、大切な礼儀である。

　小西のライフワークである『日本文藝史』は、私が思うに、畏友であるドナルド・キーンの『日本の文学』（原文は英語、翻訳は吉田健一）に対する、日本人から発せられた渾身の異議申し立てではなかったか。キーンが「詩と演劇」をキーワードとして新しい日本文学史を提出したのに対して、小西は「批評＝評論」を基軸に据えて日本文学史を構想した。日本語と日本文学、そして日本語と日本文化とを往還する言問《ことと》いから生まれたのが、小西独自の文芸史だった。小西は、左右両派の知識人に「学力くらべ」を挑んだ。

　戦後の国文学研究を領導した主流は、歴史社会学派の人々だった。彼らの試みた社会批評と、小西は鋭く対立した。小西にとっては「思想＝イデオロギー」と離れることが、彼の信ずる文芸批評であり、日本文化への危機意識の表明だったのである。

　本書の工夫として、話しことばと書きことばを融合させて、独自の文体を作り出したことも特筆しておきたい。前半には、先生と教え子（生徒）の会話が、何度も挿入されている。この部分は、当然のことながら、話しことばである。だが、それ以外の箇所が書きことばかと言えば、そうでもない。

「敬語」の解説をする場面に、この本の叙述では敬語をわりあいたくさん使うことで、「わたくしはこの本をいくらか会話の調子に近づけて書こうと」思ったという告白がある。本書には、話しことばには「ダ調」「デス調」「デゴザイマス調」、書きことばには「デアル調」、合計四種類があると述べてある。小西は、書きことばであると同時に話しことばでもある文体、すなわち、話しことばでもなければ書きことばでもない、五番目の文体を創出したのだ。しかし、どこか懐かしい文体である。そう、『源氏物語』の文体が、まさにこのような感じなのだ。

この直観は、私を新たな思索へと誘う。『源氏物語』の文体は、純然たる話しことばでもなければ、純然たる書きことばでもない。だが近現代の小説家たちは、その現代語訳に挑む際に、「デス」調の話しことばか、「デアル調」の書きことばのどちらかを二者択一で選択した。なおかつ、そのどちらかの文体で、最初から最後まで一律に押し通す。だから、『源氏物語』の原文での読後感と、現代語訳との距離が、大きく開いた。

小西は、先生と教え子が会話をしない場面でも、時として、「……してみたまえ」、「……だね」、「……なわけ」、「……という次第」などと語りかける。むろん、「デアル調」の解説も交じる。この切り替えが、『源氏物語』で、語り手が前面に出てくる語りの部分と、語られる客観的な物語世界とが交錯している重層性を連想させる。先生と教え子の間合いは、物語文学における作者と読者の距離でもある。『国文法ちかみち』が、無味乾燥な文法書ではなく、良質の物語のように読める秘密は、ここにある。

既に述べたように、私は高校生時代に本書を読んだ。そして、大学院の筆記試験を受ける直前に、再読した。そして、本書の解説を書くために、三度、読み直した。そして、気づいた。現在の私は、本居宣長の「もののあはれ」を、究極の仮想敵だと見做して戦っている。本書で小西が宣長の「学力」を称賛した記憶が、私の心の底に焼き付いていたのだろう。その後、『源氏物語』の研究者となった私は、宣長の『玉《たま》の小櫛《おぐし》』を精読し、その底知れぬ圧倒的な学力に驚嘆した。そして、この人の学力が形成された過程を知れば、乗り越えられるかも知れないと夢想した。私はおそらく、無意識のうちに、宣長の背後にある小西甚一の文学観とも戦ってきたのだ。正確には、小西の学力に挑んできたのだ。

小西は、複数の外国語に精通していた。本書でも、英語と日本語を比較しながらの文化論が印象的である。「日本語↓英語」「英語↓日本語」の往復コースによって、日本語と日本文化の輪郭が浮かび上がる。小西は、三島由紀夫や安部公房が日本文学の枠を飛び出して世界文学へと飛翔してゆく時代を、国文学者として生きた。ドナルド・キーンや吉田健一たちも、世界文学の観点から日本文学を鋭く問い直した。

国文学者である小西には、三島よりも、安部よりも、キーンよりも、吉田よりも、日本の古典文学を数多く、そして深く読み込み、その普遍性と現代性について思索し続けたという自負があった。だから、自分の信じる『日本文藝史』を作り上げた。その志があったればこそ、『国文法ちかみち』も『古文研究法』も、受験参考書の次元を大きく超えた文化論、あるいは人生論の書となりえたのである。

本書の読者は、国文法という門をくぐって、文化論の世界へと招待される。ここで宝物のような成果を得て、再び同じ門を通って現実世界に戻ってくる。その時、読者は、『源氏物語』をはじめとする日本の古典文学が、原文で味読できるようになっている。

まずは本書で、文法そのものの「おおすじ」を学習してもらいたい。上一段活用の動詞のすべてを、「君に言《い》ひ居《ゐ》る」と暗記する教えなどは、一生の財産となるだろう。さあ、その次が、本書の最大の仕掛けである。文法の限界を超えるために、文から文節へ、さらには言葉へと立ち戻る解釈の方法を、とくと習得していただきたい。ただし、文法に限界があるように、解釈にも限界がある。本書に、この文の解釈は複数あるとか、「正解は世界に一つしかない」というのは思いこみだなどと書いてあるのは、そういうわけなのだ。

文法と解釈。この複眼を手にし、その双方の有効性と限界性を知れば、待望の「文法からの出門」となる。文法を忘れて読めば、言葉が文節、文、場面、巻、作品、ジャンル、日本文学、世界文学へと成長してゆく姿が、「生きた文化史」として見えてくる。

ここから、自分だけの「日本文化史」を構築するという、読者の新しい楽しみが始まる。本書は、その最初の、大きな第一歩を、読者に踏み出させてくれる跳躍台である。

本書は洛陽社より一九五九年に初版が、一九七三年に改訂版（本書底本）が刊行された。

なお、本文中および訳中に現代の人権意識からは差別的と考えられる表現が見受けられるが、原書刊行時の時代的背景、テクストが古典であること、および著者が故人であることに鑑みそのままとした。

（ちくま学芸文庫編集部）

梁塵秘抄　植木朝子編訳

平安時代末の流行歌、今様。みずみずしく、時にユーモラス、また時に悲惨でさえある、生き生きとした今様から、代表歌を選び懇切な解説で鑑賞する。

藤原定家全歌集（上）　藤原定家
久保田淳校訂・訳

『新古今和歌集』の撰者としても有名な藤原定家自作の和歌約四千二百首を収録。上巻には私家集『拾遺愚草』を収め、全歌に現代語訳と注を付す。

藤原定家全歌集（下）　藤原定家
久保田淳校訂・訳

下巻には『拾遺愚草員外』『同員外之外』および「初句索引」等の資料を収録。最新の研究を踏まえ、現在知られている定家の和歌を網羅した決定版。

定本　葉隠〔全訳注〕（上）（全3巻）　山本常朝／田代陣基
佐藤正英校訂
吉田真樹監訳注

武士の心得として、一切の「私」を「公」に奉る覚悟を語り、日本人の倫理思想に巨大な影響を与えた名著。上巻はその根幹「教訓」を収録。決定版新訳。

定本　葉隠〔全訳注〕（中）　山本常朝／田代陣基
佐藤正英校訂
吉田真樹監訳注

常朝の強烈な教えに心を衝き動かされた陣基は、武士のあるべき姿の実像を求める。中巻では、治世と乱世という時代認識に基づく新たな行動規範を模索。

定本　葉隠〔全訳注〕（下）　山本常朝／田代陣基
佐藤正英校訂
吉田真樹監訳注

躍動する鍋島武士たちを活写した聞書八・九と、信玄・家康などの戦国武将を縦横無尽に論評した聞書十、補遺篇の聞書十一を下巻には収録。全三巻完結。

現代語訳　応仁記　志村有弘訳

応仁の乱――美しい京の町が廃墟と化すほどのこの大乱はなぜ起こり、いかに展開したのか。室町時代に書かれた軍記物語を平易な現代語訳で。

現代語訳　藤氏家伝　沖森卓也／佐藤信／
矢嶋泉訳

藤原氏初期の歴史が記された奈良時代後半の書。藤原鎌足とその子貞慧、そして藤原不比等の長男武智麻呂の事績を、明快な現代語訳によって伝える。

古事談（上）　源　顕兼編
伊東玉美校訂・訳

鎌倉時代前期に成立した説話集の傑作。空海、道長、西行、小野小町など、奈良時代から鎌倉時代にかけての歴史、文学、文化史上の著名人の逸話集成。

古事談（下）　源顕兼編　伊東玉美校訂・訳

代々の知識人が、歴史の副読本として活用してきた名著。各話の妙を、当時の価値観を復元して読み解く。現代語訳、注、評、人名索引を付した決定版。

古事記注釈 第四巻　西郷信綱

高天の原より天孫たる王が降り来り、天照大神は伊勢に鎮まる。王と山の神・海の神との聖婚から神武天皇が誕生し、かくて神代は終りを告げる。

風姿花伝　世阿弥　佐藤正英校注・訳

秘すれば花なり――。神・仏に出会う「花」（感動）をもたらすべく能を論じ、日本文化史上稀有な、奥行きの深い幽玄な思想を展開。世阿弥畢生の書。

万葉の秀歌　中西進

万葉研究の第一人者が、珠玉の名歌を精選。宮廷の貴族から防人まで、あらゆる地域・階層の万葉人の心に寄り添いながら、味わい深く解説する。

日本神話の世界　中西進

記紀や風土記から出色の逸話をとりあげ、かつて息づいていた世界の捉え方、それを語る言葉を縦横に考察。神話を通して日本人の心の源にわけいる。

解説 徒然草　橋本武

『銀の匙』の授業で知られる伝説の国語教師が、「徒然草」より珠玉の断章を精選して解説。その授業実践が凝縮された大定番の古文入門書。（齋藤孝）

解説 百人一首　橋本武

灘校を東大合格者数一に導いた橋本武メソッドの源流と実践がすべてわかる！　名文を味わいつつ、語彙や歴史も学べる名参考書文庫化の第二弾！

江戸料理読本　松下幸子

江戸時代に刊行された二百余冊の料理書の内容と特徴、レシピを紹介。素材を生かし小技をきかせた江戸料理の世界をこの一冊で味わい尽くす。（福田浩）

萬葉集に歴史を読む　森浩一

古の人びとの愛や憎しみ、執念や悲哀。萬葉集には、数々の人間ドラマと歴史の激動が刻まれている。考古学者が大胆に読む、躍動感あふれる萬葉の世界。

悪について

エーリッヒ・フロム
渡会圭子訳

私たちはなぜ生を軽んじ、自由を放棄し、進んで悪に身をゆだねてしまうのか。人間の本性を克明に描き出した不朽の名著、待望の新訳。（出口剛司）

ラカン入門

向井雅明

複雑怪奇きわまりないラカン理論。だが、概念や理論の歴史的変遷を丹念にたどれば、その全貌を明快に理解できる。『ラカン対ラカン』増補改訂版。

引き裂かれた自己

R・D・レイン
天野衛訳

統合失調症とは、苛酷な現実から自己を守ろうとする決死の努力である。患者の世界に寄り添い、反精神医学の旗手となったレインの主著、改訳版。

素読のすすめ

安達忠夫

素読とは、古典を繰り返し音読すること。内容の理解は考えない。言葉の響きやリズムによって感性を耕し、学びの基礎となる行為を平明に解説する。

言葉をおぼえるしくみ

今井むつみ
針生悦子

認知心理学最新の研究を通し、こどもが言葉や概念を覚えていく仕組みを徹底的に解明。さらにその仕組みを応用した外国語学習法を提案する。

ハマータウンの野郎ども

ポール・ウィリス
熊沢誠／山田潤訳

イギリス中等学校〝就職組〟の闊達でしたたかな反抗ぶりに根底的な批判を読みとり、教育の社会秩序再生産機能を徹底分析する。（乾彰夫）

着眼と考え方
現代文解釈の基礎〔新訂版〕

遠藤嘉基
渡辺実

書かれた言葉の何に注目し、拾い上げ、結びつけ、考えていけばよいのか――59の文章を実際に読み解きながら解説した、至高の現代文教本。（読書猿）

新編 **教室をいきいきと①**

大村はま

教室でのことばづかいから作文学習・テストまで。創造的で新鮮な授業の地平を切り開いた著者が、とっておきの工夫と指導を語る実践的な教育書。

新編 **教えるということ**

大村はま

ユニークで実践的な指導で定評のある著者が、教師の仕事のあれこれや魅力のある教室作りについて、きびしくかつ暖かく説く、若い教師必読の一冊。

日本の教師に伝えたいこと　大村はま

子どもたちを動かす迫力と、人を育てる本当の工夫に満ちた授業とは。実り多い学習のために、すべての教育者に贈る実践の書。（苅谷剛彦）

大村はま　優劣のかなたに　苅谷夏子

現場の国語教師として生涯を全うした、はま先生。遺されたことばの中から60を選りすぐり、先生の人となり、思想、仕事に迫る、珠玉のことば集。

増補　教育の世紀　苅谷剛彦

教育機会の平等という理念の追求は、いかにして学校を競争と選抜の場に変えたのか。現代の大衆教育社会のルーツを20世紀初頭のアメリカの経験に探る。

古文の読解　小西甚一

碩学の愛情が溢れる、伝説の参考書。魅力的な読み物でもあり、古典を味わうための最適なガイドになる一冊。（武藤康史）

古文研究法　小西甚一

受験生のバイブル、最強のベストセラー参考書がついに！　碩学が該博な知識を背景に全力で書き下ろした、教養と愛情あふれる名著。（土屋博映）

国文法ちかみち　小西甚一

伝説の名教師による幻の古文参考書、第三弾！　文法を基礎から身につけつつ、古文の奥深さも味わえる、受験生の永遠のバイブル。（島内景二）

よくわかるメタファー　瀬戸賢一

日常会話から文学作品まで、私たちの言語表現を豊かに彩る比喩。それが生まれるプロセスや上手な使い方を身近な実例とともに平明に説く。

教師のためのからだとことば考　竹内敏晴

ことばが沈黙するとき、からだが語り始める。キレる子どもたちと教員の心身状況を見つめ、からだと心の内的調和を探る。（芹沢俊介）

新釈　現代文　高田瑞穂

現代文を読むのに必要な「たった一つのこと」とは……。戦後20年以上も定番であり続けた伝説の大学受験国語参考書が、ついに復刊。（石原千秋）

宋詩選　小川環樹編訳

唐詩より数多いと言われる宋詩から、偉大なる詩人達の名作を厳選訳出して解釈する。親しみやすい漢詩論としても読める、選者解説も収録。（佐藤保）

アレクサンドロス大王物語　伝カリステネス　橋本隆夫訳

アレクサンドロスの生涯は、史実を超えた伝説として西欧からイスラムに至るまでの世界に大きな影響を与えた。伝承の中核をなす書物。（澤田典子）

西洋古典学入門　久保正彰

古代ギリシア・ローマの作品を原本に近い形で復原すること。それが西洋古典学の使命である。ホメーロスなど、諸作品を紹介しつつ学問の営みを解説。

貞観政要　呉兢　守屋洋訳

大唐帝国の礎を築いた太宗が名臣たちと交わした政治問答集。編纂されて以来、帝王学の古典として屹立する。本書では、七十篇を精選・訳出。

初学者のための中国古典文献入門　坂出祥伸

文学、哲学、歴史等「中国学」を学ぶ時、必須となる古典の基礎知識。文献の体裁、版本の知識、図書分類他を丁寧に解説する。反切とは？　偽書とは？

詳講　漢詩入門　佐藤保

二千数百年の中国文学史の中でも高い地位を占める古典詩。その要点を、形式・テーマ・技巧等により系統だてて、初歩から分かりやすく詳しく学ぶ。

シュメール神話集成　杉勇　尾崎亨訳

「洪水伝説」「イナンナの冥界下り」など世界最古の神話・文学十六篇を収録。ほかでは読むことのできない貴重な原典資料。豊富な訳注・解説付き。

エジプト神話集成　杉勇　屋形禎亮訳

不死・永生を希求した古代エジプト人の遺した、ピラミッド壁面の銘文ほか、神への讃歌、予言、人生訓など重要文書約三十篇を収録。

宋名臣言行録　朱熹編　梅原郁編訳

北宋時代、総勢九十六名に及ぶ名臣たちの言動を大儒・朱熹が編纂。唐代の『貞観政要』と並ぶ帝王学の書であり、処世の範例集として今も示唆に富む。

ちくま学芸文庫

国文法《こくぶんぽう》ちかみち

二〇一六年一月十日　第一刷発行
二〇二五年二月五日　第四刷発行

著者　小西甚一（こにし・じんいち）
発行者　増田健史
発行所　株式会社　筑摩書房
東京都台東区蔵前二―五―三　〒一一一―八七五五
電話番号　〇三―五六八七―二六〇一（代表）
装幀者　安野光雅
印刷所　株式会社精興社
製本所　株式会社積信堂

ISBN978-4-480-09706-4 C0181